中国学术名著丛书

孙子章句训义（下）

钱基博

吉林出版集团股份有限公司

虚实篇第六

（解题）李筌曰：“善用兵者，以虚为实。善破敌者，以实为虚。”杜牧曰：“夫兵者，避实击虚，先须识彼我之虚实也。”张预曰：“《形篇》言攻守；《势篇》说奇正。善用兵者，先知攻守两齐之法，然后知奇正；先知奇正相变之术，然后知虚实。盖奇正自攻守而用，虚实由奇正而见，故次势。”

基博按：《计篇》曰：“势者因利而制权也。”《势篇》曰：“三军之众，可使必受敌而无败者，奇正是也。兵之所加，如以碫投卵者，虚实是也。”虚实可以因利；奇正所以制权。而《虚实篇》者，所以尽《势篇》之用；欲因利而制权，则不可不知敌之虚实；而欲知敌之虚实，故“形人而我无形”。张预言：“虚实由奇正而见”；吾则谓奇正由虚实而见；虚实所以立势之体；奇正所以妙势之用。“兵之形，避实而击虚”，一语破的，可以揭近代战术运动战之要！运动战之解释不一；而法国陆军总司令加曼林将军乃为明确之诠说，谓：“假定军队不足以控制战略正面，则地域之空间自由必大；而一语自由之空间，斯可以明运动战之定义。”篇中言“攻其所不守”，“守其所不攻”，“进而不可御”，“退而不可追”，皆以明运动战之必善用空间，而毋局于一隅以自坐困也！《虚实篇》为运动战之说明；而以下《军争》、《九变》、《行军》、《地形》、《九地》五篇，则以明运动战不能不受兵情地势之制限！惟明乎运动战之义，而后尽奇正之变，不可胜穷也！

孙子曰：凡先处战地而待敌者佚；

（训义）张预曰："形势之地，我先据之以待敌人之来，则士马闲逸而力有余。"

后处战地而趋战者劳；

（训义）梅尧臣曰："先至待敌，则力完；后至趋战，则力屈。"张预曰："便利之地，彼已据之；我方趋彼以战，则士马劳倦而力不足。"

故善战者致人而不致于人。

（训义）杜牧曰："致令敌来就我，我当蓄力待之；不就敌人，恐我劳也。"王皙曰："致人者，以逸乘其劳；致于人者，以劳乘其逸。"

基博按：《孙子》论兵，颇主主客之说，谓主致人，客致于人；客处劳而主处逸，守为主而攻为客；尤以攻为大戒，曰"攻城则力屈"；曰"下政攻城，攻城之法为不得已"！其说与英、法兵家之论同，而与德则异！德之兵略，原于菲烈德立大王，以谓："胜利者，前进也；使强有力而不乘人不虞以攻其无备者，其人则愚人也；为国则愚国也！"于是一脉相承，谓："非攻不足以制胜！苟失时机以坐待敌攻，不啻自杀！"《孙子》言"善战者致人而不致于人"；而德之兵家，则曰"善战者攻人而不攻于人也"！自希特勒炫其闪电战以来，环球耳目一新；进攻之胜利，昭然若揭！吾国谈兵者颇炫其说而论攻之为利；然言不要以若是其几也！德国克老山维兹论兵主攻，而读其著书，第六卷论守，未尝不言守之致人，攻之致于人，而足以发

《孙子》之义；其持论以谓：“守之为言拒敌之进攻也；而所以为拒，在待敌之进攻耳！不明乎待，不足以言守；而守易于攻者，则以攻者所徒费之时间，无不资守者以便利也！抑攻之所以不如守者，尤在守者得地利以为用也！夫战之所以为胜，不出三端：曰奇袭。曰地利。曰多面攻击。攻者可以奇袭，亦可以多面攻击，而地利，则为守者所擅有！所谓地利者，非断崖绝壁，广谷大川，足以阻攻者前进，河山之险之谓；而用以隐蔽军队配备之土地，亦无不与焉！惟守者为能利用土地以隐蔽军队配备，而攻者则不能！攻者之行军也，不得不循测识，意拟之道路前进；而守者则以熟知当地之形势，厄险阻，构阵地，不现其姿势以行配备，而待敌之进攻。攻者未至决战之时，则不知守者之如何利用地形以为配备焉！此地利之所以为守者所擅有也！至奇袭之有利攻者，惟以全军当敌之全军而限于战略之奇袭；如战略之奇袭无成功；而战术之奇袭，则守者因地制宜之所优为也！多面攻击，攻者亦仅能以全军行之；而就各个部队之袭击言；则多面攻击之利，不得不让于守者；以军之展开及配备，守者得预为之地也。当三十年战争及西班牙王位继承战争之时，军之展开及配备，已为会战计划之主题，而战术之利，遂以属于守者；盖以守者得预先展开其兵力以配备之也。其后军队之机动能力增加，而攻者以占优势！于是守者据大河、深谷乃至山岳以争优势之转归。顾攻者之运动益疾捷，而分割队伍以行迂回，则守者又失据矣！于是守者不得不伸张其战线；而攻者则集中兵力，择守线兵力稀薄之地，而攻其瑕以突破之；则守者不知所以为守矣！于是守者集中兵力而不为展开，以伺攻势之开朗，然后挥兵应之，所谓内线作战，是也。于是守之远心性，以与攻之集中性，相对相杀！夫守者以待敌之攻，止而不动；而运动之自由，不得不让于攻者！攻者之包围及迂回，随时随地，可集中兵力以为多面攻击，由圆周向圆心集中，而兵力随前进以渐结合，则为力益厚；此攻者之利也。然守者之结合兵力与运动而在内线行之；则所以强化兵力者，以视攻者之集中为大！而攻者之数面进攻以向一部队，大抵部队愈小，则愈有效；而推极以施于一人，则无不效！假有一军而受数方面之同时攻击，亦得以抵抗之；一师，则抵抗力稍减；一营，则惟在集团时，聊可抵抗；至于个人，则无能为力矣！然攻者集中之利，施之小部队而有效；而守者内线之利，扩之大空间而增加！何以言之？盖在数千步乃至半哩之内线而先敌所得之时间，未必较数日行程乃至二三十哩之内线上为大！狭隘之内线，为战术之问题；广大之内线，则战略之问题；而完成战略目的之时间，必较之达到战术目的之时间为大！抑又不仅此！战术运用之空间较小，方其会战，一方之派遣，无不在敌前行动；而立于外线者，无不即时警觉！若在战略，则以关系之空间较大，而一方之运动，至少一日之间，不为敌人所知；若以一部队而被派遣于远方往往亘数日而敌人不知之；则以大地之隐蔽，而运用之有方，则内线之利守者，不待言矣！”然则《孙子》所谓“先处战地而待敌者佚”，不以克氏之论，征而可信乎！夫战略战术，须因时以制宜，审势以求当。第一次欧洲大战，法人以守为战，寓战为守，以制德军之剽悍，而希特勒之闪电战，亦未尝不挫于攻苏，而德速战速决之计以堕！至在吾国言吾国，蔡锷将军有言：“兵略之取攻势，固也；必须兵力雄厚，士马精练，军资完善，交通利便，四者均有可恃，乃足以操胜算。普法战役，法人国境之师，动员颇为迅速，而以兵力未能集中，军资亦虞缺乏，遂致着着落陷于防守之地位。日俄之役，俄军以交通线仅一单轨铁道，运输不继，遂屡为优势之日军所制，虽迭取攻势，终归无效。吾国兵力决难如列强兵力之雄厚，能否说到‘精练’二字，此稍知军事者能辨之；至于军资交通两端，更瞠乎人后；如此而曰吾将取战略战术上最有利益之攻势，乌可得耶！若与他邦以兵戎相见，与其为孤注一掷之举，不如据险以守，节节为防，以全军而老敌师为主；俟其深入无继，乃一举而歼除之。昔俄人之蹴拿皇于境外，可师也！”诚哉是言，若为今日之抗战，烛照而数计也！日人之为国也，固好大而喜功，善兼弱以攻昧；夷考其兵略，陆军攻人而不攻于人；而海军则致人而不致于人，往往以逸待劳，而邀击敌舰于日本近海；观于日俄之战，不截击俄大西洋舰队于沿途，而伺之对马海峡，可知也！及其有事太平洋以逞志于美，始为劳师以袭远；而以一九四三年大举以进攻美之中途岛而大败！美国舰队总司令金氏声言：“此之大捷，中途岛陆上基地之飞机，歼敌炸舰之功为大！于是知敌国领海之有陆上飞机基地者，我海军亦不宜轻进以投死地！然美国一万三千万之业余战略家，持论以海军直捣三岛者，大有人在也！”既而日海军避不交绥，而美人则欲求一战而不得！美国海军观察家，则以谓：“日海军非怯也！将伺我海军深入，以运用陆上强大空军，而支援其舰队以歼我于一击也！”日人欲致美海军深入以歼之于日本海，而美人则欲致日海军出战以歼之于太平洋。盖致人，则势险而节短，而力有余；致于人，则长驾而远驭，以势处不足；孰为得失，必有能辨之者矣！

能使敌人自至者，利之也。

（训义）曹操曰：“诱之以利也。”梅尧臣曰：“何能自来，示之以利。”张预曰：“所以能致敌人之来者，诱之以利耳。”

能使敌人不得至者，害之也。

（训义）王皙曰：“以害形之，敌患之而不至。”

故敌佚，能劳之。

（训义）何氏曰：“春秋时，吴王阖闾问于伍员曰：‘伐楚如何？’对曰：‘楚执政众，莫适任患。若为三师以肄焉；一师至，彼必皆出；彼出则归，彼归则出；彼必道弊。亟肄以疲之，多方以误之，既罢而后以三军继之；必大克之！’阖闾从之，楚于是乎始病，吴遂入郢。”张预曰：“为多方以误之之术，使其不得休息。或曰：‘彼若先处战地以待我，则是彼佚也，我不可趋而与之战；我既不往，彼必自来，即是变佚为劳也。’”

饱，能饥之；

（训义）李筌曰：“焚其积聚，芟其禾苗，绝其粮道，俱能饥之。”杜牧曰：“我为主，敌为客，则可以绝粮道而饥之。如我为客，敌为主，则如之何？答曰：饥敌之术，非止绝粮道，但能饥之即是。隋高颎平陈之策曰：‘江南土薄，舍多茅屋，有积蓄，皆非地窖，密遣人因风纵火；待敌修立，更复烧之；不出数年，自可财力俱尽。’又曰：‘江北寒地，收差晚；江南土热，水田早熟；量彼收获之际，征兵上马，声言掩袭；彼必屯兵御守，足得废其农时。彼既聚兵，我便解甲。’于是陈人始病。”张预曰：“我先举兵，则我为客，彼为主；为客，则食不足；为主，则饱有余；若夺其蓄积，因粮于彼，馆谷于敌，则我反饱，彼反饥矣，则是变客为主也；不必焚其积聚，废其农时，然后能饥敌矣；或彼为客，则绝其粮道。”

安，能动之。

（训义）曹操曰：“攻其所必爱，出其所必趋，则使敌不得不相救也。”杜牧曰：“司马宣王攻公孙文懿于辽东。文懿阻辽水以拒魏军。宣王曰：‘贼坚营高垒以老我师，攻之正入其计。古人云：敌虽高垒，不得不与我战者，攻其所必救也。我直指襄平，则人怀内惧；惧而求战，破之必矣！’遂整阵而过。贼见兵出其后，果来邀之，乃纵击，大破之，竟平辽东。”张预曰：“彼方安守以为自固之术，不欲速战；则当攻其所必救，使不得已而须出。”

右第一节论致人而不致于人。

出其所必趋，趋其所不意。

（训义）基博按：两句承上开下。“出其所必趋”，承上致人；

“趋共所不意”，开下击虚。

行千里而不劳者，行于无人之地也。

（训义）曹操曰：“出空击虚，避其所守，击其不意。”张预曰：“掩其空虚，攻其无备；虽千里之征，人不疲劳。”

攻而必取者，攻其所不守也。

（训义）王皙曰：“攻其虚也。”张预曰：“善攻者，动于九天之上，使敌人莫之能备；莫之能备，则吾之所攻，乃敌之所不守也。”

守而必固者，守其所不攻也。

（训义）杜牧曰：“不攻尚守，何况其所攻乎！汉太尉周亚夫击七国于昌邑也，贼奔壁东南陬，亚夫使备其西北；俄而贼精锐攻西北，不得入，因遁走；追破之。”梅尧臣曰：“贼击我西，亦备乎东。”张预曰：“善守者藏于九地之下，使敌人莫之能测；莫之能测，则吾之所守者，乃敌之所不攻也。”

基博按：我攻敌之所不守以乘其虚，亦必防敌之攻我所不守以乘我虚也；守其所不攻，则守固矣！

故善攻者，敌不知其所守；善守者，敌不知其所攻。

（训义）曹操曰：“情不泄也。”梅尧臣曰：“善攻者机密不泄；善守者周备不隙。”王皙曰：“云不知者，攻守之计，不知所出耳。”

微乎微乎，至于无形；神乎神乎，至于无声；故能为敌之司命！

（训义）王皙曰：“微密则难窥；神速则难应。”何氏曰：“武论虚实之法，至于神微，而后见成功之极也。吾之实，使敌视之为虚；吾之虚，使敌视之为实。敌之实，吾能使之为虚；敌之虚，吾能知其非实。盖敌不识吾虚实，而吾审敌之虚实也。吾欲攻敌也，知彼所守者为实，而所不守者为虚；吾将避其坚而攻其脆，批其亢而捣其虚。敌欲攻我也，知彼所攻者为不急，而所不攻者为要；吾将示敌之虚而斗吾之实；彼示形在东，而吾设备于西；是故吾之攻也，彼不知其所当守；吾之守也，敌不料其所当攻。攻守之变，出于虚实之法；或藏九地之下以喻吾之守，或动九天之上以比吾之攻；灭迹而不可见，韬声而不可闻，若从地出天下，倏入间出，星耀鬼行，人于无间之域，旋乎九泉之渊。微之微者，神之神者，至于天下之明目，不能窥其行之微；天下之聪耳，不能听其声之神；有形者至于无形，有声者至于无声；非无形也，敌人不能窥也；非无声也，敌人不能听也；虚实之变极也！善用兵者，通于虚实之变，遂可以入于神微之奥。不善者，虽欲寻微穷神，而泥其用兵之迹，不能泯其形声，而至于闻见者，是不知神微之妙，固在虚实之变也。三军之众，百万之师，安得无形与声哉？但敌人不能窥听耳！”

进而不可御者冲其虚也；退而不可追者，速而不可及也。

（训义）曹操曰：“卒往进攻其虚懈，退又疾也。”何氏曰：“兵进则冲虚，兵退则利速；我能制敌，而敌不能制我也。”张预曰：“对垒相持之际，见彼之虚隙，则急进而捣之；敌若能御我也！获利而退，则速还壁以自守；敌岂能追我也！兵之情主速，风来电往，敌不能制。”

基博按：法人蒲哈德著《德大将兴登堡欧战成败鉴》一书，以谓：“一九一四年，兴登堡攻俄之役，而有成功者，皆鲁登道夫之力；其不同于兴登堡者，兴登堡好攻坚；而鲁登道夫势取攻瑕而冲其虚，乘俄军运输应援之所不及而覆之；凡行军之地，不惟无铁道可通，亦无马路足以并骑而进；以故俄军不知其所守，而鲁登道夫之出兵，往往在俄人所备之外！至于炮兵、步兵为梯队之式，尤极精练，谓：‘欲战之胜，当先发制人，以轻骑疾进，继之以短径之炮，而后步兵大队继之，如是，必无不胜！而他人所以不能制胜，在不能轻骑突阵，出人不意，乃以炮步兼行，臃肿不灵，恶能不败！然轻骑疾进而或有阻，即须疾退；万勿攻坚以顿兵挫锐，不如退后分散其队，疾绕出敌后，掩不备以攻不虞，最为胜着！盖轻骑一出，势无反顾，不能待炮队之援，只有直突而前，死里求生；若果止于半道，以待炮队之援，而为敌人所见，集中炮火，无不聚歼！’然鲁登道夫知用轻骑之有资于炮队；而轻骑时时后顾炮队之来，以次且不前，亦往往为敌所乘。鲁登道夫渐悟其非，则布阵为前稀后密，以轻疏列为第一线，屯重兵于第二线，而力控其有余，法人三为所败！既而法人知之，于是鲁登道夫亦败！”然鲁登道夫之所以进而不可御者，固以“冲其虚”也！

故我欲战，敌虽高垒深沟，不得不与我战者，攻其所必救也。

（训义）何氏曰：“如魏将司马宣王攻公孙懿，泛舟潜济辽水作长围，忽弃贼而向襄平。诸将言：‘不攻贼而作长围，非所以示众也。’宣王曰：‘贼坚营高垒，欲以老吾兵也。古人有言曰：敌虽高垒，不得不与我战者，攻其所必救也。贼大众在此，则窟穴虚矣！我直指襄平，必人怀内惧，惧而求战，破之必矣！’遂整阵而过，贼见兵出其后，果邀之，宣王谓诸将曰：‘所以不攻其营，正欲致此，不可失也！’乃纵兵逆击，大破之，三战皆捷。”

我不欲战，画地而守之；敌不得与我战者，乖其所之也。

（训义）曹操曰：“乖，戾也，戾其道，示以利害，使敌疑也。”梅尧臣曰：“画地，喻易也；乖其道而示以利，使其疑而不敢进也。”

故人形而我无形，则我专而敌分。

（训义）张预曰：“吾之正，使敌视以为奇；吾之奇，使敌视以为正；形人者也。以奇为正，以正为奇，变化纷纭，使敌莫测，无形者也！敌形既见，我乃合众以临之；我形不彰，彼必分势以防备。”

我专为一，敌分为十，是以十共其一也，则我众而敌寡；

（训义）杜佑曰："我料见敌形，审其虚实，故所备者少，专为一屯；以我之专，击彼之散，卒为十共击一也。我专为一，故众；敌分为十，故寡。"张预曰："见敌虚实，不劳多备，故专为一屯。彼则不然，不见我形，故分为十处；是以我之十分，击敌之一分也；故我不得不众，敌不得不寡。"陈启天曰："共，如《左传》'以什共车必克'之共，当也。'以十共其一'，谓以十当其一也。"

能以众击寡者，则吾之所与战者约矣！

（训义）杜牧曰："约，犹少也。"张预曰："夫势聚则强，兵散则弱，以众强之势，击寡弱之兵，则用力少而成功多矣！"

基博按：《孙子》之所谓"专"者，近世战术之所谓"集中"也。拿破仑大帝有言："欧洲名将尽有，然注意之端不一，而思虑以纷！我独注意一事，曰敌人之集中。"苟敌人集中，而我不及集中，以为所乘；则敌专而我分，敌众而我寡，而我败矣！倘我集中，而敌人未集中，则我专而敌分，以众击寡，而吾之所与战者约矣！法国卓莱少校者，欧洲第一次大战时霞飞大将之裨将也，以凡尔登之役，断腿而退休焉；及大战之终，而卓莱独居深念，以为法之胜，幸也！德法之世仇永不解，德法之恶战必再见。于是博学审问，请益宿将，以著一书曰《新军论》。中引名将叶福德之言以论拿破仑曰："拿破仑之战略战术，常不为守而为攻；其为攻也，必攻敌人之主力以擒贼擒王；而出以迅雷不及掩耳之行动，攻其不备。其行军也，无论何时何地，必以迅速集合而集中吾之兵力以施突击。而所以善其运用者，则恃乎意志之自由，独来独往，不泥成例。菲烈德立大王，亦古之善用兵者，然其惯用迂回侧击背击之法，犹有一定之迹象可寻！若拿破仑者，变化不测，因敌制胜；其意志虽至刚；而战略战术则无伸缩不自如之硬性；而敌不知其所攻也！"然则拿破仑之用兵也，运用我之集中，而不忽人之集中；形人而我无形，所以我专而敌分也！一九〇四年，日俄之战，日之所以胜，俄之所以败，其因不一；而日海军之集中，俄海军之不集中，亦其一端！俄在东洋海军之力，固较日本为薄；然合东西洋海军力之全体，则较日本为优！方其先之胁日本以还我辽东，日之所以慑俄而降心相从者，海军也！日俄之将战也，俄之兵家，谓："调陆军于远东，不如日本之易！如日军不绝增援，俄军即不得不退；惟有增派东洋舰队，阻日军不得登岸；即登岸，亦可绝其后援。"日人亦惴惴焉！使俄能集中全国之海军，游弋太平洋；日海军寡不敌众，殊无用武之地；纵出奇制胜，而俄海军力雄，必不致一蹶不振；则日本陆军必不能源源济师以增援辽东，而运用不能自如，胜负未可知矣！乃计不出此；而日人得集中其海军以对旅顺、海参崴及波罗的海之俄舰队，各个击破；于是陆军之势遂破！日济师，而俄不能继师，再战再北！苦鲁伯坚尝太息于海军之败绩，以为最痛心之举也！今英、美之于辽东，未易以陆师增援；亦如当年日俄战争之俄，未易以陆师增援辽东。而日本乘英、美之不虞，先发制人，集中空军海军，以袭美之夏威夷群岛，英之马来亚半岛，歼灭英、美海军之一部，而握太平洋之制海权；然后从容济师以攻马来亚，围香港，掠荷兰东印度；亦如日俄战争之时，日本不待宣战，而海军司令东乡平八郎即集中舰队，袭击俄舰队于旅顺，于仁川；毁其海军力，以握东洋之制海权；而后从容济师以渡辽增援也。盖其战略之史例如此，无足怪也！如必执狙诈无信以为谴责，只可以为外交之词令耳！倘实信其然，不几于痴人说梦乎！然吾知其无能为也！日本有数千哩之海岸，已虞备多力分；而陆地战线之延长，三倍于苏联西境之战线；而又威胁苏联以远东赤军不许西移，而牵制日军数十万人以与相持；树敌愈众，兵力愈分，无法集中，予敌人以各个击破耳！今而后，莫余毒也已！

吾所与战之地不可知；不可知。则敌所备者多；敌所备者多，则吾所与战者寡矣！

（训义）曹操曰："形藏敌疑，则分离其众备我也！言少而易击也。"杜佑曰："言举动微密，情不可见，使彼知所出而不知吾所举；知所举而不知吾所集。"梅尧臣曰："敌不知，则处处为备。"王晳曰："与敌必战之地，不可使敌知之，知则并力得拒于我；曹公曰：'形藏敌疑。'"

基博按：此近世战术之所谓机动也。拿破仑之集中，无不以机动；而注意敌人之集中，即虞敌人之机动。法国步兵操典曾有明析之指示曰："机动者，盖运用应有之方法，而出其不意以对敌人集中之谓也。"使集中而不出以机动，则我集中，敌亦集中，而为主力之对抗，安能"吾所与战者寡"乎！惟出其不意而为机动之集中，然后"吾所与战之地不可知"，"敌所备者多"，而吾所与战者寡耳！

故备前则后寡，备后则前寡；备左则右寡，备右则左寡；无所不备，则无所不寡。

（训义）杜佑曰："言敌之所备者多，则士卒无不分散而少。"

寡者，备人者也；众者，使人备己者也。

（训义）孟氏曰："备人，则我散；备我，则彼分。"杜牧曰："所战之地，不可令敌人知之。我形不可测，左右前后，远近险易，敌人不知；亦不知我何处来攻，何地会战；故分兵彻卫，处处防备。形藏者众，分多者寡，故众者必胜，寡者必败也。"张预曰："左右前后，无处不备，则无处不兵寡也。所以寡者，为分兵而广备于人也；所以众者，为势专而使人备己也。"

基博按：善攻者，敌不知其所守，善守者，敌不知其所攻，反覆推勘，其神微在"形人而我无形"；而其机括在虚实。明于虚实，则我可以专而攻敌之分；不明虚实，则敌得以专而攻我之分。就近代战术而论，试仍以一九一七年法国赴美军事委员奥维埃所陈取守势之作战法为证，其说以谓："敌人狡诈异常，每于将进攻前出种种奸谋以愚吾军，或则于前敌各处，悉立有取攻势性质之建筑工程以为疑兵之计。或其可用之军，本在后方休息，突运往某处前敌，顾非自其地进攻，特以处心积虑，欲愚其所占地内法、比居民及我军间谍。至其果自何处进攻，主力军何在，实不易捉摹；若同时数处进攻，则必系疑兵之计，以分吾军兵力。如敌人于攻击凡尔登前，先攻其北诸地暨香槟、业罗拉纳二地；吾人虽明知其志在凡尔登，然军队不能集中。吾人又稔知敌人必先声东击西，多方以误我；然又不敢断其皆无重要关系。我以备多力分，敌遂捣虚而入。"则是攻者得以专而乘守者之分也。夫攻者易为专，而守者难为专；然则如之何而可也？曰：我无形而以形人而已。形人，则我知所为守而易专矣！形人则如何？依取守势之作战法："吾人如知敌人之将大举进攻，参谋部中人聚而测以三事：（一）敌军之真正意向。（二）敌军将在何处前敌之某段进攻。（三）敌军人数。然推测，必以事实为根据。我军各军各处间谍，奉命分道侦察；飞机亦出动伺察，摄影参考，以证敌军屯扎地点之变迁；并命前敌各段步军前进挑战，以试其主力何在，某地驻某师。而以所俘德国俘虏，隔别研诘。综合各方报告，从事推测；审知敌军确在前敌之某段，集中兵力，后方复有大军接近进攻地点，或有铁路相通，虽远，瞬息可至，将由之进攻，即命其地之防守军官警备。于是防守军官复聚而推测，敌人如由某段进攻，必先占某地，而于某地设种种障碍物以阻大队敌军之全面攻击；于是敌军以障碍而不能用众，不能不化整为零以分队进攻；吾人又预筑炮垒若干于其间，使分队进攻之敌军，不得互相顾助。我乃厚集兵力于后方，伺其深入无继援，而突加反攻。"则守者又得以其专而反攻敌之分矣！方其未战也，敌多为形以乱我之耳目；我必形敌以窥敌之虚实。"形人而我无形"，则我之虚实不见，而敌之虚实尽知；守则运实于虚以守所不攻，攻则避实击虚以攻所不守。此曰"趋其所不意"，又曰"攻其所不守"，是即《计篇》所谓“攻其无备，出其不意”也。倘敌已戒备于我，惟有形人而我无形，多方以误，使敌不知所为备，备多则力分，而后以我之专，乘彼之分。此则一九一四年欧洲大战，德人之惯技，而法人之所虞者也！

故知战之地，知战之日，则可千里而会战。

（训义）杜佑曰：“夫善战者，必知战之日，知战之地，度道设期，分军杂卒，远者先进，近者后发，千里之会，同时而合，若会都市。其会地之日，无令敌知；知之则所备处少；不知，则所备处多；备寡则专，备多则分；分则力散，专则力全。”张预曰：“凡举兵伐敌，所战之地，必先知之。师至之日，能使人人如期而来以与我战。知战地日，则所备者专，所守者固，虽千里之远，可以赴战。”

基博按：“知战之地”，“知战之日”，两“知”字，承上文“吾所与战之地不可知，不可知，则敌所备者多”之“知”，乃指敌人知；谓未能“形人而我无形”也。正与下文“不知战地”，“不知战日”，两“不知”语意反正相生。诸家注未能融贯上下文，殊穿凿失其指也！

不知战地，不知战日，则左不能救右，右不能救左；前不能救后，后不能救前；而况远者数十里，近者数里乎！

（训义）张预曰：“不知敌人何地会兵，何日接战，则所备者不专，所守者不固；忽遇勍敌，则仓遽而与之战，左右前后，犹不相接；又况首尾相去之辽乎！”

基博按：“不知”，乃敌人不知，非张氏之谓也；说前见。

以吾度之，越人之兵虽多，亦奚益于胜败哉！

（训义）陈皞曰：“孙子为吴王阖闾论兵，吴与越雠，故言越。”张预曰：“吴越邻国，数相侵伐，故下文云‘吴人与越人相恶’也；言越国之兵，虽曰众多，但不知战地战日，当分其势而弱也。”

故曰胜可为也。

（训义）张预曰："《形篇》云：'胜可知而不可为'；今言'胜可为'者，何也？盖《形篇》论攻守之势，言敌若有备，则不可必为也。今则主以越兵而言，度越人必不能知所战之地日，故云可为也。"

基博按：战略之胜不可为；而战术之胜可为！《形篇》所谓胜，知之于未战之先；知彼知己，敌未有隙，则不可胜；见可而进，知难则退，故曰："胜可知而不可为"也。此之曰胜，为之于交战之日；形人而我无形，虚虚实实，敌不知所为备，而我得窥其隙，避实击虚，则胜可为矣！然则战略之胜，可知而不可为；战术之胜，则可知而可为也！

敌虽众，可使无斗。

（训义）贾林曰："敌虽众多，不知己之兵情，常使急自备，不暇谋斗。"张预曰："分散其势，不得齐力同进，则焉能与我争！"

故策之而知得失之计；

（训义）张预曰："筹策敌情，知其计之得失。"

候之而知动静之理；

（训义）陈启天曰："候，谓斥堠，侦察敌情也。或作'作'，则与下文'形之'或'角之'之义相近矣。《通典》、《御览》并作候，郑友贤《遗说》亦作候。"

形之而知死生之地；

（训义）杜牧曰："死生之地，盖战地也。投之死地，必生；置之生地，必死。言我多方误挠敌人以观其应我之形，然后随而知之；则死生之地可知也。"张预曰："形之以弱，则彼必进；形之以强，则彼必退；因其进退之际，则知彼据之地，死与生也。上文云：'善动敌者，形之，敌必从之，'是也。死地，谓倾覆之地；生地，谓便利之地。"

角之而知有余不足之处；

（训义）梅尧臣曰："彼有余不足之处，我以角量而审。"王皙曰："角，谓相角也；角彼我之力，则知有余不足之处，然后可以谋攻守之利也。此而上亦所以为量敌知战。"张预曰："有余，强也；不足，弱也；角量敌形，知彼强弱之所。唐太宗曰：'凡临阵，常以吾强对敌弱，常以吾弱对敌强。'苟非角量，安得知之！"

基博按："策之"、"候之"、"形之"、"角之"四者，所以形人之法也。前引取守势之作战法所称："吾人如知敌人大举进攻，总司令参谋部中人聚而测以三事云云，'策之'之事也；'间谍分道侦察，飞机亦出动伺察'，'候之'之事也；'并命前敌各段步军前进挑战以试其主力何在，某地驻某师'，则'形之'、'角之'之事也。"

故形兵之极，至于无形；无形，则深间不能窥，知者不能谋！

（训义）李筌曰："形敌之妙，入于无形。"梅尧臣曰："兵本有形，虚实不测，是以无形，此极致也；虽使间者以情伪，智者以谋料，可得乎！"张预曰："始以虚实形敌，敌不能测，故其极致卒归于无形，既无形可睹，无迹可求，则间者不能窥其隙，智者无以运其计。"

基博按："形兵"之"兵"，指敌兵而言；上文所云"候之"、"形之"、"角之"而知敌兵动静之理，死生之地，有余不足之处；此之谓"形兵"也。所谓"形兵之极，至于无形"，是也。"无形，则深间不能窥，知者不能谋"；谓敌之虚虚实实，不示我以形，而非间谍之所能窥，知者之所能谋；此"形兵"之"至于无形"，而能以窥深间之所不窥，知知者之所不谋；所以为"形兵之极"也。梅、张二氏未能融贯上下文，殊为失解。

因形而错胜于众，众不能知。

（训义）李筌曰："错，置也。"杜牧曰："窥形可置胜，是非智者不能；固非众人所能知也。"

人皆知我所以胜之形，而莫知吾所以制胜之形！

（训义）张预曰："立胜之迹，人皆知之；但莫测吾因敌形而制此胜也。"

基博按："因形而错胜于众"，"莫知吾之所以制胜之形"，承上文"形人"、"形兵"，一意相生，"人知我所以胜之形，而莫知吾之所以制胜之形"者；以"形兵之极，至于无形；无形，则深间不能窥，知者不能谋"也；而岂众人之所能知耶！

故其战胜不复而应形于无穷。

（训义）李筌曰："不复前谋以取胜，随宜制变也。"张预曰："已胜之后，不复更用前谋；但随敌之形而应之，出奇无穷也。"

右第二节论形人而我无形，则我可以乘敌之虚，而敌不得窥我之间矣！

夫兵形象水，水之形，避高而趋下；兵之形。避实而击虚。

（训义）张预曰："水趋下而顺；兵击虚则利。"

水因地而制流；兵因敌而制胜。

（训义）杜佑曰："言水因地之倾侧，而制其流；兵因敌之亏阙，而取其胜者也。"

兵无常势，

（训义）梅尧臣曰："应敌为势。"张预曰："敌有变动，故无常势。"

水无常形；

（训义）梅尧臣曰："因地为形"，张预曰："地有高下，故无常形。"

能因敌变化而取胜者谓之神。

（训义）杜牧曰："兵之势，因敌乃见，势不在我，故无常势；如水之形，因地乃有，形不在水，故无常形。水因地之下，则可漂石；兵因敌而应，则可变化如神也。"王皙曰："兵有常理而无常势；水有常性而无常形。兵有常理者，击虚是也；无常势者，因敌以应之也。水有常性者，就下是也；无常形者，因地以制之也。夫兵势有变，则虽败卒，尚复可使击胜兵；况精锐乎！"

基博按：此易“形”，言“势”。“势”者，因利而制权，其制在我；“形”者，避实而击虚，其虚在敌。敌之虚虚实实，变化莫定其形，而“能因敌变化以取胜者谓之神”；则以“形兵之极，至于无形”也。德国之陆军，天下莫强焉！然而希特勒以一九四一年六月，殚锐竭力，大举以侵苏联，再进攻，再挫败；而究其所以，则由于德人工于设计以取胜，而不“能因敌变化而取胜！”史丹林以一九四三年二月二十三日，大戒将士，中谓：“希特勒之侵苏联也，方其初驱百战百胜，能征惯战之德军，乘胜远斗，其锋不可当；而我红军未经战阵，更事既少，战术自疏，此所以败也！然两年以来，再接再厉，德军之情伪，尽知之矣！校量彼我，孰为短长，蹈瑕抵巇，以用吾长；始之以认识，而终之于实施，此现代军事科学之第一义谛也。今我几十百万之红军，善用其械，不论其为手枪、步枪、佩刀、机关枪、大炮、坦克、飞机，所凭借者不同，而人自为战以因利乘便，则一也；更战既多，战术自精，无不知昔日之直线形战术为愚不可及；而神明变化以从事机动战术矣！顾德军则何如？德人工于设计，事有定程；虽以行军临阵之随地异势，而预为条规以事为之制；苟其情势无变，指挥若定，以德军之有勇知方，各司其局，精密而正确，如山不摇，其孰能御之！然或情随事迁，出于度外，因应无方，只有人自为战，则德军束手无策，而为我制矣！”然则红军之所以胜，抑即德人之所为败；一能“因敌变化”以为机动，一不“因敌变化”以拘常势也。

故五行无常胜：

（训义）杜佑曰：“五行更王。”

四时无常位。

（训义）杜佑曰：“四时迭用。”

日有长短，月有死生。

（训义）曹操曰：“兵无常势，盈缩随敌。”王皙曰：“皆喻兵之变化，非一道也。”张预曰：“言五行之休王，四时之代谢，日月之盈昃，皆如兵势之无定也。”

基博按：拿破仑大帝言：“无十年不变之战术。”而福煦将军则曰：“执旧有之智识，昧当前之事实，兵家之所大忌也！”昔日所以制胜，异日或以偾军，此“战胜”之所以“不复”，而非“应形于无穷”，不能以“因敌变化而取胜”也。夫昔日之胜，不能演为后日之胜者，以后日之敌，不复同于昔日之敌也。后日之敌，不复同于昔日之敌者，其因不一；而兵器之演而日进，其大者也。所以因兵器变化而取胜者，亦为“因敌变化而取胜”之一义。试思民生之初，徒手相搏，以人战而不以器战，人多为王，力大者胜。既而削木以刺，拾石以投，则有持者之寡，可以胜徒手者之众，徒手者之强，或毙于有持者之弱；知用器之利矣，而尚不成其为兵器也！又进而弓矢戈矛，长短杂用，而兵器具焉。然而可以刺击，而不能不图所以防御人之刺击，于是乎披甲戴胄而乘车焉，其陈兵也，用一字式之横队，什伍俱前，以便于展布。然适于防御，滞于活动，而不能利冲击！降而中古，骑兵以兴，纵横驰骤，于是变横队而为纵队，以尽冲击之用。近代火器倡而枪炮兴，摧坚破锐；于是由纵队之战术变而为散开，为纵深配备之战术；第一次欧战，其大成也！及飞机出而空军兴，遂成立体之战；于是由散开，由纵深配备之战术，而变平面为立体配备之战术。然则战术之变化，应于兵器演进之形，以递嬗于无穷也。今日之兵器，方以演进；昔日之战胜，恶可复乎！惟有“应形于无穷”。以演进战术尔！战术之制胜有三：曰活动。曰冲击。曰防御。三者具，然后可以杀敌致果而无虞也！然兵器之为用，则不能三者兼具；或有其二而无其一；甚且具其一而缺其二焉！方其初也，戈矛以刺击，弓矢以射击，徒恃人力以为用者也；虽活动而力有限，虽冲击而用不猛；抑我击人，而人亦击我，不知所以自防御；于是车战兴焉，可以防御，亦可以冲突；而又滞于活动。春秋时，北戎侵郑。郑伯御之，患戎师，曰："彼徒我车，惧其侵轶我也！"徒，谓步兵；盖车之活动不如步，而惧为侵轶也！及以骑兵代车战，而运动加速，冲击加猛。然制锐以坚，以守为攻，未尝无方！后汉护羌校尉段颎以兵万人讨东羌先零诸种，以羌骑驰突，汉兵披靡，而令军士长镞、利刀、长矛三重，挟以强弩，列轻骑为左右翼；始制叠阵以御突骑，俟敌驰突不入，而大呼驰骑突击，遂大破之；在事灵帝建宁二年。至宋徽钦之世，金人起于东北，尤善用骑；而兀朮最称骁将，以集团驰突之威猛远胜于军骑也；又以骑兵之利冲击而不利防御也；于是披马以甲，而兵皆重铠，号铁浮图，戴铁兜鍪，周帀缀长檐，三人为伍，贯以韦索，每进一步，即以拒马拥之，进一步，拒马亦进，退不可却，而寓坚重于轻锐，分左右翼，号拐子马，皆女真为之，号长胜军，专以攻坚，战酣然后用之，自用兵以来，破军杀将，所向无前！于是宰相李纲奏教车战，谓："以步兵战者，不足以胜骑，以其善驰突也，以骑兵战者。不足以胜车，以其善捍御也。金人以铁骑胜中国，其说有三；而非车不足以制之也！步兵不足以当其驰突，一也；用车，则驰突可御。骑兵、马弗如之，二也；用车，则骑兵在后，度便乃出。战卒多怯，见敌辄溃，虽有长技，不得而施，三也；用车，则人有所依，可施其力，部伍有束，不得而逃。然则车之可以制铁骑也审矣！"既而高宗南渡以立国，东扼荆襄，西守岷蜀，江淮千里，地多沼泽，丈五之沟，渐车之水，山林积石，经川丘阜，草木所生，此步兵之地，而车战非所施也！于是吴磷变通车战之意以用步兵而为叠阵，略如段颎之战先零而变通其意。每战，以长枪居前，坐不得起；次最强弓，次轻弩，跪膝以俟；次神臂弓；约贼相搏至百步内，则神臂先发；七十步，强弓并发；次阵如之，而欲以静制动，以坚制锐；其阵以拒马为限，铁钩相连，俟其伤，则更代；代则以鼓为节；骑两翼以蔽于前，阵成而骑退；谓之叠阵。诸将疑焉，曰："吾军其歼于此乎！"磷晓之曰："此古束伍令也，军法有之，诸君不识耳！得车战余意，无出于此！战士心定，则能持满；敌虽锐，不能当也！”遂大破金人于秦州。盖以铁骑之集团驰突，锐不可当；而非创叠阵以为平面纵深之配备，不足以当其锋也！然吴璘为叠阵以用步兵而善于御；元成吉思汗则又为叠阵以用骑兵而猛于攻。其人其马，亦披铁甲以寓坚于锐，而运骥足以驰骤，挥矛剑以冲击；以百二十五骑为一中队，三中队为一大队，三大队为一纵队；每战，左右以数纵队骈列，前后相重，纵横驰突，如层波叠浪，衍溢漂疾，波涌而涛起，奋猛陵厉，遇者死，当者坏，而欧、亚两洲，皆骋马足焉！迨明中叶，而戚继光称名将，制鸳鸯阵，队长执牌居前，军士十人分翼于后，五兵长短相杂，略似吴璘叠阵之意，而变化之；璘则以守待攻，而继光欲攻守兼施。既而总理蓟昌保定练兵，更欲兼车步骑三者以叠相为用，御冲以车，卫车以步，车以步卒为用，步卒以车而强；敌以数万骑，势如山崩河决，径突我军；我有车营，车有火器，发以击敌，无不僵仆；其有不仆，冒死而前；然后步兵出战以击刺，依车为卫，其远者不离五步，倦则少休车内，而火器继放，更番迭出，而骑为奇兵，随时策应，犹是吴璘叠阵之法，而少变焉！则是战术之不能不“因敌变化而取胜”，自古而然也！近代兵器，演进而日新，然必相兼以为用，不能独用，则与古无异！如大炮之攻击，猛烈无比；然滞于活动；及其短兵相接，又无以自防御。坦克车之活动捷，防御坚，然非装置大炮，则无以为攻击。又如步兵便于占领，而活动不如骑兵，攻击不如炮兵。骑兵敏于活动，而攻击不如炮兵，占领不如步兵。炮兵猛于攻击，而占领不如步兵，活动不如骑兵。兵器之为用攸别，而不可不错综以相辅，兼资以为用也。欧洲战争之用火枪，盖在十七世纪之末。迄十八世纪之初，普鲁士菲烈德立大王作新战术，略如吴璘叠阵之制；而以大炮代阵后之神臂弓。其法，横列步兵以置阵，凭险为固，寓攻于防，而布精骑以张两翼；步兵之后，则以大炮之炮兵，集团射击，以为猛烈之攻，无不摧破；战胜攻取，莫之当也！降而十九世纪，法国拿破仑大帝出，则尤以攻为战，而不如菲烈德立之寓攻于防；以动为进，而不如菲烈德立之以静待动；其战，以步骑炮并用，直捣中坚以突破敌阵；而尤致力于炮火之猛烈运用；以炮六门乃至八门为一中队，而合数中队之炮以成一大队，而隶于师或军团焉。又以百四十门乃至百八十门大炮隶所部为预备队；而集中炮火以猛攻敌阵，使不得立足；然后步骑并进，所向披靡。而与菲烈德立有异者，盖由阵地战之以静待动，一变而为非阵地战之以动为进也。以至第一次欧洲大战，德人喑呜叱咤，以攻为战，而承拿破仑之雄略；法人发强刚毅，寓攻于守，以衍菲烈德立之余绪。及其旷日持久，德人攻坚之力屈，以陷于堑壕之阵地战，顿兵挫锐，卒以不振！于是寓攻于守之战术，极盛于英、法兵家；而德人仍持其以攻为战，以动为进，而专心致知以务为可胜。一九一五年，范马康参之突破俄国敦纳河防线也，则用排炮连击，以掩护步兵之进攻；厥为大战用排炮猛轰之权舆，而昔日拿破仑之所以摧坚破锐也！其后德军攻俄之里卡防线，亦有成功；则不先以炮攻，而于步兵推进之时，炮兵作有力之支持；步兵之推进也，不限以严格之时间，只尽其所能，以可知之速率，疾驰而前；而炮兵则不可不严守时间，紧随其后，以作掩护；火力尤不可不集中，以大量之重炮、小炮，轰击敌阵最厚最坚之处，使之驻足不得；而步兵则推锋直入以抵其巇，贯阵而出，侧面包抄，以截其后。既以收功于东线，乃更转用之西线！鲁登道夫一九一八年三四月之进攻英军，五月之进攻法军，皆用炮兵协进以作战，如里卡之役而有成功。惟七月香宾之役，法人惩于前败，仅置少兵前线以相持，而厚集步兵炮兵，深沟坚垒，以故控其力于阵后。德军虚耗炮火而后以不继，深入之步兵歼焉；遂以挫而不振！然而德人曰：“此非以攻为战之不可能，而以动为进之未疾捷也！”搜卒补乘，积二十年之征缮，而闪电战以兴！其器，则以汽车、飞机之机动，助长枪炮攻击之威力，配合为用，突飞猛进；其法，发挥拿破仑炮火集中之雄略，融合成吉思汗骑兵攻势之叠波，而以机械化部队代骑兵之冲击，以空军为机械化部队之前茅。骑兵虽以驰突，然力有所限！而机械化部队之一辆重型坦克军，时速为四十哩，重八十吨，厚装钢甲，而配以小口径炮、重机关枪以及火焰喷射器，则向所谓活动、冲击、防御之三者无不毕具！二架重型机，可以戴数吨重之炸弹；而飞行时速为四百五十哩，活动半径为二千哩；可以戴小口径炮及轻型坦克车而起飞；一旅步兵，只用百二十架重型机，可以一次载运，而降落敌人之后以为袭击。一尊大炮，可以一次发射八百吨之弹丸；射程为五十哩以至八十哩；而炮火之猛，尤非拿破仑时代可比！于是塞克特、白鲁希兹两将军得所凭借以作新战术，而贯彻以攻为战，以动为进之旨；先握制空权，以大队飞机，集团轰炸敌人之交通要道及据点，阻敌军以不得增援而集中；又轰炸敌军之阵地，以摧毁其防御工程；然后以轻坦克车任侦察，以大队之重坦克车，推锋而前，踏平敌军之防御阵地；而以大队之中型战车追随扫荡；以摩托化部队之步兵，占领阵地；如佐以降落伞部队，袭敌阵之后，而占其司令部，擒贼擒王，尤足以张军威，丧敌胆；又次则以机械化部队组成战斗纵队；在第一线部队占领阵地之后，止不复进；而追奔逐北，则以委之第三线部队；亦如层波叠浪，前后相重，此涌彼伏，更休叠进，然后气锐而势猛，纵横欧陆，所当者破！而法人寓攻于防，欲以坚制锐，而魏刚防线出焉，欲以阵厚而势坚御之，亦略如吴璘叠阵之意，而加厚，加深，阵地愈深入，兵力愈增强。不殚锐竭力以坚持前哨防线；而前茅虑无，中权后劲，故控其大军主力于后卫，以伺敌军深入，而欲乘之于再衰三竭之余，聚而歼旃！其阵线分为四层：第一线为斥候，其地势，宜便瞭望，利联络；专任侦伺，而通讯联络以告警者也。第二线为前茅，在斥候之后，十五哩以至二十哩，其间散布无数之地雷及陷阱；而广筑堡垒，置兵以守；如遇敌兵之选锋，而立予以歼灭焉。第三线为中坚，前置鹿角及铁丝网，延深至二哩；稍后为堑壕，广八十呎以至百呎，深五呎以至八呎；而堑壕之后一哩，为三角锥体之钢骨水泥堡垒，高广各一呎半，重重叠叠，前后相距各三呎，所以御坦克车者也；其后又布电网；而后渐进以为中坚阵地，乃以高十呎而深藏地下三层之多线式战壕所构成。中坚阵地前之钢骨水泥堡垒，星罗棋布，堡垒与堡垒之间，可以火力封锁；而中坚阵地之后，则为活动钢塔，所以掩护野炮者也。凡一中坚阵地所控制之距离，为十五哩以至二十哩，而有步兵一团、炮兵一团以上，工兵一营或一连以置守焉。第四线为后劲，控制大队之步兵及机械化部队，以为增援出击及掩护退却之用，而亦构筑坚强之后备阵地焉。凡中坚阵地与后备阵地之间，以及后方之交通壕，完全隐蔽，而不予敌人以可侦。自第一线阵地以迄第四线，深八十哩以至百哩。德人布垒阵以攻，而法人置垒阵以守，宜若旗鼓可以相当！假如德人用机械化部队以进攻，方及斥候，而司令部已得警信。发号施令以备预不虞矣！渐进而犯前茅，不投陷阱，即触地雷，而重以大队之重轰炸机出动，予以猛烈之炸击，必无幸焉！万一前茅不戒而为所突破；而中坚阵地之堑壕，及三角锥体之钢骨水泥堡垒，重门设险，必未易以超越；而予坦克车防御炮以扬威轰击之机；以坚制锐，以静待动。不意阵地构制，虽隐蔽深固；而德军用飞机侦察以得！地雷之散布，虽广虽多；而德军用无线电以击发于先而不为患！堡垒虽坚；战壕虽深；而德军以飞机自空轰炸，以长射程炮自远猛击！堑壕虽广，而德军用八十吨之坦克车以超越！空军虽可出动以轰炸坦克车；而制空权先为德军所握！炮塔虽钢制；坦克车防御炮虽多；而德军用喷火器以高热熔毁！于是寓攻于守之战术以大败；而德人之闪电战，遂以震耀一世焉！或曰："寓攻于防，非不可为；然人工之设险，不如天险之足恃！"于是希腊之役，英希联军凭借希腊北境之高山，以亘延中部之班都斯山，而加强纵深之配备，天人相与，宜若可以无虞于德矣？然而闪电战之纵横跳荡如故也！英希联军之溃败如故也！然而英之兵家，则曰："此非寓攻于防，以静待动之罪；盖所以为防者未极强，斯所以制锐者不坚也！苟防御之力，能增强以臻最高，而配备，由多线以臻全面；未尝不可以持久耗敌人之兵力，消敌人之士气，而乘之于再衰三竭之后也！”然微大国有众多精强之兵力，凭借深广阻险之地势，而用卓越之防御武器，不足以语之；微苏联其谁与归也！苏联睹闪电战之纵横驰突，而希特勒逞兵东南欧之咄咄逼人，大戒于国，虞德人也旧矣！而苏联兵家之所以论战术者有二：一曰集中猛攻之歼灭战。二曰民众散战之消耗战。集中猛攻之歼灭战，乃前红军领袖希诺瓦斯及空军参谋克瓦特所主张；其意在以动制动，谓：“现代战术，以坦克车装甲代坚城，以机械化摩托化代驶马，以飞机轰炸代远射程之大炮，陵厉无前；虽以魏刚防线之深且固，而不足以当一击，如中古时代，弓矢戈矛之步兵，不足以当蒙古之装甲铁骑；而欲求制胜之方，亦惟有如中古时代之练铁骑以御铁骑，而以坦克车战坦克车，以飞机战飞机。”而其作战之程序，亦先以空军握制空权，轰炸敌之空军根据地，轰炸敌军，而掩护我军之进展；次则以大队炮兵歼灭敌之炮兵，而后集中炮火以猛烈射击敌之前线部队，然后驱坦克兵团以叠波进展，第一波为远距离之搜索坦克队，第二波为远距离之支援坦克队，第三波为直接支援坦克队，番战迭进，络绎而前，追奔逐北，歼灭乃止；虽与德人闪电战之程序，微有不同；而以攻为战，以动为进，则一也！如德人闪电战之来势太猛，而集中猛攻之歼灭战以败；则继之以民众散战，而苏联陆军大学教官鲁伊次之所主张者也，以谓“武装民众，人自为战，先分散敌势，而消耗其兵力然后集中大军，承其衰弊，而予以猛攻”。二者必有一当。究其极，情势演变，而寓歼灭于防御，以制希特勒之闪电战而有成功！先是苏联之未为希特勒所攻也，西欧则有史丹林防线以御德，东亚则有远东防线以御日，亦如魏刚防线以复杂之兵器，布层叠之阵线；少者自第一线，第二线，以至预备线，三叠为一阵线；多者自第一线，第二线，第三线，以至预备线，四叠为一阵线；而第一阵线之后，又或有第二阵线，叠之外又有叠焉！法之未破也，希特勒亦于西境布齐格菲防线，自第一线，第二线，第三线以至最后一线，亦为四叠。则知作战谋攻之国，亦不能不经营设防以布阵线，而阵线必纵深。顾同一纵深也，而异于第一次欧战者，则亦叠而成波，由定型以成不定型，由横方而散乱，由整齐而参差。盖横方而整齐者，易示敌人以所攻；而参差而散乱者，则疑敌人以不知攻，伪装以播疑，错列以乱形。“因敌变化而取胜”，凡事有宜，不得逆料！以迄一九四二年，而德军情见势绌以无法猛攻，苏联推陈出新以制胜防御！其年七月，库尔兹克之战，德人顿兵挫锐以挠败！其明年十二月，德人卷土重来，重整旗鼓以反攻基辅。德军司令曼因斯坦将十二坦克师团（每师有坦克二百辆）、两摩托步兵师，而辅以强大之步兵；而苏联则应以步、骑、炮兵十七师团，而辅以两坦克军团。’德人以攻为战；而苏联则寓攻于防。德人以坦克师团为前锋，以步兵为后卫；而苏联则以步、炮相间为前卫，以坦克为后劲。开战之始，德人以坦克师团，方阵而进；而方阵之前卫及两翼，则为六十吨重之老虎坦克；方阵之中，则为中型坦克、轻型坦克，及七门一组之自动推进炮，而佐之以八十耗之加农炮一门，雁行以前，德人之攻库尔兹克以此，而德人之反攻基辅仍以此！方阵之后，步兵继之，持来福枪、刺刀与手榴弹，保持四百码之距离，而卫坦克师团以前进。春秋之世，郑庄公为鱼丽之阵，先偏后伍，伍承弥缝；盖车战二十五乘为偏，徒卒五人为伍；以车居前，以伍次之，承偏之阙而弥缝其不及也；正与德人之以坦克车为前锋，而以步兵为后卫同。步兵之后，则为后备队，按而不动，而炮兵、步兵及坦克，无不配备，厚集其力；以承攻势之竭，而为防敌人反攻之用焉！此德人之所为攻也；而苏联之御则何如？苏联则布置深隐之防御地带以为叠阵：其第一线为步兵，伏匿于深而长之堑壕以为隐蔽。次则一五二耗口径之大炮三门，必据高地以控制敌人前进；又必伪装阵地以隐匿不使敌人见；而三门之中，以二门相距一百码而并力以对敌人之来路；其第三门，则置在二百码之后；则三炮之地点，延线相结以成一三角形；而三角形之内，可以交叉火力而直射；而散布步兵小队，从距离不及一百码之阵地，以卫大炮而为纵深之排列；各队之间，以相距百码为度。最后，则自动推进炮与坦克车列阵以待；其中有伪装之后，而藏在地穴以迎敌作当头之击者；亦有隐匿以伺敌军之突进而迂回出击者。及德军之装甲师团，如墙而进，炮声隆隆，电击霆震以穿苏军第一线之堑壕；而苏军步兵，则坚伏不动，任德军之坦克师团推锋以前，而不之阻也！德军之坦克师团前进之时，分成三列；而坦克之在两翼者，则循曲线型以探防线之弱点而为突破；自动推进炮则随坦克以为后卫。于是苏军炮兵伺德军坦克之相距五百码也，乃瞄准老虎坦克装甲脆薄之炮塔及侧缘以射击；而猛烈之炮战以起！德军之自动推进炮则射击苏军炮兵而欲歼灭之，以支持坦克之前进；苏军炮兵，原以毁灭坦克为先务，而见德军之自动推进炮一门两侧齐露时，则三角点之前二炮，齐向射击；其后之一炮，则默不应以不予德炮射击之目标，而伺德炮之转身以回击射击之炮也，然后发炮射击以攻其后也；而被回击之前二炮，则停止射击；及德炮又掉头以瞄准后之一炮时，则后之一炮，停止射击；而前之二炮，又齐射击以攻其后。惟以德国自动推进炮护甲之厚，而以能深入苏军之三角炮组；坦克则借之为卫以前进，而步兵则保持四百码之距离以循行而随坦克方阵之后。然苏军伏匿战壕之步兵，可以任坦克之突驰而过，而决不许步兵之随护以进；伺其趋近战壕，虎跃而出，蜂拥以前，短兵相接，持步枪、刺刀及手榴弹而与之肉搏，胜负之分，将自此决！于是德军步兵，不能循随坦克以巩固突进之阵地；而坦克方阵无步兵以为后卫，虽突进而深入无援以陷苏军之重围，欲退，则为苏军之三角炮火所阻；而苏军最后防线之自动推进炮及坦克车，风起云涌，乘之于再衰三竭而一举歼之！于是德人以动为进之闪电战败，而攻坚之力屈；大惧苏与英美联军之反攻也，而寓攻于防之堑壕战，又为德人之所极深研几！其守南意大利也，阵线亘九十哩，而凯塞林元帅以十六万五千人守之；其阵线中坚，为重叠而连绵之堑壕线；其堑壕以四枚锯齿形为一线，而由交通壕前后联系，如环之无端。堑壕之前，为铁丝网，而成千之地雷及陷阱，密布如织；大炮则可以直射火力，交织于敌军步兵必攻之处；而尤注重于铁丝网之外缘，以控制敌人不得越雷池一步。堑壕之周围，则为钢骨水泥之棱堡，而配备以各种自动之武器；每一棱堡，为岛屿式之十座，可以炮火支援邻近之棱堡。惟堑壕之阵地，不以连续不断，而以错落相间，此所以与上次欧战异；而控制堑壕及其要害，只以小群之战斗部队；其他守兵，则散伏山洞及深蔽之堑壕内。纵英美联军以强大之炮队及空军，猛力攻击，可以毁灭一堑壕、一棱堡；然死伤不多，而无当于胜负之数；于是联军顿兵久不进，而寓攻于防之堑壕战，又以制胜！胜负之异宜，攻守之异势，而相应无穷，姑以觇后也！凡事有宜，难以逆料！然而兵器万变，原则不变；兼资为用，配合以战。《司马法》曰："兵不杂，则不利！长兵以卫，短兵以守；太长则难犯，太短则不及。长以卫短，短以救长，迭战则久，皆战则强。"古之所谓长兵，弓矢也；短兵，刀矛也。今之所谓长兵，空军也，炮兵也；短兵，坦克车也，步兵也。观之上古，验之当世，不过由刀矛、弓矢之兼资，扩展而为近代步兵、炮兵之兼资，又扩展而为现代步兵、炮兵、坦克车及空军之兼资。苏联《红星报》以一九四〇年五月，载有《协力之制胜》一文，谓："战之胜，非一种军队所能为力也；必步骑炮空车各军，同心僇力以调和时空，而后能决胜！"然则"长以卫短，短以救长，迭战则久，皆战则强"；古今之兵器虽变，而所以用器，岂有异乎！不可不察也！

右第三节论因敌而制胜，然后能避实击虚，以卒于篇。

郑友贤曰："或问《十三篇》之法，各本于篇名乎？曰：其义各主于题篇之名，未曾泛滥而为言也。如虚实者一篇之义，首尾次序，皆不离虚实之用，但文辞差异耳；其意所主，非实即虚，非虚即实；非我实而彼虚，则我虚而彼实；不然，则虚实在于彼此，而善者变实而为虚，变虚而为实也。虽周流万变，而其要不出此二端而已。凡所谓‘待敌者佚’者，力实也。‘趋敌者劳’者，力虚也。‘致人’者，虚在彼也。‘不致于人’者，实在我也。‘利之也’者，役彼于虚也。‘实之也’者，养我之实也。‘佚能劳之’，‘饱能饥之’，‘安能动之’者，‘佚’‘饱’‘安’，实也；‘劳’‘饥’‘动’，虚也。彼实而我能虚之也。‘行于无人之地’者，趋彼之虚，而资我之实也。‘攻其所不守’者，避实而击虚也。‘守其所不攻’者，措实而备虚也。‘敌不知所守’者，斗敌之虚也。‘敌不知所攻’者，犯我之实也。‘无形’‘无声’者，虚实之极而入神微也。‘不可御’者，乘敌备之虚也。‘不可追’者，畜我力之实也。‘攻所必救’者，乘虚则实者虚也。‘乖其所之’者，能实则虚者实也。‘形人’而敌分者，见彼虚实之审也。‘无形’而我专者，示吾虚实之妙也。‘所与战约’者，彼虚，无以当吾之实也。‘寡而备人’者，不识虚实之形也。‘众而备己’者，能料虚实之情也。‘千里会战’者，预见虚实也。‘左右不能救’者，信人之虚实也。‘越人无益于胜’者，越将不识吴之虚实也。‘策之’‘候之’‘形之¨角之’者，辨虚实之术也。‘得也’‘动也’‘生也’‘有余也’者，实也。‘失也’‘静也’‘死也’‘不足也，者，虚也。‘不能窥’‘不能谋’者，外以虚实之变惑敌人也。‘莫知吾制胜之形’者，内以虚实之法愚士众也。‘水因地制流，兵因敌制胜’者，以水之高下，喻吾虚实变化不常之神也。五行胜者，实也；克者，虚也。四时来者，实也；往者，虚也。日长者，实也；短者，虚也。月生者，实也；死者，虚也。皆虚实之类，不可拘也。以此推之，余十二篇之义，皆仿此；但说者不能详之耳！”

军争篇第七

（解题）曹操曰："两军争胜。"李筌曰："争者，趋利也，虚实定，乃可与人争利。"张预曰："以军争为名者，谓两军相对而争利也；先知彼我之虚实，然后能与人争胜，故次虚实。"

基博按：形之而知虚实，则可举军可争利；故以军争次虚实焉。

孙子曰：凡用兵之法：将受命于君，合军聚众，

（训义）梅尧臣曰："聚国之众，合以为军。"张预曰："合国人以为军；聚兵众以为陈。"

交和而舍，莫难于军争！

（训义）杜牧曰："《周礼》以旌为左右和门。郑司农曰：'军门曰和，今谓之垒门，立两旌旗表之，以叙和出入，明次第也。'交者，言与敌人对垒而舍，和门相交对也。"张预曰："军门为和门，言与敌对垒而舍，其门相交对也。或曰：与上下交相和睦，然后可以出兵为营舍。故《吴子》曰：'不和于国，不可以出军。不和于军，不可以出陈。'陈皞曰：'言合军聚众，交和而舍，皆有旧制；惟军争最难也！'"

基博按："军争"非难；"交和"而舍于军争之难！故曰："交和而舍，莫难于军争！"诸家未为得解也！下文言"军争之难者，以迂为直，以患为利"；乃至云"倍道兼行，百里而争利"；安有如所谓"敌人对垒，和门相交"之逼处者耶！或以"交相和睦"为说；似矣，而未尽也！"交和"之谓协同。"舍"非营舍之舍；当读如《文选》张衡《西京赋》"矢不虚舍"之舍，"谓弃也。将受命于君，合军聚众"，所谓"兵者国之大事，死生之地，存亡之道"；苟不图其"交和"而协同作战，未可以舍之于军争也！此进彼退，人自为战，不能不谓之"军争"；然而不能谓之"交和而舍"！胜不相让，败不相救，人心不同，各如其面；军争之难，莫难于此！《孙子》言："勇者不得独进，怯者不得独退；齐勇若一，政之道也。"亦此之谓"交和"矣！下文言"军争之难者，以迂为直，以患为利"，盖筹可胜于军争之际，而此云"交和而舍，莫难于军争"，则为不可胜于军争之先。有一兵种之军争，有多兵种之军争，有一国一军之军争，有联盟国联盟军之军争，皆非"交和"而协同，不能军争以有功！今日之大战，以空军主宰战场；然机之与机，"交和"为难；而非"交和"，必以偾事！何以言之？欧洲上次大战之空战，不过为单机之个别作战；及大队之飞机相遇，则立分散以互追逐；及今之大战开始而有然！彼此机群相遇，无不分散作战；而各自为谋，各逞其能。至一九四二年而战术以革新；始有组织以计划作战而交相协力；不许任何之一机以单独行动也！顾日人则不如此，依然故我，而以一九四三年，大创于太平洋之所罗门！日人毁飞机一百六十五架，而美则仅二十五架；美国空军上尉多玛斯实与于役，而申言所以，谓："日人零式机以一机一机自为战；而我美空军则以一机一机协同作战！如见我同队之机为敌机所攻；我之第一任务，在救同队之机以突击敌机！我救人，人亦救我！僇力同仇，勿自逞能；不惟空军之基本原则，抑亦飞行员之救命要诀！好大喜功之飞行员，而欲以自显好身手者，无不自误以陷死亡！”此“交和”之难，征于一兵种之军争者也。方大战之未起，空军之“独立论”，甚嚣尘上；始倡于英国皇家空军元帅托兰查特；而义大利杜黑将军，遂以“制空权”一论擅大名！使其说而信，则只用空袭而无事乎海、陆军，可以溃人之国！然一九四〇年六月以后，英之所以未步法之后尘，而为希特勒所溃者；则以希特勒之过信空中轰炸之足以溃英伦，而未以海、陆军协同进攻之故！军事家有一格言，谓：“在严重之地，在严重之时，必集中全力！”以此空中轰炸，亦必得海、陆军协同。反之而海、陆军不得空军协同，则以制空权之为敌有，鲜不摧破！观于今日之大战，而以征空军之不能独立；惟与海、陆军协同，乃以制胜；征之一九三九年，希特勒之摧破波兰然；一九四〇年之摧荷兰，摧比利时，以次摧法，无不然！于时德军所到，战胜攻取；世人每疑德军之有神秘武器！而不知德军陆、海、空三者惊人之协同；所难在各司其局，而不乖于“交和”以相为用；则希特勒纵横欧陆之唯一武器！其他如炮兵之必以步兵协同，步兵之必以炮兵掩护；坦克车亦以不得步兵协同，而为敌人所俘，往往有之！此“交和”之难，见于多兵种之军争者也。抑吾人患日军之空袭，而以无高射炮，无驱逐机之防空武器为大恨！然苏联之御德军空袭也，有高射炮，有驱逐机，而苦于两者之难以协同！盖防空指挥部，分配空中区域以各有责成；驱逐机利用其活动半径，而阻敌机于向目标飞行之时；待敌机窜入高射炮之射程内，则由高射炮轰击。亦或按高度以分区域；敌机在七千呎以上，责之驱逐机之攻袭；至七千呎以下，则以委高射炮之轰击。惟驱逐机追踪敌机以迫近高射炮之射程内，时与敌机同被击落；而敌机则以窜入高射炮之射程内，而无虞驱逐机之追踪，往往集中轰炸以毁高射炮阵地！于是防空指挥部严令驱逐机应不恤冒高射炮火，追踪敌机以协同攻击；宁偕敌机以俱毁，勿纵敌机以遗患！犹之步兵冲锋时，应不恤冒自己炮火以勇往无前也！抑为无办法之办法！此“交和”之难见于防空之军争者也。至于欧洲上次大战，英、法、俄协约，德、奥同盟，角力争雄以延五年，而苦战久不解者，亦以英、法、俄联军之未能“交和而舍”也！大战之起，英、法、俄联军作战，而未有共同之作战目标！德为同盟之领袖，而协约国之敌对主体也；协约国不败德国，不能以结束战争！法国最初之主力指向德国，而进攻亚尔萨斯、罗林两州，势所当然！然西线之法国，既以主力指向德国；而东线之俄国，胡为不急起直追，而以主力相应耶？俄国之用兵德、奥两军，同时进攻；而以主力七军进攻奥国；进攻东普者，仅有那流、尼门两军；虽一战而胜奥，顾无补于战局！而东普之那流一军先歼，尼门一军亦败，士气以丧而影响甚大！假使俄人反其道而施之，以少兵支拒奥军之进攻，而倾国殚锐，以主力指向德国。兴登堡、鲁登道夫虽善用兵；而众寡之殊过悬，又承丧败之余，抑亦何能为役，亦有望风而靡已耳！俄军以乘胜远斗，推锋而前，直走柏林，溃其腹心；而与法军之攻势，东西相应；德人无所措手而一蹶不振矣！德败，而奥之势孤，亦奚以为！然则俄人何为而不然乎？说者曰：“俄之敌，以奥为主，以德为次；政略使然，不得不尔；亦犹奥之敌，俄为主，英、法为次！俄主力不出于东普，亦犹奥主力不出于西线，揆情度势，抑何足怪！”但就战略而论：擒贼先擒王！对同盟军作战，必先击破同盟国之主体；主体一破，而群龙无首，其他自随瓦解！当日之战局，谁为主体？而同盟为德；协约则陆上为法，海上为英。陆上决战，德、法有一溃灭，而战局结束矣！所以协同作战，必先认识作战之共同目标；而惜乎协约三国之昧于此也！旷日持久，而师以老，至一九一七年而协约联军势不支！有人昌言：“联军作战，非有统一之措置，无望于胜利也！”于是英国政府力图“交和”，以英军总司令海格爵士所部军队，交法国倪维尔将军指挥以为康边之总攻击；而两国将士意见横生，不相僇力，以致大败！英国将士则归咎于倪将军之指挥无方，而益以不“交和”！法军创败之余，而叛变屡起；士无斗志！贝当收拾残局以图再振，而虞德人之取乱侮亡以承其敝也，嗾英军大举进攻佛兰德斯以分其势，而亦大败；死伤三十万人！英军总司令海格爵士声言：“所部一年以内，不能再战！”而贝当则以静待美之援兵！俄国则革命起而皇室倾仆；克伦斯基临时政府亦欲奋起以与英、法携手；顾一出兵而大败！然所以大败，则由于俄之缺乏军火与配备，而英、法之接济无路！尝图突破他达尼尔海峡以与俄通道，供应军火；顾无成功！又欲别出一道以通俄，屡为之濒成以屡败；亦以英、法政府及参谋部之筑室道谋，不下决心，不派大兵，是用不规于成也！于是托洛斯基之军事革命委员会，得彼得格勒防卫军之拥护，以倾克伦斯基而与德、奥媾和！德、奥军亦既东顾无虞，而转兵西向以攻义大利；义几不支！作战不力，将士固不能辞其咎；而要由于无共同之作战目标以知所僇力！英国首相劳合乔治以征询英国东线指挥威尔生将军，问：“协约国何以不竞？”威尔生则以书告曰：“无他，无最高指挥也！吾协约国之总司令、参谋长，只专心致知于各自之战区；推而大之，亦只专心致知于本国之得失，而忘其为协约国之一国，遂以七零八落而为局部之战；所谓联盟，其实不过各自为战以对各自之敌人交绥而已！如英国战场之战，法国战场之战，义国战场之战，而非全局通筹之战！其将帅愈有才，其作战愈独立，而愈不喜与联军协同；此实由于吾人不能高瞻远瞩，目光短浅之所致也！吾人之人员、军火、大炮、飞机、粮食、金钱及海上运输，无不超绝德奥以占优势；今日之难，乃在如何及何时集中协约国之所有，用之于当以通力合作；诚窃以为非建立最高指挥，不能以通筹全局也！”劳合乔治大以为然，乃以其年十月三十日，贻法国总理庞雷夫书曰：“三年以来，军事成功之属于德，无可疑者！吾协约国则败不一败，而究其所以，则由于协约国之未能协同作战也！吾协约国之所以为德人所败者，由于指挥作战之无法统一！方战之起也，德人于其盟邦，有绝对之统制权！德人不仅统治其盟邦之军队，有军略上之指挥权；抑亦控制其盟邦之经济与资源；所以德奥同盟之与土耳其，就其作战之僇力同仇言，几成整体之一军事帝国；而诸盟邦之战场如一战场，诸盟邦之指挥为一指挥！吾协约国则不然；作战之指挥权，分掌于英、法、俄、义四国政府，四国参谋机构之手；而四国政府、四国参谋机构之所知者，只有其各自之战场，个别之国力；于是作战计划之所匠心经营，不过一国一战场之成功，而无与于大局！亦有人倡协约国国际会议以欲补救人自为战，力量分散之弊；然会议虽然多次，而全局仍未通筹；充其量，不过求四国不同战略之互相呼应而已！吾协约国无一机构能周知所有协约国之整个实力，而有全局通筹之战略，着眼吾敌人之政治、经济以及其军事之弱点，而集中力量以为决胜之猛攻；此进彼退，各不相谋，所以无成也！吾人试观每年冬季，敌人必厚集其力以猛攻吾协约国中最弱之一国，而予以击溃，剪我羽翼！顾吾协约国各不相顾以坐视德人之兼弱攻昧而不为之所；抑亦不思厚集吾力以猛攻德奥同盟中较弱之一环，而剪其羽翼，长我声势，则是敌人处心积虑以渐剥吾协约国人力物力之优势；而吾协约国一任所为以同归于败，其弊不过各自为谋以不顾大局！吾人如欲转败为胜，惟有协约国家悬一最高之目标，而集中所有之力量，为此最高之目标而合作！诚窃以为协约国不可不有参谋本部性质之联合会议，视协约国为一体，通筹全局；然后集中协约国最大之军事，经济及政治力量，以最有效之方法，猛攻敌人，乃克有济！”庞雷夫极赞其议。及是年十二月四日，劳合乔治、庞雷夫与义大利首相，会于义国列维耶拉区之一小城曰拉普罗，检讨战局。法、义两相，蹙额相对；独劳合乔治把握战胜之决心，而建议协约国之指挥统一！几经商讨，而以决定成立最高作战会议；由英、法、义三国首相或国务总理及其他重要阁员各一人组织之；各国并派军事代表一人以提供专门军事问题之意见。其后美国加入，而以霍荷斯上校代表威尔逊总统；以白立斯将军为美国军事代表。然而最高指挥机构之成立，尚有待也！至一九一八年春，协约国在杜宁召开最高作战会议以成立盟军最高统帅部，而胜负之机以转！法国雷光将军尝以著论，谓："联盟国之联合作战，有两基本原则：（一）统一指挥，即联盟国须有总司号令之人，而在战略上及政治上，须有统一之措置。（二）联盟国如何抟而为一集中所有之经济资源，以发挥最高效率。"此"交和"之难，见于联盟国联盟军之军争者也。故曰："交和而舍，莫难于军争！"昔胡林翼尝论："军旅之事，以一而成，以二三而败！唐代九节度之师，溃于相州；其时名将如郭子仪、李光弼，亦所不免！盖谋议可资于众人，而决断须归于一将，此又军事之大较矣！古来将帅不和，事权不一，以众致败者，不仅九节度相州一役！是故军中之事，不患兵力之不雄，而患兵心之不齐；不患军势之不盛，而患军令之不一！"呜呼！自古以来，未有"交和而舍"而以军争无功者也！及挽近世，战局日以扩大，兵种日以复杂，益以征"交和而舍"之莫难于军争矣！

军争之难，以迂为直，以患为利。

（训义）杜牧曰："言欲争夺，先以迂远为近，以患为利，诳给敌人，使其慢易，然后急趋也。"张预曰："变迂曲为近直，转患害为便利，此军争之难也。"

故迂其途而诱之以利，后人发，先人至，此知迂直之计者也。

（训义）杜牧曰："上解曰'以迂为直'，是示敌人以迂远；敌意已怠，复诱敌以利，使敌心不专；然后倍道兼行，出其不意；故能后发先至，而得所争之要也。秦伐韩，军于阏与。赵王令赵奢往救之，去邯郸三十里，而令军中曰：‘有以军事谏者死。’秦军武安西；秦军鼓噪勒兵，武安屋瓦皆震。军中候有一人言救武安；奢立斩之，坚壁留二十八日不行，复益增垒。秦间来，奢善食而遣之。间以报秦。秦将大喜曰：‘夫去国三十里而军不行，乃增垒；阏与非赵地也！’奢既遣秦间，乃卷甲而趋，二日一夜至，令善射者去阏与五十里而军。秦人闻之，悉甲而至。有一卒曰：‘先据北山者胜！’奢使万人据之，秦人来争不得；奢因纵击，大破之，阏与遂得解。”梅尧臣曰：“远其途，诱以利，款之也。后其发，先其至，争之也。能知此者，变迂转害之谋也。”

故军争为利，军争为危。

（训义）曹操曰：“善者则以利；不善者则以危。”杜牧曰：“善者，计度审也。”张预曰：“智者争之则为利，庸人争之则为危；明者知迂直，愚者昧之故也。”郑友贤曰：“或问‘军争为利，众争为危’；军之与众也，利之与危也，义果异乎？曰：武之辞未尝妄发而无谓也！‘军争为利’者，下所谓‘军争之法’也。夫惟所争而得此军争之法，然后获胜敌之利矣。‘众争为危’者，下所谓‘举军而争利’也。夫惟全举三军之众而争，则不及于利，而反受其危矣！盖军争者，案法而争也；众争者，举军而趋也。为利者，后发而先至也；为危者，擒三将军也。”基博按：“军争为危”之“军”，郑友贤作“众”。

举军而争利，则不及；

（训义）曹操曰：“迟不及也。”贾林曰：“举军往争其利，难以速至。”

基博按：自此以下承上“军争为危”，而专论军争之危。

委军而争利，则辎重捐。

（训义）杜牧曰：“举一军之物行，则重滞迟缓，不及于利；委弃辎重，轻兵前追，则恐辎重因此弃捐也。”张预曰：“委置重滞，轻兵独进，则恐辎重为敌所掠。”

是故卷甲而趋，日夜不处，倍道兼行，百里而争利，则擒三将军；劲者先，罢者后，其法十一而至。

（训义）杜佑曰：“强弱不复相持，率十有一人至军也。罢，音疲。”杜牧曰：“此说未尽也！凡军一日行三十里，为一舍；倍道兼行者再舍；昼夜不息，乃得百里，若如此争利；凡十人中，择一人最劲者先往，其余者则令继后而往；万人中先择千人，平旦先至；其余继至，有巳午时至者，有未申时至者，各得不竭其力，相续而至；与先往者足得声响相接。凡争利必是争夺要害。虽千人守之，亦足以拒抗敌人，以待继至者。太宗以三千五百骑先据武牢，窦建德十八万众而不能前，此可知也。”陈皞曰：“杜说别是用兵一途，非十一而至之义也；盖言百里争利，劲者先，疲者后，十中得一而至；九者疲困，一则劲者也。”王晳曰：“罢，羸也；此言争利之道，宜近不宜远耳。夫冲风之衰，不能起毛羽；强弩之末，不能穿鲁缟。苟日夜兼行，百里趋利；纵使一分劲者能至，固已困乏矣；即敌人以逸击我之劳，自当不战而败。故司马宣王曰：‘吾倍道兼行，此晓兵者之所忌也。’或曰：赵奢亦卷甲而趋，二日一夜，卒胜秦者，何也。曰：奢久并气积力，增垒遣间，示怯以骄之，使秦不意其至，兵又坚。奢去阏与五十里而军，比秦闻之，及发兵至，非二三日不能也；能来，是彼有五十里趋敌之劳，而我固已二三日休息士卒，不胜其佚，且又投之险难，先据高阳，奇正相因，曷为不胜哉！”张预曰：“卷甲，犹悉甲也，悉甲而进，谓轻重俱行也。凡军日行三十里，则止；过六十里已上，为倍道；昼夜不息，为兼行；言百里之远，与人争利，轻兵在前，辎重在后，人罢马倦，渴者不得饮，饥者不得食；忽遇敌，则以劳对佚，以饥敌饱，又复首尾不相及；故三军之帅，必皆为敌所擒；若晋人获秦三帅，是也。轻兵之中，十人得一人劲捷者先至，下九人，悉疲困而在后，况重兵乎！何以知轻重俱行？下文云‘五十里而争利，则半至’；若止是轻兵，则一日行五十里，不为远也；焉有半至之理！是必重兵偕行也。”

基博按：“倍道兼行，百里而争利”；近代战术之所谓强行军也；《孙子》以“擒三将军”明其为军争之危；而近代则以强行军争战术之机动，实自拿破仑创之！拿破仑之用兵也，编制之改革，军队之运动，无不创一新纪元；而多本于普鲁士菲列德立大王；由军至师以下逐次分为小部队以增纵队之数，而四面八方，利用多数之道路以向战场集中；欲增大军队之机动及行军力，而以减少军队附属之车辆；是即《孙子》所谓“委军而争利，则辎重捐”；而采用菲列德立编合战术之大团队，以及因粮于敌之法也。于时，英、普、奥诸大将颇以法军之驱市人而战，未经训练，而致疑于其行军力！不意一七九六年九月，芒德之役，法军由德朗蒂以九月五日夜首途，行经丛山叠岭，人马不通之地，中途经勒里古及杰里梅落恼两地，遇敌激战；至八日午前，抵巴撒恼，午后大战，至十日而敌溃追击，十一日，渡耶休河，直薄芒德要塞；凡六日而行军一百八十公里，且战且前；敌人震惊；所以然者，固由拿破仑之责成下级指挥官以人自为战；抑亦下级指挥官之信赖拿破仑而绝对服从也！一七九七年之义大利战役，拿破仑未尝责将士以强行军；然麦色纳将军率所部追敌，以三月十日至四月七日，四星期之间，而行军五百公里；其一部竟超越积雪没胫之阿尔卑斯山。至一八〇五年乌尔穆大战，拿破仑以久练之师，而为强行军，叹曰：“吾未见行军之锐有如此也！”盖其一路，以四军团及骑兵团，行五至六百公里以集中于莱因河畔，而为日二十五乃至二十八，平均每日行程为二十乃至二十五公里。又一路，以六军团及骑兵团，行十三日而集中于多恼河畔；每日行程十六至二十公里。奥将麦克措手不及而被围于乌尔穆，乃率六万余人以降；而法军死伤数百人耳；则以拿破仑之能强行军也！顾拿破仑以为未足！至一八〇六年，普鲁士之役，而以强行军之失之过大，军中谤讟烦兴！及其大战于耶拿也，自十月八日至十三日，而普军大败！方其时，拿破仑所将诸军之强行军，最大者近卫军团，每日三十公里；最少者第一军团，每日十六公里；其间第三军团，每日二十二公里；第四军团，二十三公里；第五军团，第六军团，每日皆平均二十四公里；而第七军团，则每日二十五公里，次于近卫军团。顾拿破仑意犹未慊；而第六军团长奈将军乃选拔锐卒以编特别师；而于通过山地之时，则控置步兵于后方；而骑兵师推锋直前，以二十四小时行军六十公里，而赴耶拿之会战。及普军大败而法军追击，拿破仑之以垂训于吾人者，则曰："所谓追击者，使敌无休食之暇，而陷之于溃乱！"益以发挥无上之强行军力，追奔逐北，而普军逃死不遑，全数乞降！于时，第一军团及第五军团士兵，落伍者五分之三；骑兵师之马匹落伍者殆半！而第五军团以三日行军一百五十公里；米友拉骑兵团以四十二日行军一千五百公里！第五军团长兰内司将军叹曰：普人欲以一日行军二十五公里至三十公里制我机先；而不能者；盖我军团一日行军五十至五十五公里，殆倍于普军矣！然"劲者先，罢者后"之兆已形！其后连兵不解，而精练之军以耗，不能强行军以逞拿破仑之大欲；拿破仑叹曰："军纪日弛，落伍者多，犯法扰民之事百出；而行军之时，不得不集结大兵力于指挥官监视之下；故其行军力，仅及一八〇六年之半，而作战不能应机以疾赴；可恨也！"然一八一三年八月中旬，拿破仑方追击勃里慈尔将军指挥之休勒金军，而骤闻奥俄联军由白门以进逼萨克逊；乃以追击委之大将，而亲率近卫军团及新编各军团，向萨克逊之都城德勒斯登退却，以图邀击俄奥联军于德勒斯登之南；此日之强行军，实拿破仑鼓最后之勇也！盖洛温伯耳以至司德盆，为百五十三公里；而拿破仑将十万众以行三日；其尤出人意表者，司德盆之至德勒司登，为二十六公里；又暴风烈雨，道路泥泞，而拿破仑行以半日；俄奥联军不虞其至而以大败；然辎重捐弃，给养困难；联军虽败，而法亦疲于奔命矣！其裨将杰古宁著书称之曰："皇帝之战胜在于脚；一日行军三十六公里，不惟接战，而且宿营！"可谓有味乎其言之！杰古宁者，有名之军事著述家也，以一八六八年卒于巴黎；而生于一七七九年，历任奈将军之副官参谋；以一八一一年进级少将；及拿破仑之败，而俄皇亚力山大一世聘任为俄军将军，以参加一八二八年土耳其之役；后为圣彼得堡陆军大学之创设者；于拿破仑之战略战术，耳目濡染，洞明得失，而言："用兵之法，何害于全战役间实施强行军；然强行军而不审慎，无不陷于全军覆灭；故战之胜，不在脚，而在指挥脚之脑力也！"及上次欧战之初，德人亦以擅强行军而为运动战，法军俄军，屡为所乘！如一九一四年八月，东战场坦能堡之战，其预备第一军及第十七军团，由盎格拉堡转移奥伦斯登以攻击俄军，而四日之间，行二百余公里；计一日平均行五十五公里也。其九月，驻巴黎北之德国第一军，以法国第六军之出击，而转用其兵力于巴黎东北；其第九军团以七日之晨至八日夜半而行百二十公里；则一日行六十公里也。亦为军事家所惊叹！所以欧陆各国步兵，无不训练强行军于平日；而新兵入伍，必先荷枪负囊以习跑步；然后作战无误于应机也！

五十里而争利，则蹶上将军；其法半至。

（训义）曹操曰："蹶，犹挫也。"李筌曰："百里，则十人一人至；五十里，十人五人至，挫军之威，不至擒也！"张预曰："路不甚远，十中五至，犹挫军威，况百里乎！蹶上将，谓前军先行也。或问曰：唐太宗征宋金刚，一日一夜，行二百余里，亦能克胜者，何也？答曰：此形同而势异也。且金刚既败，众心已沮，迫而灭之，则河东立平；若其缓之，贼必生计；此太宗所以不计疲顿而力逐也！《孙子》所陈争利之法，盖与此异矣！”

三十里而争利，则三分之二至。

（训义）杜佑曰：“道近，则至者多，故不言死败；胜负未可知也。古者用师，日行三十里，步骑相须；今徒而趋利，三分之二至。”张预曰：“路近不疲，至者大半，不失行列之政，不绝人马之力，庶几可以争胜。上三事，皆谓举军而争利也。”

是故军无辎重，则亡；无粮食，则亡；无委积，则亡。

（训义）杜牧曰：“辎重者，器械及军士衣装；委积者，财货也。”张预曰：“无辎重，则器用不供；无粮食，则军饷不足；无委积，则财货不充；皆亡覆之道。此三者，谓委军而争利也。”

基博按：以上言军争之危；以下言军争之法；军争而有法，则“军争为利”矣。

故不知诸侯之谋者，不能豫交；

（训义）曹操曰：“不知敌情谋者，不能结交也。”杜牧曰：“非也！豫，先也；交，交兵也；言诸侯之谋，先须知之，然后可交兵合战。若不知其谋，固不可与交兵也。”陈皞曰：“曹说以为不先知敌人之作谋，即不能豫结外援；二说并通。”

基博按：此论军争，上说军争之危，下言军争之法，何缘讲到交邻！当以杜说为是。既知军争之危，何可不出以审慎；非知敌谋，不与交兵耳。

不知山林险阻沮泽之形者，不能行军；

（训义）曹操曰：“高而崇者为山，众树所聚者为林，坑堑者为险，一高一下者为阻，水草渐洳者为沮，众水所归而不流者为泽。”张预曰：“凡此地形，悉能知之，然后可与人争利而行军。”

不用乡导者，不能得地利。

（训义）杜佑曰："不任彼乡人而导军者，则不能得道路之便利也。"何氏曰："凡用乡导，或军行虏获其人，须防贼谋，阴持奸计，为其诱误；必在鉴其色，宜其情，参验数人之言，始终如一，乃可为准；厚其颁赏，使之怀恩；丰其室家，使之系心；即为吾人，当无翻覆。然不如素畜堪用者，但能谙练行途，不必土人，亦可任也。"张预曰："山川之夷险，道路之迂直，必用乡人引而导之，乃可知其所利而争胜。吴伐鲁，鄫人导之以克武城，是也。"

基博按："地利"者，地之利于我行军者也。上文所称"山林险阻沮泽之形"，不利于行军而利于阻隘。或我之所必争，而不必利我之行军。"知山林险阻沮泽之形"之"知"，"知"之于行军之前者也。"得地利"之"利"，"利"之于行军之日者也。杜氏所谓"道路之便利"，而非"山林险阻沮泽之形"也。夫知敌谋以备交兵，知险阻以审行军，用乡导以得"地理"，三者皆军争之必先有事；苟其不知不用，何能为军争！故论军争之法以前，历举之以明先务之急云。

故兵以诈立；

（训义）杜牧曰："诈敌人使不知我本情，然后能立胜也。"王皙曰："谓以迂为直，以患为利也。"

以利动；

（训义）张预曰："见利乃动，不妄发也。传曰：'三军以利动。'"

以分合为变者也。

（训义）杜牧曰："分合者，或分或合以惑敌人，观其应我之形，然后能变化以取胜也。"张预曰："或分散其形，或合聚其势，皆因敌动静而为变化也。或曰：变，谓奇正相变，使敌莫测；故《卫公兵法》云：'兵散，则以合为奇；兵合，则以散为奇。'三令五申，三散五合，复归于正焉。"郑友贤曰："或问：'兵以诈立，以利动，以分合为变'；立也，动也，变也，三者先后而用乎？曰：

先王之道，兵家者流，所用皆有本末先后之次，而所尚不同耳。盖先王之道，尚仁义而济之以权；兵家者流，贵诈利而终之以变。《司马法》以仁为本，孙武以诈立；《司马法》以义治之，孙武以利动；《司马法》以正不获意则权，孙武以分合为变。盖本仁者，治必为义；立诈者，动必为利。在圣人谓之权；在兵家名曰变。非本与立，无以自修；非治与动，无以趋时。非权与变，无以胜敌。有本立而后能治动；能治动而后可以权变。权变所以济治动；治动所以辅本立；此本末先后之次略同耳。"

基博按："以诈立"、"以利动"、"以分合为变"三者，军争之原则也；以下论军争之动作。

故其疾如风，

（训义）王晳曰："速乘虚也。"张预曰："其来疾暴，所向皆靡。"

其徐如林，

（训义）曹操曰："不见利也。"杜佑曰："不见利不前。"杜牧曰："徐，缓也；言缓行之时，须有行列如林木也，恐为敌人之掩袭也。"

侵掠如火，

（训义）杜牧曰："猛烈不可向也。"

不动如山，

（训义）贾林曰："未见便利，敌诱诳我，我固不动，如山之安。"张预曰："所以持重也。"

难知如阴，

（训义）梅尧臣曰："幽隐莫测。"王晳曰："形藏也。"

动如雷霆；

（训义）王晳曰："不虞而至。"何氏曰："藏谋以奋如此。"

张预曰："如迅雷忽击，不知所避；故太公曰：'疾雷不及掩耳，迅电不及瞬目。'"

掠乡分众，

（训义）杜牧曰："敌之乡邑聚落，无有守兵，六畜财谷，易于剽掠，则须分番次第，使众人皆得往也，不可独有所往；如此，则大小强弱，皆欲与敌争利也。"张预曰："用兵之道，大率务因粮于敌；然而乡邑之民，所积不多，必分兵随处掠之，乃可足用。"

廓地分利；

（训义）杜牧曰："廓，开也；开土拓境，则分割与有功者。韩信言于汉王曰：'项王使人，有功当封爵者，刻印刓，忍不能与。今大王诚能反其道，以天下城邑封功臣，天下不足取也！'《三略》曰：'获地裂之。'"张预曰："开廓平易之地，必分兵守利，不使敌人得之。或云：得地则分赏有功者；今观上下之文，恐非谓此也。"

悬权而动，

（训义）曹操曰："量敌而动也。"张预曰："如悬权于衡，量知轻重，然后动也。《尉缭子》曰：'权敌审将而后举'；言权量敌之轻重，审察将之贤愚，然后举也。"

先知迂直之计者胜；此军争之法也。

（训义）张预曰："凡与人争利，必先量道路之迂直，审察而后动，则无劳顿寒馁之患，而且进退迟速，不失其机，故胜也。"

基博按："先知迂直之计者胜"，自承上文"先知迂直之计者也"句来；明为"计"，而非"道路之迂直"。"迂直之计"，即"军争之法"；所谓"以迂为直"，"以患为利"；"后人发，先人至"；此之谓"迂直之计"也。

右第一节，论军争之法。

基博按：《孙子》论军争之法，不外二端：敌疑以诈。我动以决。“以迂为直，以患以利”，敌疑以诈也。“后人发，先人至”，我动以决也。“后人发”，所以“其徐如林”，“不动如山”。“先人至”，所以“其疾如风”，“侵掠如火”。我动以决，所以“动如雷霆”。敌疑以诈，所以“难知如阴”。而卒之曰：“悬权而动，先知迂直之计者胜，此军争之法也。”盖谓“军争之法”，不出“迂直之计”；曰“悬权而动”，曰“先知”，运用之妙，存乎一心也。然《孙子》所谓“迂直之计”者，盖“以迂为直”，“迂”与“直”一气贯注，《计篇》所谓“近而示之以远，远而示之近”也。近代“军争之法”，亦不出“迂直之计”；特所谓“迂直之计”者，“迂”与“直”为丽事：“迂回包围”之谓“迂”。“中央突破”之谓“直”。从前普鲁士菲烈德立大王多用围；而法国拿破仑大帝不废直。迄于第一次欧洲大战，兴登堡与麦耿生，皆德名将；而为“迂”为“直”，韬略不同。兴登堡取胜多用围，而张两翼以困敌人于垓心者也。麦耿生则以精兵猛将，厚集其力，推锋而入以直捣中坚，横截敌军为两，首尾不相顾，而后席卷左右向以包围之；论者咸谓其奇变驾兴登堡之上焉！特是摧其中坚，虽亦可以席卷包围两翼，而未易合围，特如围棋之角与边；不如包围之可以聚而歼旃也！法国兵家，亦主用围。一九三七年，法参谋次长罗亚楚刊布所著《战略之成功与战术之成功》一书，其大指以谓：“用兵之道，在于可战之时，选决战之地，因利制权，以分散敌人兵力，而集中我优势之军队以为攻击；或用中央突破，或为包翼战斗；而历史所启示，包翼战斗，胜利为多；或侧翼以作战，或两翼以并进，运用之妙，成功一也！侧翼之战，创于拿破仑；而施之今日，亦操胜算；所当注意者，今日武器之发展与猛烈耳！”然法人所以为包围者，与德不同。德人之为包围也，以中坚与敌军相持，而张左右翼，迂回敌后，前后合围以相夹击；此攻势之包围，而日人亦仿之者也。法人之为包围也，中路退却以消杀敌势；而左右两翼，则力固防地，扼敌军左右两翼，使不得展；而我中路乃突反攻，与左右翼相应，以围深入之敌军，而聚歼之；此守势之包围，而苏联亦以之者也。顾苏联兵家普力特孟，则颇致疑于包围之已成过去战术，以谓："包围者，谓向敌军一翼或两翼之侧面攻击也；必始之以行军之秘密，继之以袭击之神速，而后能有功！然以敌人之空军侦索，而我行军之秘密不易保；以敌人之交通机关发达，而我神速之急袭，亦不能制机先！百万军与百万军之战，包围行军，最易暴露，而为敌人所制止！如敌人用疾捷之交通机关，而运大兵以输于我军包围之地；于是乎包围攻击，一变而为正面攻击，势成相持，而我军且殆！如一九一四年，德法大战于马兰；而德军为包围，徒以忽于机械力，遂以偾事焉！是故百万大军之作战，包围战术，殆成过去之历史；而正面攻击之中央突破，乃为新战场之战术尔！"闪电战兴，而疾于用直；苟平原大野，地势便利；而空军之翱翔，机械化部队之冲击，纵横驰骤，得以极度发展，纵贯敌阵，不难包围，何须汲汲求翼侧也！于是中央突破之法，随闪电战以盛行！《孙子》之意，以"迂"为"直"；而闪电之战，先"直"后"迂"。其法，先以纵队直贯敌阵而突破一孔；然后以雷霆万钧之势，推锋而进，以急占敌后之交通辐辏点；由交通辐辏点之占据，而纵横驰突，以延伸各交通线；由各交通线之纵横驰突，而六通四辟，以扩展成面。约而言之：由据点而延线。由延线而扩面。而详论之，其程序亦有可得而言者四焉：（一）曰锥形突击；由纵队之锥形，突破敌阵，而以进占敌后之交通辐辏点；如希特勒以一九四〇年四月进攻荷、比，引英、法联军以北向，而集中兵力以突破法、比防御阵线；一九四一年四月进兵南、希，而由保加利亚分兵两路，一路突破希腊之塞罗尼加，一路突破南斯拉夫之交通辐辏点斯科普里，是也。（二）曰纵截敌阵；由锥形突击之部队，纵截敌阵，断其连络，彼此不得相援应，而迫之瓦解；如希特勒突破法、比之防御阵线，失其连络，而比即降服；由占领塞罗尼加，而截断希腊军西色雷斯军之连络及希、土两国之连络；由占领斯科普里，截断南斯拉夫军南北之连络及南、土、希三国之连络；是也。（三）曰旋回横扫；既截敌阵为二，而向右回旋，或向左回旋以横扫敌军；如法、比阵线之连络既断，而德军右旋，横扫法国之北境，以直趋海岸，于是英、法、比三国联军百余万人，如鼠入囊，局天蹐地而不得脱，卒之比军告降，英军登舰，而法一蹶不振；是也。（四）曰钳形夹攻；由两路之锥形部队，突破敌阵以会师，而如两翼之合以成钳形，如斯科普里之德军，与塞罗尼加之德军，相合以为夹攻；是也。其战术，不外锥形之一点突破，扇形之横拓展开，不求前进步武之一致，只求展开阵线之延张，而要基于欧洲第一次大战之经验，有以得之！先是一九一四年，马兰之役，德军既挫，转攻为守。两军相持，而进攻反攻，不过步兵出入转战于两阵之间，一彼一此，叠进互退；而以机关枪之日以多，大炮火力之日以烈，于是守者前敌仅置少兵以御进攻，而常集中主力于大炮射程以外，俟其深入，然后一鼓而擒之。攻者以一字长蛇阵，横队并进，而守者以一字长蛇阵，横队相抵；然守者之前线，置兵不厚；何难蹈瑕抵巇，推锋直入以突破一二处；而攻者惧阵线之突出，所以冲锋前进之队伍，常被主将制止，以待全线抵抗之击溃；然而全线抵抗之被击破以尽溃，乃事实之所罕见；此所以连兵不解，而成西线相持之局也！迄于一九一八年，德军参谋格耶尔大尉建议以谓："攻敌之法，不可用一字长蛇阵之横队以并进，而当用挺进军。苟得突破敌阵之一处，当即不顾其他各线之抵抗，而推锋直入；然后横扫侧击，以旁延其他各线，岂有敌阵不摇动者乎！所以搜索之先锋队伍，苟以探攻而得敌阵之弱点所在，当即导进攻之主力以前进，而并力以贯之，由点以延展成线。"鲁登道夫用其议以发动春季攻势，而法军果大溃不支；德人追奔逐北，距巴黎只五十五哩，而不遽进者，非法军之有力抵抗，而德人之无力再进也！今之闪电战者，盖依据格耶尔之“挺进论”，而推行尽利以运用机械化部队，纵贯敌阵，翼以空军，纵横铁荡，先直后迂；虽所谓“迂直之计”，若与《孙子》异，而“以诈立，以利动，以分合为变”，则殊无二致也！两言以蔽之曰：敌疑以诈，我动以决而已。

《军政》曰：

（训义）梅尧臣曰：“军之旧典。”

“言不相闻，故为鼓铎。”

（训义）杜佑曰：“铎，金钲也；听其音声，以为耳候。”王皙曰：“鼓鼙钲铎之属，坐作进退，疾徐疏数，皆有其节。”

“视不相见，故为旌旗。”

（训义）杜佑曰：“瞻其指麾，以为目候。”王皙曰：“表部曲行列齐整也。”

基博按：“言不相闻”至“故为旌旗”，乃引军政语。

夫金鼓旌旗者，所以一民之耳目也。

（训义）张预曰：“夫用兵既众，占地必广；首尾相辽，耳目不接；故设金鼓之声，使之相闻；立旌旗之形，使之相见；视听均齐，则虽百万之众，进退如一矣。故曰：‘斗众如斗寡，形名是也。’”

民既专一，则勇者不得独进，怯者不得独退；此用众之法也。

（训义）张预曰：“士卒专心一意，惟在于金鼓旌旗之号令，当进则进，当退则退；一有违者，必戮。故曰：‘令不进而进，与令不退而退，厥罪惟均。’《尉缭子》曰：‘鼓鸣旗麾，先登者，未尝非多力国士也，将者之过也’；言不可赏先登获隽者，恐进退不一耳。”郑友贤曰：“或问武所论举军动众，皆法也，独称‘此用众之法’者，何也？曰：武之法，奇正贵乎相生；节制权变两用而无穷；

既以正兵节制自治其军，未尝不以奇兵权变而胜敌。其于论势也，以分数形名居前者，自治之节制也；以奇正虚实居后者，胜敌之权变也；是先节制而后权变也。凡所谓‘立于不败之地而不失敌之败’，‘修道而保法’，‘自保而全胜’者，皆相生两用先后之术也。盖鼓铎旌旗，所以一人之耳目。人既专一，勇者不得独进，怯者不得独退，此何法也？是节制自治之正法也；止能用吾三军之众而已；其法也，固未及于胜人之奇也。谈法之流，往往至此而止矣！武则不然，曰：‘此用吾众之法也。’凡所谓变人之耳目而夺敌之心气，是权谋胜敌之奇法也。”

右第二节引军政而论用众之法。

基博按：“用众之法”，自立于不败之地也。“军争”者，不失敌之败也。先为不可胜以待敌之可胜，必先有用众之法，而后可与言军争。

故夜战多火鼓，昼战多旌旗，所以变人之耳目也。

（训义）梅尧臣曰：“多者，欲以变惑敌人之耳目。”王晳曰：“多者，所以震骇视听，使慹我之威武声气也。传曰：‘多鼓钧声，以夜军之。’”张预曰：“凡与敌战，夜则火鼓不息，昼则旌旗相续，所以变乱敌人之耳目，使不知其所以备我之计。越伐吴，夹水而陈；越为左右句卒，使夜或左或右，鼓噪而进；吴师分以御之，遂为越所败。是惑以火鼓也。晋伐齐，使司马斥山泽之险，虽所不至，必旆而疏陈之；齐侯畏而脱归。是惑以旌旗也。”

故三军可夺气；

（训义）杜牧曰：“《司马法》：‘战，以力久，以气胜。’齐伐晋，庄公将战于长勺，公将鼓之。曹刿曰：‘未可！’齐人三鼓。刿曰：‘可矣！’齐师败绩。公问其故？对曰：‘夫战，勇气也；一鼓作气，再而衰，三而竭；彼竭我盈，故克之。’”王晳曰：“震慹衰惰，则军气夺矣！”何氏曰：“《淮南子》曰：‘将充勇而轻敌，卒果敢而乐战，三军之众，百万之师，志厉青云，气如飘风，声如雷霆，诚积逾而威加敌人；此谓气势。’《吴子》曰：‘三军之众，百万之师，张设轻重，在于一人；是谓气机。’故夺气者，有所待，有所乘，则可矣！”张预曰：“气者，战之所恃也。夫含生禀血，鼓作斗争，虽死不省者，气使然也。故用兵之法，若激其士卒，令上下同怒，则其锋不可当。故敌人新来而气锐，则且以不战挫之，伺其衰倦而后击，故彼之锐气可以夺也。《尉缭子》谓‘气实则斗，气夺则走’者，此之谓也。曹刿曰‘一鼓作气’者，谓初来之气盛也。‘再而衰，三而竭’，谓陈久而人倦也。又李靖曰：‘守者，不止完其壁，坚其陈而已；必也守吾气而有待焉。’所谓守其气者，常养吾之气，使锐盛而不衰；然后彼之气可得而夺也。”

基博按：杜牧、何氏、张预三家之说，可谓阐兵家权谋形势之奥；而多引曹刿再衰三竭之说，则徒以俟敌人之气衰耳；何得谓“三军可夺气”也？如就上下文融贯而言，当以王皙顺理成章为得解。

将军可夺心。

（训义）梅尧臣曰：“以鼓旗之变，惑夺其气，军既夺气，将亦夺心。”王皙曰：“纷乱喧哗，则将心夺矣！”何氏曰：“先须己心能固，然后可以夺敌将之心。故《传》曰：‘先人有夺人之心’；《司马法》曰：‘本心固，新气胜’者是也。”张预曰：“心者，将之所主也；夫治乱勇怯，皆主于心。故善制敌者，挠之而使乱，激之而使惑，迫之而使惧；故彼之心谋，可以夺也。《传》曰：‘先人有夺人之心。’谓夺其本心之计也。又李靖曰：‘攻者，不止攻其城击其陈而已，必有攻其心之术焉。’所谓攻其心者，常养吾之心，使安闲而不乱，然后彼之心，可得而夺也。”郑友贤曰：“或问夺气者必曰三军，夺心者必曰将军，何也？曰：三军主于斗，将军主于谋；斗者乘于气，谋者运于心。夫鼓作斗争，不顾万死者，气使之也。深思远虑，以应万变者，心生之也。气夺，则怯于斗；心夺，则乱于谋；下者不能斗，上者不能谋，敌人上下怯乱，则吾一举而乘之矣！《传》曰：‘一鼓作气，三而竭’者，夺斗气也。‘先人有夺人之心’者，夺谋心也。三军将军之事异矣。”

基博按：郑氏辨三军将军之异，是矣。至于夺气夺心，梅尧臣、王晳两家，于上下文语气为融贯。而何氏、张预之说，于兵家别是一义。然“夺气”“夺心”，亦有多术：有乘人于猝，出其不意，而“三军夺气”，“将军夺心”者。三国时，魏新城太守孟达图叛魏，而与诸葛亮书曰：“宛去洛八百里，去吾一千一百里，闻吾举事，当表上天子，比相反覆，一月间也；则吾城已固，诸军足办。所在深险，司马公必不自来！”而司马懿乃潜军进讨，倍道兼行，八日到其城下。达又告亮曰：“吾举事八日，而兵至城下，何神速也！”慌不知措，遂为懿诛。《传》所谓“先人有夺人之心”也。顾亦有延之以缓，消其斗志，而“三军夺气”，“将军夺心”者。希特勒先人夺人，用兵如神，人知之矣！顾一九三九年九月，一举而灭波兰；不转兵西向以亟攻法。而法国达拉第得情报机关之报告，深信希特勒之无意攻法，而欲先有事于英。迨一九四〇年五月，希特勒乃移兵攻法。盖距波兰之亡，半年有余矣；呜呼！此希特勒用兵之妙也！于时，法国里昂及勒哈佛尔所驻之英军，闲居苦闷；而英之将校，乃至演影戏，购留声机，娱悦其意，以慰羁旅。一军官叹曰：“力战不怕，待战难耐！”英兵又以买肉不得，时与法国市民龃龉。而一法兵语英兵曰：“此次战争之祸，惟伦敦之银行界实尸之！”英兵不服，遂以大哄！勒哈佛尔之英军，驻兵仓库，而前驻法军，中有通道，以两国士兵之不免于哄也！遂堵以墙，而于是英、法同仇之志荒矣！军情日涣，士无斗志，一法军官叹曰：“今日之役，我不攻希特勒，希特勒亦不攻我，果何为者？吾侪不如回家以事所事，任外交家折冲尊俎，可耳！”乃至一九四〇年四五月之间，有法军数十万，暂遣归农。然后希特勒大举而乘之！人徒见其闪电战之先人夺人，为功烈耳！孰知次且半年，延不进兵，亦以消英法联军之斗志，而“夺气”“夺心”也！呜呼！此千古珍罕之史例也！然后知士之所以为厉，心之所以不夺，岂惟亟战之难，抑亦不战之难，李牧备匈奴，日击数牛飨士，习骑射，士卒皆愿一战；王翦伐楚，坚壁不战，日休士洗沐，而善饮食拊循，士卒方投石超距；此中大有事也！用兵者可深思其故矣！

是故朝气锐，昼气惰，暮气归；故善用兵者，避其锐气，击其惰归，此治气者也。

（训义）杜佑曰：“避其精锐之气，击其懈惰欲归，此理气者也；曹刿之说，是也。”杜牧曰：“武德中，太宗与窦建德战于汜水东，建德列阵，弥亘数里。太宗将数骑登高观之，谓诸将曰：‘贼度险而嚣，是军无政令；逼城而陈，有轻我心；按兵不出，待敌气衰，陈久卒饥，必将自退；退而击之，何往不克。’建德列陈，自卯至午，兵士饥倦，悉列坐石，又争饮水。太宗曰：‘可击矣！’遂战，生擒建德。”梅尧臣曰：“朝，言其始也；昼，言其中也；暮，言其终也；谓兵始而锐，久则惰而思归，故可击。”张预曰：“朝喻始，昼喻中，暮喻末，非以早晚为辞也。凡人之气，初来新至，则勇锐；陈久人倦，则衰；故善用兵者，当其锐盛，则坚守以避之；待其惰归，则出兵以击之。此所谓善治己之气，以夺人之气者也。”

基博按：一九一七年，欧洲大战，法人所倡取守势之作战法，每厚集兵力于后方；而第一道防线之战壕内，则置兵不多；盖德军以剧烈炮火，猛攻法军阵地，第一道防线之前线所有一切建筑，势必尽被炸毁，而多置兵多牺牲，不如聚大军以屯第二防线之后，而伏居掩蔽完固之壕沟内；德军炮火虽极猛烈以尽毁第一道防线，而法军之损折不多，代价悬殊；及炮火渐稀，德之步兵迈进，法军乃从容出自后方，悉力蓄锐以与交战，坚持第一道防线之最后一线及紧要炮垒，力阻其染指第二道防线。依法人经验所得，俟德军占第一道防线，而后反攻以逐之；较之坚守第一道防线以损兵挫锐者为事半功倍；亦以避敌之锐，蓄我之力。及一九三九年，欧洲第二次大战起，希特勒创闪电战，不恤殚锐竭力以用坦克车队，纵横欧陆，溃法败英，摧南斯拉夫、希腊；转锋而向苏联，乘势远斗，其势不可当也！然一九四二年五月，苏联大败德人于卡尔科夫。德人之坦克车队，风驰而前；而苏联，则集中平射炮及坦克步枪之火力以击之；俟其坦克车摧毁之垂尽，而后苏联之坦克车，雷轰霆逐，以歼其步兵，薄其阵地。德人大败。是年十一月，英蒙哥马利将军之大败德隆美尔将军于北非也，亦先以猛烈炮火摧德之坦克车队，而后出坦克车队以追奔逐北，隆美尔之军几歼焉！同一坦克车队也，而德人悉锐以制先；苏、英蓄力以承敝。然英、法得治气之要也。

以治代乱，以静代哗，此治心者也。

（训义）何氏曰："夫将以一身之寡，一心之微，连百万之众，对虎狼之敌，利害之相杂，胜负之纷揉，权智万变而措置之胸臆之中；非其中廓然，方寸不乱，岂能应变而不穷，处事而不迷，卒然遇大难而不惊，案然接万物而不惑。吾之治，足以待乱；吾之静，足以待哗；前有百万之敌，而吾视之则如遇小寇。亚夫之遇寇也，坚卧而不起；栾箴之临敌也，好以整，又好以暇。夫审此二人者，蕴以何术哉？盖其心治之有定，养之有余也。"张预曰："治以待乱，静以待哗，安以待躁，忍以待忿，严以待懈，此所谓善治己之心似夺人之心者也。"

基博按：此德国兵家克老山维兹氏论将之所以称"识力之培养"也。其论以为："战之为道，至无定也。凡兵家之言，极深研几；及其临阵，学说原理，杳无征验，何所用之！而纷纭之变，扰我灵台；死丧之哀，凄人心脾；茫茫前途，惟有猜想。是故战之为事至变且乱也；非战之难；变而能持其常，乱而不失其定则难。此则识力之培养，必有以裕之于平日，而后临战之时，指挥若定，坚持我初衷，勿失其自信。”亦既说《计篇》备引之矣；克氏所谓“识力之培养”，《孙子》谓之“治心”也。遵义黎庶昌撰《曾文正公年谱》，称：“公在军终日凝然，奏牍书札，躬亲经理，不假手于人，益治书史，不废吟诵；尝谓：‘军事变幻无常，每当危疑震撼之际，愈当澄心定虑，不可发之太骤。’盖其数年所得力者在此；所以能从容补救，办危为安也。”合肥李瀚章称：“曾国藩初入翰林，讲明程朱之学，克己省身，得力有自。遭值时艰，毅然以天下为己任，忘身忘家，置死生祸福于度外；其过人之识力，在能坚持定见，不为浮议所摇。”德国大将兴登堡尝言：“临战尤当镇定；纵使敌情之未谙，而镇静则立时生其趋吉避凶之术；果临战而葸，不如不战，见危而退，不惟自堕其气，抑必为敌所乘，此之谓避危而自即于危！”然此次大战，英国主持太平洋战局之独眼将军魏菲尔，尝于一九三四年在剑桥大学演讲，论为将之道，以为幽默亦大将之所必不可缺者！盖幽默，则动心忍性，而以谐谑出之，如不经意；不幽默，则张脉偾兴，此心欲静而不得！然而幽默，则德人之所最缺也；以故一九一八年上次大战之终，虽以兴登堡之强毅，而不免仓皇失措，法人蒲哈德著《兴登堡欧战成败鉴》一书备论之！盖乱与哗，有不仅在敌，而出于国是之未定，士心之惶扰者；是在大将之善治其心而镇以静，待以治耳！特余观欧洲战术，拿破仑之排炮集中猛轰，山动地摇；希特勒之坦克车集团猛冲，风驰雨骤；岂诚有摧坚破锐之功，抑先振“夺气”“夺心”之威；其法远原于蒙古，而神明其用！欧洲古史，载蒙古之西侵也，以游牧之族，擅骑射之精；每临阵，未及交绥，而蒙古甲士驰大马，张强弓，疾骋而前，排墙以进，箭如雨集，骑如蜂拥；基督军猝不知措，阵脚摇动；遂为所乘以溃不能军，则以基督军之“夺心”以“夺气”也！蒙古所以败基督军者如此；所以摧女真，破南宋者，无不如此；抑亦拿破仑、希特勒之所以战必胜，攻必取者也！特拿破仑以排炮猛轰，蒙古以万弩齐发；希特勒以坦克猛冲，蒙古以甲骑驰突；为资不同，而胜则一，岂有他谬巧，不过“夺心”以“夺气”而已！然则“以治待乱”，“以静待哗”之“心”，岂特将军之宜亟治，抑亦三军之所当同！新兵初临阵，骤闻大炮隆隆，飞机轧轧，神智已昏；而坦克车疾驰以来，更无所措手足！顾久经战阵之老兵，经验已惯，沉着接战，不震不慭；亦以心不夺，气不慑也！一九四一年九月，苏联之骤为希特勒所袭也，势几不支，顾非无大队之坦克车以与希特勒相持也！欧美军事家声言：“现代化之坦克车，疾于攻而不利于守；炮兵之射击，既以缓不济急；而守势之坦克车，亦难阻敌前进，观于苏德之战而可知也！惟有高速度之飞机而装置三十七粍以上口径之速射炮，乃可御坦克车之进攻耳！然而生产不易，美国制造亦少也！”然则苏联将任德坦克之纵横跳荡，而坐以待毙欤？是不然！一九四二年五月，希特勒悉力殚锐以攻卡尔科夫也，而苏联以抵御坦克车战术试验成功闻！是役也，德军损坦克车二百五十辆。问其术，则集中炮火以协同配备完整之步兵，而歼灭德军坦克车队也。方德军坦克车队以步兵及空军掩护，卷土而来之际，红军严阵以待，寂不之应，伺德军疾入二百五十码地带，驰以益速，与其后之步兵失其连络，而达红军炮火射程以内；然后集中平射炮与平射来福枪之火力，发无不中，所当者摧。步兵则徐起而断其后，以遮德之步兵，不得支援；然后红军坦克，亦出应战，相摩相荡，主客不分；而德之空军，恐轰炸之中本国坦克，将翱将翔，徒唤奈何！苏联随军记者言：“未有如寂静之足以使纳粹坦克驾驶员伤心夺气者！方其风驰而前，以突破我之防线，以期待我恐慌骚乱，无纪律之射击；然而不然！红军之步兵，不射击，亦不逃跑，只沉默以坐于战壕内；以未有射击之命令也！于是德军坦克车不得不继续深入；及其入之深也，以为必遭红军炮火之射击矣！然而红军之炮火受命，则‘纵战车之深入，然后切离其主力，以为歼灭’；亦不射击也！而德人失措矣，心口相问，若曰：‘异哉！何以红军不射击也，何以若是之寂静也！’红军则处以镇静，持以忍耐，默睹德坦克车之如潮而过，而无一人惧后路之断，以欲归不得者；只自计曰：‘吾人此时留在德军坦克车队之后方，将截之以毋使只轮返也！’德军坦克车队不能长此寂静以忍与终古，不欲红军之截其后以欲归不得，于是疾变方向，减低速度，然而其进也锐，为计已迟！红军之步兵、炮兵及坦克，纷纷而出，相与僇力，以聚而歼旃！不过临阵之寂静，以成空前之胜利！德之攻苏也，不惟增进红军战时之资源，抑亦磨炼我同仇敌忾之精神，而予以‘镇静，勇敢，坚韧！’”呜呼！此则“以治待乱”、“以静待哗”、“治心”之成功；而“避其锐气，击其惰归”者也！岂必高速度之飞机，装置三十七糎之速射炮，而后可以抵坦克车之进攻耶！鲁登道夫言：“武器不能造成胜利；而惟一造成胜利之条件，只有精神而已！”观于苏联，亶不然乎！“治心”者，所以造成胜利之精神者也！

以近待远，以佚待劳，以饱待饥，此治力者也。

（训义）李筌曰：“客主之势。”杜牧曰：“‘致人而不致于人’是也。”

无要正正之旗，勿击堂堂之阵，此治变者也。

（训义）何氏曰：“所谓‘强则避之。’”张预曰：“正正，谓形名齐整也；堂堂，谓行陈广大也。敌人如此，岂可轻战。《军政》曰：‘见可而进，知难而退。’又曰：‘强而避之’，言须识变通。此所谓善治变化之道以应敌人者也。”

基博按："无要正正之旗，勿击堂堂之阵"，何、张两氏以"强而避之"为解，是已。然我避敌之强，敌乘我之弱，有时正正之旗，不能无要；堂堂之阵，不能勿击；则如何？曰：兵法"以诈立，以利动，以分合为变"。而所以"治变"，有化会战为袭击，化大兵为小队之法。用以突击而进攻，谓之渗透战。用以捍御而自卫，谓之游击战。游击战者，始西班牙。一八〇七年，法皇拿破仑以大兵拥其弟若瑟夫入西班牙称帝；而西班牙人叛者四起，此剿彼窜；而拿破仑之兵力，遂为所牵制，顿兵挫锐，久而消耗；此游击战之所昉也。然而中国自古有之！曾国藩言："小队出奇之师，贵少不贵多，贵变不贵常；古人谓之狙击，明人谓之雕剿。雕剿者，如鸷鸟之击物，破空而来，倏忽而去，无论有获无获，皆立即扬去。用兵者师其意，探明贼之所在，前往狙击，无论或胜或否，皆立即退归；总以'出其不意'四字为主。兵法最忌"情见势绌'四字，常宜隐隐约约，虚虚实实，使贼不能窥我之底蕴；若人数单薄，尤宜知此诀！若常扎一处，人力太单，日久，则形见矣！我之形既尽被贼党觑破，则势绌矣！此大忌也；必须变动不测，时进时退，时虚时实，时示怯弱，时示强壮，有神龙矫变之状。老湘营昔日之妙，全在乎此！"则是今之所谓游击，疑若古之所谓雕剿也。然而有不同。雕剿之战，盛于有明。鸟之鸷者曰雕；雕剿云者，喻其为剿之猛且速也。兵无选锋，不能雕剿；明代边将，多养亲丁。赵翼为《二十二史札记》，曾盛称之，以谓："两军相接，全恃将勇；将勇，则兵亦作气随之。然将亦非恃一人之勇也，必有左右心膂之骁悍者，协心并力，始气壮而敢进；将既进，则兵亦鼓勇争先；此将帅所贵有家丁亲兵也。前代如韩岳之背嵬军，固有明效。即《明史》所载，如成化中，王越多荡跳士为腹心，与寇搏战，数有功。马永为将，蓄家丁百余，皆西北健儿，骁勇敢战。帝问将于李时。时以永对，且曰：'其家众可用也。'马芳蓄健儿，尝令三十人，出塞四百里，多所斩获。万历中，李成梁帅辽东，收四方健儿，给以厚饩，用为军锋，所至有功。此将帅亲丁之成效也。”将帅亲丁，多选骁锐，既用雕剿，亦备缓急。然戚继光《练兵实纪》又极论其害，以谓：“宣大山陕，地平无险可据，敌马入犯无时，数千亦入，数百亦入，甚至数十亦入。将官随有警报，便就出去追剿；缓急之际，迅雷不及掩耳，那得齐兵，那得齐众；故特有家丁之设，所谓在精不在多，与将官厮守一处，人不离营，马不离鞍；一声炮响，早已出门，方才追得贼及；又有偷马打帐房之类，平日边徼得此功劳以为根基；及遇大敌，却称众寡不敌，厚颜无耻！今诸将每人统兵一枝二三千不等，原要各将将此二三千众，教练精强；又召家丁二三百厚养以充先锋；今却顾此遗彼，爱小失大；就以军士之马供家丁骑乘，以军士之身供家丁役使，以军士之粮作家丁养赡；是得二三百人之心，尽失部下二三千军士之心；以有用之粮，置之不用之地！是费朝廷二三千军士之粮饷，而仅得二三百家丁之力；本为求精，适致冗费，本为求多，反以致寡；既视二三千人为冗数，又视之为必不可练用；如是而厮役益多，益快其欲；诸将又且利于此，习于此，偷马打帐房得功，视此为制敌之长策；及至大举而入，便谓敌必不可交锋，必不可堂堂相对；凡能神出鬼没，偷窃零骑，挑壕自固，便是好汉；此牢不可破之习也！”盖敌以雕剿来，而将帅有家丁以赴急；我以雕剿去，而将帅借家丁以邀功。特是家丁，耗兵力，无补兵威；雕剿，幸小胜，不可大胜；此戚继光之所为讥切也！而今之所谓游击战者，则欲积小胜以为大胜，耗敌力以老敌师其故由于我军集中之兵力，不足以当敌人集中之兵力；小敌之坚，大敌之擒；惟有化整为零，斯可以弱制强；敌集团以为强，我分兵以出奇；敌专为一，我分为十；会战之所以胜，在“我专而敌分”。游击之所谓战，则敌专而我分；其战略，为不成军之散开战略；其战术，为无定型之流动战术；出入无时，莫知所向；不击则游，不游则击。敌挟大炮、坦克车以纵横驰突于平原大野；而我以短枪白刃，迫之于山林沼泽，大炮、坦克无所用之地。敌据雄都大邑以控制要害；而我以风晨月夕，乘之于不及防之时。猛之攻击，而继以速之退却；速之集中，而辅以隐之分散；声东击西，此出彼没，不嫌鬼鬼祟祟，以击堂堂正正；有袭击，无会战；有隐避，无防御；敌欲战则避；敌欲休则扰，亟肄以疲之，多方以误之。敌之兵力，积小耗以致大耗；我之兵略，先小战而后大战；俟敌之兵力，耗而以竭；敌之士气，沮而以丧；然后以大军继之，蔑不克矣！渗透战之化整为零，以分出奇，与游击战同；特是用之猛攻，而不许以退却！一九一五年，法国步兵上尉拉法尔格始倡渗透战，以谓："当进攻敌阵之时，如坚不可破，与其顿兵而挫锐，不如抵巇以蹈瑕，如怒潮之决堤然，苟有纤介之孔，无不渗透以入，渐扩而大，以成决口，狂澜澎湃，莫之能挽矣！"此渗透战之所由名也。顾莫之省而德国兴登堡用之以有成功！方一九一八年之初，英法之联军日增，而德之兵源渐竭；然英、法报纸，佥谓："德军将以大队密集冲锋，而快心于一决以挽颓势也。"兴登堡见之，蹙额曰："吾德何来如许兵众以行此密集之战术，而容我如许密集牺牲乎！然我有以处之矣！"于是申儆于军，颁之教范，乃变密集队之冲锋，而为散兵线之冲锋；选锐卒，组小队，各携轻便臼炮与机关枪，臼炮用以击毁壕堑，机关枪用以突阵，数十百队，如蜂之拥，推锋而前，得间以入，以三月二十一日，进攻英军，几不支；因名其战术曰渗透，意谓无孔不入也！及一九四〇年，希特勒之攻法也，则以无坚不摧之闪电战，为之后劲；而以无孔不入之渗透战，任其前哨。然而耳食者，徒知闪电战之有坚必摧，而不知渗透战之无孔不入也！渗透战，常在闪电战之前夜；先之以空军之地面侦察，而侦察所用之新武器，则为大胆果敢之听音哨，窃听法军之电话，得以审知敌阵防御配备之疏密，而求可以渗透之间道；其次则搜索以斥候兵，每三人为一组，携轻机关枪，而循所知之间道，乘夜以穿过法军之步哨，拂晓乃开始射击，数小时续续不已，予以猛烈之破坏；然后数千队之渗透战士，蹈瑕抵隙以人自为战，如水银泻地之无孔不入，深入敌阵而纵贯之，断其后方联络之电话，占其后方防御之支点，而用机关枪以猛烈射击侧近之法方守军；于是守军见四面八方，枪弹横飞，以为左右前后皆敌，惟惧不得突围，而迅速退却；追奔逐北，必尽歼之，毋俾残喘苟延以与我再接再厉也！倘守军坚持不退以与我相抗；而我之渗透战士，昼以白炬，夜纵烽火，用信号以呼应我之炮兵及机械化部队，告以所在，视之标识，而后雷击霆震之闪电战继之推锋而前，使敌人不及弥缝其阙，匡救其失。游击战不占据支点，而渗透战必坚据支点。游击战有进有退，而渗透战有进无退。游击战为消耗战之支队，而渗透战为歼灭战之前锋。两者攸异；而其化整为零，以分出奇，不嫌鬼鬼祟祟，以击堂堂正正，则又无乎不同。特游击战，我国人耳熟能详，而渗透战，则罕有及者；余故连类而及之以俟考论焉。夫战之为术，不外四端：一曰“虚实之形”。二曰“迂直之计”。三曰“奇正相生”。四曰“分合为变”。正正之旗，堂堂之阵，我专而敌分，合以集中我之兵力也。游击之战，渗透之战，敌专而我分，分以耗散敌之兵势也。凡事有宜，知彼知己，因利制权，不得尽言。

故用兵之法：高陵勿向；背丘勿逆；

（训义）杜牧曰：“向者仰也；背者倚也；逆者迎也；言敌在高处，不可仰攻；敌倚丘山，下来求战，不可逆之；此言自下趋高者力乏，自高趋下者势顺也；故不可向迎。”梅尧臣曰：“高陵勿向者，敌处其高，不可仰击；背丘勿逆者，敌自高而来，不可逆战，势不便也。”王皙曰：“如此不便，则当严阵以待变也。”张预曰：“敌处高为陈，不可仰攻；人马之驰逐，弧矢之施发，皆不便也；故诸葛亮曰：‘山陵之战，不仰其高。’敌从高而来，不可迎之，势不顺也；引至平地，然后合战。”

佯北勿从，

（训义）杜佑曰：“北，奔走也；敌方战，气势未衰，便奔走而陈却者，必有奇伏，勿深入从之。故太公曰：‘夫出甲陈兵，纵卒乱行者，欲以为变也。’”

锐卒勿攻；

（训义）张预曰：“敌若乘锐而来，其锋不可当，宜少避之以伺疲挫。晋楚相持，楚晨压晋军而陈，军吏患之。栾书曰：‘楚师轻窕，固垒以待之；三日必退，退而击之，必获胜焉。’又唐太宗征薛仁杲，贼兵锋甚锐，数来挑战；诸将咸请战。太宗曰：‘当且闭垒以折之；待其气衰，可一战而破也。’果然。”

饵兵勿食；

（训义）杜牧曰：“敌忽弃饮食而去，先须尝试，不可便食，虑毒也。后魏文帝时，库莫奚侵扰，诏济阴王新成率众讨之；王乃多为毒酒，贼既渐逼，使弃营而去；贼至。喜，竞饮；酒酣，毒作；王简轻骑纵击，俘获万计。”陈皞曰：“此之获胜，盖出偶然，固非为将之道，垂后世法也。《孙子》岂以他人不能致毒于人腹中哉！此言喻鱼若见饵，不可食也；敌若悬利，不可贪也。曹公与袁绍将文丑等战，诸将以为敌骑多，不如还营。荀攸曰：‘此所以饵敌也，安可去之。’即知饵兵非止谓置毒也。食字，疑或贪字也。”张预曰：“《三略》曰：‘香饵之下，必有悬鱼’，言鱼贪饵，则为钓者所得；兵贪利，则为敌人所败。夫饵兵，非止谓置毒于饮食，但以利留敌，皆为饵也。”

归师勿遏，

（训义）孟氏曰：“人怀归心，必能死战，则不可止而击也。”

张预曰："兵之在外，人人思归，当路邀之，必致死战。韩信曰：'从思东归之士，何所不克。'"

围师必阙，

（训义）曹操曰："《司马法》曰：'围其三面，阙其一面，所以示生路也。'"杜佑曰："若围敌平陆之地，必空一面以示其虚，欲使战守不固而有去留之心。若敌临危据险，强救在表，当坚固守之，非必阙也。此用兵之法。"李筌曰："夫围敌，必空其一面，示不固也；若四面围之，敌必坚守，不拔也。"张预曰："围其三面，开其一角，示以生路，使不坚战。后汉朱隽讨贼帅韩忠于宛，急攻不克，因谓军吏曰：'贼今外围周固，所以死战。若我解围，势必自出；出则意散，易破之道也。'果如其言。"

穷寇勿迫，

（训义）杜牧曰："春秋时，吴伐楚，楚师败走，及清发，阖闾复将击之。夫概王曰：'困兽犹斗，况人乎！若知不免而致死，必败我；若使半济，而后可击也。'从之，又败之。汉宣帝时，赵充国讨先零羌，羌睹大军，弃辎重，欲渡湟水，道厄狭。充国徐行驱之。或曰：'逐利行迟。'充国曰：'穷寇也，不可迫；缓之则走不顾，急之则还致死。'诸将曰：'善！'虏果赴水溺死者数万；于是大破之也。"

基博按：近代战术，务于歼灭；围师不阙，穷寇必迫；稍纵即逝，未可拘虚也！

此用兵之法妙也。

（训义）郑友贤曰："或问自'计'及'间'，上下之法，皆要妙也；独云'此用兵之法妙'者，何也？曰：夫事至于可疑，而后知不疑者为明；机至于难决，而后知能决者为智。用兵之法，出于众人之所不可必者，而吾之明智了然，不至于犹豫者，其所得固过于众人，而通于法之至妙也。所谓'高陵勿向，背丘勿逆'，盖亦有可向可逆之机；‘佯北勿从，锐卒勿攻’，亦有可从可攻之利；‘饵兵勿食，归师勿遏’，亦有可食可遏之理；‘围师必阙，穷寇勿追’，亦有不阙可追之胜。此兵家常法之外，尚有反覆微妙之术，智者不疑而能决，所谓‘用兵之法妙’也。”

右第三节论军争，宜为不可胜而无犯用兵之所忌。

基博按：“夺气”、“夺心”、“治气”、“治心”、“治力”、“治变”，所以为军争而不失敌之败；“勿向”、“勿逆”、“勿从”、“勿攻”、“勿食”、“勿遏”、“必阙”、“勿迫”，所以慎军争而自立于不败也。《孙子十三篇》，《形篇》、《势篇》、《虚实篇》皆言因敌而制胜，而《计篇》以挈其纲；盖昔之善战者，先为不可胜以待敌之可胜，此为军争之所有事也。《行军》、《地形》、《九地》三篇，皆言因地而制宜，而《九变篇》以发其凡；盖智者之虑，必杂于利害，杂于利而务可信，杂于害而危可解，此慎军争之所有事也。因敌乃能不失敌之败；因地而后自立于不败；然因敌必用五间，而莫重于反间；故曰：“明君贤将，所以动而胜人，成功出于众者，先知也；先知者，不可取于鬼神，不可象于事，不可验于度，必取于人，知敌之情者也”；而卒要其成于反间。因地必辨九地，而借资于乡导；故曰：“不知山林险阻沮泽之形者，不能行军；不用乡导者，不能得地利”；而先著其义于此篇。至此篇所论军争，不过作战之术，而以补《作战篇》之所未逮。谋攻不如作战，作战又不如不战；不得已而战，则贵胜不贵久，故曰：“百战百胜，非善之善者也；不战而屈人之兵，善之善者也。故上兵伐谋；其次伐交；其次伐兵；下政攻城。”伐兵者，军争之事也，作战之事也。《作战篇》言伐兵之贵胜不贵久；《军争篇》言伐兵之为利毋为危；然不如伐谋伐交之为不战而屈人之兵。而伐谋、伐交，则皆计之事也，故以“计”冠于篇云。

九变篇第八

（解题）王晳曰："晳谓九者，数之极；用兵之法，当极其变耳。或曰九地之变也。"张预曰："变者，不拘常法，临事适变，从宜而行之之谓也。凡与人争利，必知九地之变；故次军争。"

基博按：世之为军争者，往往知进而不知退，见可而不见不可，勇于敢而不勇于不敢；此军争所以为危，而覆军杀将之必以"必死""必生""忿速""廉洁""爱民"五危也！如审知其不可，而变通以尽利，圮地无舍，衢地无闭，绝地无留，围地无守，死地无困；涂有不由，军有不击；城有不攻，地有不争；则通于九变之利，而军争为利矣。故以《九变》次《军争》。变者，谓杂于利害，而无意必固我，审知其不可以为变通尽利也。

孙子曰：凡用兵之法，将受命于君，合军聚众。圮地无舍。

（训义）李筌曰："地下曰圮，行必水淹也。"陈皞曰："圮，低下也；孔明谓之地狱。狱者，中下，四面高也。"何氏曰："下篇言'圮地吾将进其涂'，谓必固之地，宜速去之也。"

衢地合交。

（训义）李筌曰："四通曰衢。"梅尧臣曰："夫四通之地，与旁国相通，当结其交也。”何氏曰：“下篇云：‘衢地吾将固其结’，言交结诸侯，使牢固也。”

基博按：交邻结援，当讲之于平日，岂暇合之于临敌。“合交”二字，或系合兵交战之谓；盖衢地，四战之地，宜于合兵交战也。下篇云“衢地吾将固其结”，“结”者，或指结阵而言；盖四战之地，防敌人四方而至，将结阵以自固耳。

绝地无留。

（训义）贾林曰：“溪谷坎险，前无通路曰绝；当速去无留。”郑友贤曰：“‘绝’当作‘轻’；盖轻有无止之辞。”

围地则谋。

（训义）贾林曰：“居四险之中曰围地；敌可往来，我难出入；居此地者，可预设奇谋，使敌不为我患乃可济也。”何氏曰：“下篇亦云‘围地则谋’，言在艰险之地，与敌相持，须用奇险诡谲之谋，不至于害也。”

死地则战。

（训义）梅尧臣曰：“此而上，举九地之大约也。”何氏曰：“下篇亦云‘死地则战’者，此地速为死战，则生；若缓而不战，气衰粮绝，不死何待也。”张预曰：“走无所往，当殊死战；淮阴背水陈，是也。从‘圮地无舍’至此，为九变；止陈五事者，举其大略也。《九地篇》中说九地之变，唯言六事，亦陈其大略也。凡地有势有变，《九地篇》上所陈者，是其势也；下所叙者，是其变也。何以知九变为九地之变？下文云：‘将不通九变，虽知地形，不能得地利’；又《九地篇》云：‘九地之变，屈伸之利，不可不察’；以此观之，义可见也。下既说九地，此复言九变者，《孙子》欲叙五利，故先陈九变；盖九变五利，相须而用，故为言之。”郑友贤曰：“或问九变之法，所陈五事者，何也？曰：九变者，九地之变也。'散'、'轻'、'争'、'交'、'衢'、'重'、'圮'、'围'、'死'，此九地之名也；'一其志'，'使之属'，'趋其后'，'谨其守'，'固其结'，'继其食'，'进其涂'，'塞其阙'，'示不活'，此九地之变也。九而言五者，阙而失次也。下文曰：'将通于九变之利者，知用兵矣；将不通于九变之利者，虽知地形，不能得地之利矣。'是九变主于九地，明矣。故特于《九地篇》曰：'九地之变，人情之利，不可不察也。'然则既有九地，何用九变之文乎？曰：武所论'将不通九变之利'，又曰：'治兵不知九变之术。'盖九地者，陈变之利；故曰：'不知变，不得地之利。'九变者，言术之用；故曰：'不知术，不得人之用。'是故六地有形，九地有名，九名有变，九变有术。知形而不知名，决事于冥冥；知名而不知变，驱众而浪战；知变而不知术，临用而事屈；此所以六地、九地、九变皆论地利，而为篇异也。李筌以'涂有所不由'而下五利，兼之为十变者，误也。复指下文为五利，何尝有五利之义也？"

涂有所不由。

（训义）杜佑曰："厄难之地，所不当从也；不得已从之，故为变也；道虽近而中不利，则不从也。"王皙曰："途虽可从而有所不从，虑奇伏也。若赵涉说周亚夫，避殽黾厄陕之间，虑置伏兵，请走蓝田，出武关，抵洛阳，间不过差一二日，是也。"

军有所不击。

（训义）杜牧曰："盖以锐卒勿攻，归师勿遏，穷寇勿迫，死地不可攻。或我强敌弱，敌前军先至，亦不可击，恐惊之退走也。言有如此之军，皆不可击。斯统言为将须知有此不可击之军，即须不击，益为知变也；故列于《九变篇》中。"张预曰："纵之而无所损，克之而无所利，则不须击也。又若我弱彼强，我曲彼直，亦不可击。如晋楚相持，士会曰：'楚人德刑政事典礼不易，不可敌也，不为是征。’义相近也。”

城有所不攻。

（训义）杜牧曰：“盖言敌于要害之地，深浚城隍，多积粮食，欲留我师，若攻拔之，未足为利；不拔，则挫我兵势，故不可攻也。宋顺帝时，荆州守沈攸之反，素蓄士马，资用丰积，战士十万，甲马二千，军至郢城。功曹臧寅以为：攻守异势，非旬日所拔，若不时举，挫锐损威；今顺流长驱，计日可捷，既倾根本，则郢城岂能自固！故《兵法》曰：‘城有所不攻’，是也。攸之不从。郢郡守柳世隆拒攸之，攸之尽锐攻之，不克；众溃，走入林，自缢。后周武帝欲出兵于河阳以伐齐，吏部宇文弼进曰：‘今用兵，须择地；河阳要冲，精兵所聚，尽力攻之，恐难得志。如臣所见，彼汾之曲，戍小山平，攻之易拔，用武之地，莫过于此！’帝不纳，师竟无功；复大举伐齐，卒用弼计以灭齐。”张预曰：“拔之而不能守，委之而不为患，则不须攻也。又若深沟高垒，卒不能下，亦不可攻。如士匄请伐偪阳。荀罃曰：‘城小而固，胜之不武，弗胜为笑’，是也。”

地有所不争。

（训义）张预曰：“得之不便于战，失之无害于己，则不须争也。又若辽远之地，虽得之，终非已有，亦不可争。如吴子伐齐，伍员谏曰：‘得地于齐，犹获石田也。"’

君命有所不受。

（训义）曹操曰：“苟便于事，不拘于君命也；故曰：‘不从中御。’”张预曰：“自‘涂有所不由’至此，为五利。或曰：自‘圮地无舍’至‘地有所不争’为九变；谓此九事皆不从中覆，故统之以‘君命有所不受’。”

故将通于九变之利者，知用兵矣！

（训义）贾林曰：“九变，上九事。将帅之任，机权遇势则变，因利则制，不拘常道，然后得其通变之利；变之则九，数之则十，故君命不在常变例也。”梅尧臣曰：“达九地之势，变而为利也。”何氏曰：“《孙子》以‘九变’名篇，解者十有余家，皆不条其九变之目者，何也？盖自‘圮地无舍’而下至‘君命有所不受’，其数十矣，使人不得不惑。愚熟观文意上下，止述其地之利害耳，且十事之中，‘君命有所不受’，且非地事，昭然不类矣。盖《孙子》之意，言凡受命之将，合聚军众，如经此九地，有害而无利，则当变之，虽君命使之舍留攻争，亦不受也。况下文言‘将不通于九变之利者，虽知地形，不能得地之利矣’；其君命岂得与地形而同算也？况下之《地形篇》云：‘战道必胜，主曰无战，必战可也；战道不胜，主曰必战，无战可也’；厥旨尽在此矣。”

将不通于九变之利者，虽知地形，不能得地之利矣！

（训义）张预曰：“凡地，有形有变；知形而不晓变，岂能得地之利。”

治兵不知九变之术，虽知五利，不能得人之用矣！

（训义）曹操曰：“谓下五事也。”张预曰：“凡兵有利有变，知利而不识变，岂能得人之用。曹公言下五事为五利者，谓九变之下五事也；非谓杂于利害已下五事也。”

基博按：上云“九变之利”者，谓相地而通变也；此云“九变之术”者，言因利而制权也。“利”者，地之自然；“术”者，人之权谋。上下文递承而下，若曰：“通于九变之利而不知九变之术，虽知五利，而不能通变以尽利者，人谋之不臧也。”张预曰：“知利而不识变”，未是；宜曰“通变而不知术”。

右第一节，论九变之利。

是故智者之虑，必杂于利害；

（训义）王皙曰：“将通九变，则利害尽矣。”张预曰：“智者虑事，虽处利地，必思所以害；虽处害地，必思所以利；此亦通变之谓也。”

杂于利而务可信也，

（训义）杜牧曰：“信，申也；言我欲取利于敌人，不可但见取敌人之利，先须以敌人害我之事，参杂而计量之；然后我所务之利，乃可申行也。”

杂于害而患可解也。

（训义）曹操曰：“既参于利，则亦计于害；虽有患，可解也。”王晳曰：“周知其害，则不败矣。”

是故屈诸侯者以害，

（训义）曹操曰：“害，其所恶也。”张预曰：“致之于受害之地，则自屈服。或曰：间之使君臣相疑，劳之使民失业，所以害之也。”

役诸侯者以业，

（训义）曹操曰：“业，事也；使其烦劳，若彼入我出，彼出我入也。”杜佑曰：“能以事劳役诸侯之人，令不得安佚；韩人令秦凿渠之类，是也。”张预曰：“以事劳之，使不得休。或曰：压之以富强之业，则可役使；若晋、楚国强，郑人以牺牲玉帛奔走以事之，是也。”

趋诸侯者以利。

（训义）杜牧曰：“言以利诱之，使自来趋我也，堕吾画中。”

故用兵之法，无恃其不来，恃吾有以待也；无恃其不攻，恃吾有所不可攻也！

（训义）曹操曰：“安不忘危，常设备也。”张预曰：“言须思患而预防之；传曰：‘不备不虞，不可以师。’”

右第二节，承上九变之利，而论虑之离于利害以思患预防。

故将有五危；

（训义）李筌曰：“下五事也。”

必死，可杀也。

（训义）杜牧曰："将愚而勇者，患也。黄石公曰：'勇者好行其志；愚者不顾其死。'《吴子》曰：'凡人之论将，常观于勇；勇之于将，乃数分之一耳！夫勇者必轻合，轻合而不知利，未可将也！'"

基博按：一九〇四年，日俄之战，俄国远东之陆军，兵力不厚。苦鲁伯坚以满洲军总指挥，训令东路司令官，谓："敌众我寡，不可当也！不如集中兵力，且战且退，既以阻日军之猛进，而以渐与在后之大军会合，毋陷于孤危以逞敌志！"顾司令查苏立声言："尝受圣乔治勋章之武士，只知杀敌致果尔！不惯作逃将军也！"苦鲁伯坚亦无如何；遂为日军所歼，而陷于大败！此"必死可杀"之适例也。

必生，可虏也。

（训义）孟氏曰："将之怯弱，志必生返，意不亲战，士卒不精，上下犹豫，可急击而取之！"新训曰："为将怯懦，见利而不能进。"太公曰："失利后时，反受其殃。"

基博按：一九三九年九月，希特勒之进攻波兰也，德军之在西境齐格菲防线者，仅三师以至十一师耳；而法军总司令甘末林以三十五师之兵力，不能疾捣其虚，而顿兵犹豫；以谓："法为人口生殖低落之国，而第一次欧战之牺牲尤巨；吾法人宁堪如此流血之战争乎！我不能于大战之方始，而遽用凡尔登决战之战略也！"英伦《太晤士报》著论誉之曰："法国之军事思想，在以攻为守；而甘氏则守而不攻，似相刺谬！顾有其不可及者，待机而动；慎重民命；自开战以迄于今，曾无有一卒焉而作无为之牺牲者！如甘氏为将，必坚持此重民命，节流血之策略，以待可胜，而保持法国之国力以不堕矣！"然失利后时，卒为德乘，而马奇诺防线以溃！法军之为希特勒所俘者一百九十万人；而所缴之军械，可以装备八十二师。呜呼！甘末林以国家久经训练，历年储备之精兵利器，身为统帅，成师以出，不用以杀敌致果，争机先而制胜；而节流血，慎民命，俾之束手就缚，堕军实而长寇雠，亡无日矣！岂非“必生可虏”之大戒乎！拿破仑大帝言：“我之战术，所以无不胜者有三：一集中兵力。二活泼。三活泼之中，持以坚定，扎硬寨，打死仗。死而英雄，何惜一死！生而战败，不如无生！”呜呼！甘末林独不闻之乎！

忿速，可侮也。

（训义）杜牧曰：“忿者，刚怒也；速者，褊急也；性不厚重也。若敌人如此，可以凌侮，使之轻进而败之也。十六国，姚襄攻黄落，前秦苻生遣苻黄眉、邓羌讨之，襄深沟高垒，固守不战。邓羌说黄眉曰：‘襄性刚狠，易以刚动。若长驱鼓行，直压其垒，必忿而出师，可一战而擒也。’黄眉从之；襄怒出战，黄眉等斩之。”

廉洁，可辱也。

（训义）梅尧臣曰：“徇名不顾。”

爱民，可烦也。

（训义）杜牧曰：“言仁人爱民者，惟恐杀伤，不能舍短从长，弃彼取此，不度远近，不量事力，凡为我攻，则必来救，如此可以烦之，令其劳顿而后取之也。”张预曰：“民虽可爱，当审利害。若无微不救，无远不援，则出其所必趋，使烦而困也。”

凡此五者，将之过也，用兵之灾也！

（训义）何氏曰：“将材古今难之，其性往往失于一偏尔！故《孙子》首篇，言‘将者智信仁勇严’，贵其全也”，张预曰：“庸常之将，守一而不知变，故取则于己，为凶于兵；智者则不然，虽勇而不必死，虽怯而不必生，虽刚而不可侮，虽廉而不可辱，虽仁而不可烦也。”

覆军杀将，必以五危，不可不察也！

（训义）张预曰：“言须识权变，不可执一道也。”

右第三节，论将有五危；而究其所以为危，以执一而不通变也。

行军篇第九

（解题）张预曰："知九地之变，然后可以择利而行军，故次九变。"

基博按：《孙子》以为通于九变之利者，乃可以择利而行军，故以《行军》次《九变》。然行军而不知处军，则何以自立于不败而为不可胜；不能相敌，则何以不失敌之败；故以"处军相敌"立论。得地利之以"处军"，审敌情之谓"相敌"，起总冒一句；以下"处军"凡有四，"相敌"三十有一。惟今古异宜，其所列举"处军相敌"之条件，于现今多不适用；而行军之必以"处军相敌"为先务之急，其意固不可废也。

孙子曰：凡处军相敌：

（训义）李筌曰："军，我；敌，彼也；相其依止，则胜败之数，彼我之势，可知也。"王皙曰："行军当据地便，察敌情也；处军凡有四，相敌凡三十有一。"张预曰："'自绝山依谷'至'伏奸之所处'，则处军之事也；自'敌近而静'至'必谨察之'，则相敌之事也。相，犹察也，料也。"

绝山依谷，

（训义）李筌曰：“绝山，守险也；谷近水草。”杜牧曰：“绝，过也；依，近也；言行军经过山险，须近谷而有水草之利也。《吴子》曰：‘无当天灶大谷之口’；言不可当谷，但近谷而处，可也。”贾林曰：“绝山，一跨山；依谷，傍谷也。跨山，无后患；依谷，有水草也。”梅尧臣曰：“前为山所隔，则依谷以为固。”张预曰：“绝，犹越也，凡行军越过山险。必依附溪谷而居；一则利水草，一则负险固。后汉武都羌为寇，马援讨之，羌在山上，援据便地，夺其水草，不与战，羌穷困悉降；羌不知依谷之利也。”

基博按：张预谓“羌不知依谷之利”；然亦有我依谷而敌绝山，遂以挫败者，胜负亦何常之有！甲午之战，我之以兵援朝鲜也，聂士成驻成欢，扼两山间之大道，岂非所谓依谷乎？战方酣，而不虞日人之以炮兵绕登东山，乘高以射我也，势不支，遂败，则是我依谷而敌绝山，遂以挫败也。“绝山”，当以李筌“守险”，贾林“跨山无后患”之说为是。

视生处高，

（训义）李筌曰：“向阳曰生；在山曰高。”杜牧曰：“言须处高而面南也。”陈皞曰：“若地有东西，其法如何？答曰：然则面东也。”

基博按：现代战术，以飞机、大炮为利器，而处军以得掩护为有利；“视生处高”，则予敌人以攻击之目标，未为有利也！

战隆无登，

（训义）杜牧曰：“隆，高也；言敌人在高，我不可自下往高，迎敌人而接战也。一作‘战降无登’；降，下也。”张预曰：“敌处隆高之地，不可登迎与战。一作‘战降无登迎’，谓敌下山来战，引我上山，则不可登迎。”

此处山之军也。

（训义）张预曰："凡高而崇者皆谓之山；处山拒敌，以上三事为法。"

基博按：克老山维兹亦论山地之处军相敌，与平地全异；其书第五卷《论战斗力》，中有"地形"一章；第六卷《论守》，中有"山岳之守"三章；第七卷《论攻》，中有"山岳之攻"一章；皆论"处山之军"，而详哉言之，有足以补《孙子》所未逮者；其持论以谓："处山之军，运动障害，利守不利攻！大抵强者攻而弱者守；守则不足，攻则有余；如处平原而为守，只以相当强力之若干支队进攻，即不得不委而去之，众寡之势异也；若以处之山，则以寡弱之兵力，保广大之地域，而为坚强持久之抵抗者，往往有之！然未必其力与兵数之增加成为正比例；此山岳之在弱者，所以为避难所也！然可以用寡而不可以用众；可用小部队以为受动之抵抗，而不能用主力以为主动之反攻！山岳者，与大河相同，可视之为不易通过之栅墙，以障害敌军之进攻，而制止之于仅有之通道；然后守者在山岳之后方，以集中配备之兵力，袭击敌军之各个部队，而断其交通线，阻其归路。当攻者之由山中前进也，所尤患者，不能维持其纵队，若欲强维持之，仅有一条退路，而不无后顾之虞！然在山岳，亦有在其他地形所无之一特性，即能由一地点，瞰制他地点，是也。倘守者依谷以为阻，而攻者绝山以处高，则守者为所俯瞰，而暴露以受监视矣！则是利于守而不必利于守！山岳之不利攻，以运动障害；而山岳之不利守，亦以运动障害！设守山岳者，以坚固不可攻之排哨，配置于各地，而全军散布，如铁钉之屹不动，则因之而反予攻者以大胆迂回之余地；盖以其时攻者已不必悬念自军之两翼也！于是守者以制止攻者之迂回，而阵地之线益伸张；以阵地之线益伸张，而正面薄弱；攻者乃集中兵力以突击正面，而不向守者之两翼迂回；于时，守者若非以迅速之运动力，转移兵力于正面以为抵抗，则不能以救败；然运动力之与山岳不相容，则兵力之转移不易，而鲜不为攻者所突破！所以运动为攻者之事，则山岳为守者之利；苟守者而亦有事于运动，则山岳之为不利亦同！所以山岳可用小部队以为受动之抵抗；而不能用主力以为主动之决胜也！夫守者之所以为守而决胜者，非惟正面为受动之抵抗；亦必同时在后方为强有力之能动抵抗；然后方之能动抵抗，为山岳之所不许！第一，由后方以向前方，无可迅速行军之道路；而战术之奇袭，亦以土地不平坦而有妨！第二，以地形之障害，而成视线之障害，山地若由其缘端以望平原，则可俯瞰甚广大之地域；而山地自身，则常如被蔽于黑暗之帐中，对地势及敌人运动之展望不自由！第三，亦不无切断退路之虞！虽在正面对敌之全压力，由山地之荫蔽，而颇有可为退路之保护者；又敌欲迂回之时，亦以运动之障害，而多予以时间之损失；然守者在山中为集中配备之时，则迂回为攻者之唯一法！何也？盖攻正面，则必与守者最坚强之主力相冲突也！然迂回，亦非攻守者之侧及背，而以切断退路为尤有效；盖足有守兵之山中阵地，则背后之抵抗力更大也！使守兵有退路丧失之虞，则易以迅速收功；而退路丧失，乃山中守兵之所大惧；盖一丧失而地阻隘，不能以兵力开拓血路而突围也！然则山地，既以妨害守者之俯瞰敌人；又以运动障害而不能应敌以转移兵力，不得不为受动之抵抗；抑亦以不得不阻扼所有之道路，而不能无单线式战争之倾向；纵攻者无力包围以切断守者之退路；抑亦可集中兵力以突击，而破碎守者之防御线也！然守山者，不能不倾向单线配备！所谓单线配备者，盖由互相依赖之一系列哨兵，而以掩护某地带之谓也。欲直接掩护广大之地带，则其防御线必无限延长以成一系列；而一系列之无后继以不能持久抵抗，则其为攻者之易集中突破，可知也！特守山者，能以全军配备于山背广大高原之时，则可以消灭此等不利之大半而瞰制敌军；正面既颇坚固，两翼又难接近，而阵地之内部及背面，可保有运动之自由；此可谓理想之最坚强阵地也；抑亦不过理想而已！大抵山岳，自中腹倾斜地以至山顶，必有数处以易接近者；而山顶之高原，往往狭小不足以配备大兵！观奥国帝位继承战争，七年战争，革命战争，处山之军，其配备未有包括全山脉体系！当时之军队，未有位置于山之背者，常沿斜面或高或低以为位置，而方向亦不一，或彼或此，或直角，或平行，或斜出，或顺沿水流，或横断水流。至于一七九九年及一八〇〇年之诸役，法军及奥军，皆以其主要哨兵配备于溪谷，有遮断溪谷以与为直谷配备者；亦有顺溪谷之势以为配备者；而山背不配备兵力，不过置少数之孤立哨兵而占领之以为觇望耳！盖阿尔卑斯山脉之山背，无法以配备兵力，而舍溪谷配备以外无他道！或有疑而言者曰：‘山背之高地瞰制溪谷也！’然而不然！盖山背之小径仅有，而得攀缘以上者，惟步兵；至于车骑之通路，无不沿溪谷以行也！所可虑者，或敌之步兵，出没山背以射击溪谷耳！特以阿尔卑斯山山脉之大，则山背与溪谷之距离过远，而欲凭山背以为有效之射击，虽在溪谷，亦不如想像之可虞！然此非谓溪谷之守，可以一无所虞也；乃别有虞，即虞退路之切断，是也！然攻者之切断退路，亦剧不易；仅能以步兵由数处无连络之地点，徐徐而下溪谷耳！凡守者之配备，可于敌之所易接近，而择全线中央之阵地以置主军；然后派遣部队以占领溪谷之出口，而置三人，四人，五六人乃至以上之哨兵，略成一线；此线之延长，以一两日间行程，即六德里至八德里之距离为普通；然因地制宜，亦有延长至二三十德里者。惟在相隔一二小时间行程距离之大哨间，往往有可通之出口，而于军队配备以后，始发见之者；亦有发见可置一二营之哨所，而不得不弥缝其阙，以与大哨连系作配备者；当是时，支队之占领兵力，其区分有可小至一步兵连乃至一骑兵连者！但在溪谷之阵地，曾无有能尽杜僻路仄径以一一阻扼不得入者；而敌蹈瑕抵巇，渐以优势之兵力下降而展开之，则守军势力衰弱，分布稀薄之哨兵线，无不突破矣！然退却而不得山地向平原之出口，则各支队不得不循溪谷以走，而在哨兵较多之支队，往往不能以自脱；此奥军之在瑞士作战，所为不得不以其军三分之一乃至半被捕虏也！夫山岳之守，以局部观，似坚；而以全体衡，则弱！何者？山岳愈高，愈不易接近，而兵力之分散愈大，且不得不愈大；盖不能以运动为作战计划，而有直接掩护之必要也！大哨，仅第一线有步兵，第二线有数连之骑兵；惟中央所配备之主力，在第二线有二三营耳！然欲增援被攻击之哨所，而置后方之战略预备军，罕有能维持以至最后者！盖以正面延长之加大，而无所不备，则无所不寡！若哨所一度为攻者所占有，纵以几多之援兵，而末如之何矣！”苟非细籀克氏之论，则不知《孙子》“绝山依谷，视生处高，战隆无登”诸语之作何解！盖“依谷”而“绝山”以“视生处高”者，以争地形之瞰制也。“战隆无登”者，以避地形之瞰制也。至于攻守之宜，利钝之势，往复深切，克氏之论尽矣！

绝水，必远水；

（训义）曹操曰：“引敌使渡。”张预曰：“凡行军过水，欲舍止者，必去水稍远；一则引敌使渡，一则进退无碍。”

客绝水而来，勿迎之于水内，令半济而击之，利。

（训义）梅尧臣曰：“敌之方来，迎于水滨，则不渡。”王皙曰：“内当作汭，迎于水汭，则敌不敢济，远则趋利不及，当得其宜也。”何氏曰：“如春秋时，宋公及楚人战于泓，宋人既成列，楚人未既济，司马曰：‘彼众我寡，及其未既济也，请击之！’公曰：‘不可！’既济而未成列，又以告。公曰：‘未可！’既陈而后击之，宋师败绩，公伤股，门官歼焉。宋公违之，故败也。吴伐楚，楚师败，及清发，将击之。夫概王曰：‘困兽犹斗，况人乎！若知不免而致死，必败我！若先济者知免，后者慕之，蔑有斗心矣！半济而后可击也！’从之，又败之。魏将郭淮在汉中，蜀主刘备欲渡汉水，来攻，诸将议曰：‘众寡不敌，欲依水为陈以拒之。’淮曰：‘此则示弱而不足以挫敌，非算也；不如远水为陈，引而致之，半济而后击，备可破也。’既陈，备疑，不敢渡。”张预曰：“敌若引兵渡水来战，不可迎之于水边；俟其半济，行列未定，首尾不接，击之必胜。”

欲战者，无附于水而迎客。

（训义）李筌曰：“附水迎客，敌必不得渡而与我战。”张预曰：“我欲必战，勿近水迎敌，恐其不得渡；我不欲战，则阻水拒之，使不能济。晋将阳处父与楚将子上夹泜水而军，阳子退舍，欲使楚人渡；子上亦退舍，欲令晋使渡；遂皆不战而归。”

视生处高，

（训义）梅尧臣曰：“水上亦据高而向阳。”何氏曰：“视生，向阳远视也。军处高远，见敌势，则敌人不得潜来，出我不意也。”

无迎水流，

（训义）杜牧曰：“水流就下，不可于卑下处军也，恐敌人开堤灌浸我也，上文云‘视生处高’也。诸葛武侯曰：‘水上之陈，不逆其流。’此言我军舟船，亦不可泊于下流，恐敌人得以乘流而薄我也。”贾林曰：“水流之地，可以溉吾军，可以流毒药。迎，逆也。”张预曰：“卑地勿居，恐决水灌我；舟战亦不可处下流，以彼沿我泝，战不便也；兼虑敌人投毒于上流。楚令尹拒吴，卜战，不吉。司马子鱼曰：‘我得上流，何故不吉！’遂决战，果胜。是军须居上流也。”

此处水上之军也。

（训义）张预曰：“凡近水为陈皆谓水上之军；水上拒敌，以上五事为法。”

基博按：水之为流，有与行军为同向者，有与行军为直角者。与行军为直角者，所谓“绝水必远水”也；“客绝水而来”，则利于主，依水为阻而以御敌之进攻。德之攻苏联也，为由西向东；而苏联之河流，则由北向南；德军每过一河，无不受阻，士兵耗丧，则以河流与为直角也。与行军为同向者，处上流，勿处下流；所谓“视生处高，无迎水流”也。克老山维兹著书，第六卷《论守》，中有“大小河川之守”两章；第七卷《论攻》，中有“渡河”一章；皆论处水之军；其说以谓：“大河为战略之栅墙，可资以守，与山岳同。惟山岳节节可守，一处突破，未必全体崩溃；而大河处处可渡，一处强渡，遂以全河放弃；此则异也。凡处水上之军，而图所以为守者，不出三途：第一，扼河为守而以阻敌不得渡者。其河，必为水量丰富之广河大川；而其兵力，必集中配备以在水之近傍也。何为而在河之近傍也？盖置兵在河之后方，徒以延长赴敌渡河点之路程耳！且沿河之路，以较路之由后方而向河畔者，必多平直而易通行；所以兵力之运动，与河成直角者难，而与河为平行者易；此兵力配备，所以在河之近傍也。何以不置预备队于后方，而必集于沿河以为守也？当知守河者，猝不易测攻者之果从何处渡，不得不沿河流以无限延长防御线而倾向于单线式战争；何能再余大兵团以配备河之后方！抑军之集合，必费不少之时间；而守军之强有力以阻攻者，无不在集中之配备也！倘配备哨兵线以守河，而置若干哨兵于各处；则攻者以优势之火力，击退此哨兵而事强渡，一处得渡，则三军夺气矣！惟守河者，无绝对之据点，无不虞攻之迂回；而攻之迂回，则攻者之兵力愈大，愈易；不可不察也！凡攻者，无不强渡一处以吸集守军之抵抗；而别出兵迂回他处以得渡，此诚数见不鲜之例？然攻者之大忌，在数地分渡；而分渡之数地，又势悬绝而不呼应；则攻者以兵分力薄而为守者所乘；

盖守者沿河行军，而兵力易运动以集中；而攻者隔河行军，则兵力难运动以集中也！惟沿河而以大军分成数部队以置守者，则不能无各部队各个击破之危险耳！其次，远河岸以置兵而予敌渡河者，则以小河为限。于时，守者必在远河相当之距离内，占领阵地；而其距离不得过远！如攻者分数处渡河，而我军之距河，必得乘敌军之渡河而未及集合，可迎击之！倘攻者渡河只一处；则伺其行军之为一桥，一路所限制而不得展布；而我得及时以迎击之于河畔。以此为衡，而距离之如何为相当，可知已！然攻者亦或以数处或一处渡河，故布疑阵以吸集我兵力；而实则别出兵迂回以拟我后。苟守者反兵以击迂回军，则为当面渡河之敌军所乘！然则如何而可？曰：当乘迂回军未及薄我之时，而以迅速之强力，迎头痛击当面之敌军；如当面渡河之敌军摧破，而迂回我后之敌军，深入而援不接，抑亦何能为役也！惟守者之阵地，不宜分散，宜厚集其力以图决胜；而尤宜有最高度之猛烈！凡战争，不能以猛烈之意志，而为坚确之企图者，无不归于失败也！如在平原，无战斗之勇气，而欲凭广河深谷，阻敌以自全，亦几见能幸全乎！盖以其于自己之阵地，不必有真实之信赖，而将帅以下，皆充满不安之意念；夫有此不安之意念者，往往震眩于当前之情实，而不知所以为计焉！然则守者，若不知利用守势之凭借，迅速之行进，地理之通晓以及运动之自由，而相机应变；虽凭有利之河川而以资敌，未见其为利也！其三，进占河之对岸以为守者，其阵地必非常坚固；否则守者背水而阵，予敌以可乘！若阵地坚固而敌不敢犯，则敌以此不得渡河而为我紧缚！使敌不相攻而径渡河，则其交通线，必被守军遮断；然当知此时守军之交通线，亦被威胁；于是两军一彼一此，往往互为迂回，而处水上之军，实则用此法者甚少，不过姑备一说，而为以前两法之补助耳！凡河，无不为天然之障害，而有利于守。然言守者，不可不辨河流之与国境，将平行而流乎？抑与之为直角乎？使其平行而流，将在守军之后乎？抑在敌军之后乎？方敌军前进，而有大河横亘在其后；则行军不能无后顾之虞；盖以其交通线仅限于数处之渡河点，而有退路被断之虞也。若河流在守军之后，相距一日之程，而占有多数安全之渡河点，以在国境，而易掩护以维交通线之安全；彼此相形，利可知矣！倘河流而为直角，亦多有利于守！第一，守者以河为据点，而得利用河流直角注入之溪谷，以占领许多良好之阵地。其次，攻者不得不放置两岸之一而前进；或以兵分为二以前进。然敌分兵为二之时，其利无不归于守者之主，以其较有多数安全之渡河点，而兵力之运动为易也！使攻者放置两岸之一而前进，则守者得以兵瞰制其侧面；此所以亦利于守也！惟直角之河流而作为输送路时，则又利属于攻；盖攻者之交通线，必比之守者为长大而困于输送；今得直角之河流，而泛舟以顺流上下，不亦大利乎！”今按《孙子》曰：“欲战者，无附于水而迎客”；则克氏所论之第一法，扼河为守而阻敌以不得渡，乃《孙子》之所不欲也！《孙子》曰：“绝水必远水；客绝水而来，勿迎之于水内；令半济而击之，利！”则克氏之第二法，所谓“远河岸以置兵而予敌渡河”也；特克氏以小河为限耳！凡事有宜，不得尽言！

绝斥泽，惟亟去无留。

（训义）陈皞曰：“斥，咸卤之地；水草恶，渐洳，不可处军。”梅尧臣曰：“斥，远也；旷荡难守，故不可留。”张预曰：“斥泽，谓瘠卤渐洳之所也；以其地气湿润，水草薄恶，故宜急过。”

若交军于斥泽之中，必依水草而背众树。

（训义）李筌曰：“急过不得，战必依山背树；夫有水树，其地无陷溺也。”

此处斥泽之军也。

（训义）张预曰：“处斥泽之地，以上二事为法。”

基博按：“斥泽”之“斥”，不必作“咸卤之地”解；当依梅尧臣训“远”。盖咸卤之地，中国惟西北山陕一带有之；而孙子生长于齐，用事于吴，沼泽固所在多有；何来咸卤之地也！所谓“斥泽”者，自系沼泽之广者耳！克老山维兹著书，第六卷《论守》，中有“沼泽”一章；第七卷《论攻》，中有“沼泽”、“泛滥”、“森林之攻”一章；皆论处斥泽之军，其说以谓：“沼泽之形成切断地部，而利于守，颇与河相似，而有不同。盖守河者，凭河以为守；而守沼泽者，扼堤以为守。一线长堤，四望沼泽，而攻者之渡沼泽，不如渡河之易，则以造堤不如造桥之易！盖渡河，则先用舟船以渡前卫于对岸，然后从事于造桥；而沼泽，则以一片渐洳，步兵拔涉，常以板渡；顾沼泽之幅员，视河为广；而以板渡沼泽，比之以舟渡对河者，劳费与时间什伯之也！如沼泽之中，有非桥不渡之河，则先头部队之渡对岸更难；盖单板可以渡个人，而不任运载架桥所须之重材料；此攻者之所以力避沼泽而必出以迂回也！如攻者径犯守军所扼之堤，则以堤道之细而长，而守军之射击倍准，火力倍猛！夫冒守军之火力，而以渡全长四分之一至二分之一德哩之堤道，其死伤之烈，岂渡河以涉一桥者所可比喻乎！是故守者只坚扼所占之堤道，即可以火力控制敌人而不得进矣！惟堤道以外，无绝对不能迂回之理；如有可以迂回而通过之一处，斯可以破坏其防御线矣！然有举国泛滥以可成一大沼泽，而不予攻之迂回者，则惟一国家之荷兰，是也。盖荷兰国土，为干燥之牧场或耕地，而有深广无定之千沟万浍，纵横罫画，转相灌注以汇流入航行之大运河。大运河之流行，亦四面八方；而大运河之两岸，设堤为防，非有桥，不能以渡，盖全国之地面，不惟低于海面，而亦低于运河之水面，故非夹岸为堤，不足以防水之泛滥也！如决堤放闸，则全国泛滥；而仅有高堤以出水面，通行道；虽泛滥之深，不过三四英尺，而四望汪洋；亦有可以徒涉之处，然有千沟万浍之深没水底，苟一涉足其中，无不灭顶有凶！其国每当寇深国危之日，其人即为决闸放水之策，则攻者前进之路无几，而行军必循狭堤，堤之两侧，无不有沟，而兵力之运用不自由；守者只集中兵力，扼仅有之高堤以拒敌；敌军所在之处，无不为泛滥所障害以妨其展开；其利于守，为何如乎！特以泛滥为设险，不能不受冬季之时制，一七九四年及一七九五年，法军进攻之有成功者以此；然亦以严寒之冬季为限耳！”则沼泽之不利于攻可知；而《孙子》言“绝斥泽，惟亟去无留”者，倘为攻之力避沼泽以必出于迂回者言之；而不必如梅尧臣所云“旷荡难守，故不可留”也！

平陆，处易；

（训义）张预曰：“平陆广野，车骑之地，必择其坦易无坎陷之处以居军，所以利于驰突也。”

而右背高，前死后生；

（训义）杜牧曰：“太公曰：‘军必左川泽而右丘。’死者，下也。生者，高也；下不可以御高，故战便于车马也。”贾林曰：“冈阜曰生；战生曰死。冈阜处军，稳前临地，用兵便。高后在右，回转顺也。”梅尧臣曰：“择其坦易，车骑便利。右背丘陵，势则有凭。前低后隆，战者所便。”张预曰：“虽是平陆，须有高阜，必右背之，所以恃为形势者也。前低后高，所以便乎奔击也。”

此处平陆之军也。

（训义）张预曰：“居平陆之地，以上二事为法。”

凡此四军之利，

（训义）李筌曰：“四者，山，水，斥泽，平陆也。”

黄帝之所以胜四帝也。

（训义）曹操曰：“黄帝始立，四方诸侯，无不称帝。”李筌曰：“黄帝始受兵法于风后，而灭四方，故曰胜四帝也。”梅尧臣曰："四帝当为四军字之误欤？言黄帝得四者之利，处山则胜山，处水上则胜水上，处斥泽则胜斥泽，处平陆则胜平陆也。"张预曰："兵家之法，皆始于黄帝，故云然也。"

凡军，喜高而恶下；

（训义）张预曰："居高，则便于觇望，利于驰逐。处下，则难以为固，易以生疾。"

基博按：克老山维兹著书，第五卷《论战斗力》，中有"瞰制"一章，申论军之所以"喜高而恶下"，其说以谓："兵学瞰制之一语，有独特之魔力；而土地之影响于兵力，无不以此语之想像；例如瞰制阵地，锁钥阵地，及战略之机动等，亦源于瞰制之想像而生魔力也！凡力之运用，由下向上难；由上向下易；物理如此，兵法亦然！盖行军之自下而上，则以高地之难接近，而运动障碍；一也。射击之自上而下，以视自下而上，射击之距离相同，而自上而下之命中率大；二也。至于展望，则以俯瞰而所见者远，历历在目；三也。是故置阵山岳之缘，俯瞰敌军而泰然自得；以视敌军之处下者，仰瞻我军而懔然有失；其士气之沮丧，较诸地形之劣弱为尤甚！此军之所以喜高而恶下也。顾究其实，瞰制亦不能不受地形之制限！设我置阵于山岳，而山岳之下，森林繁茂，冈岭起伏，则展望即以障碍，而不能俯视一切以尽览无余；一也。凡军之处下者，固以高地之难接近而运动障碍；然亦仅以自下而上之前进时为限；若自上而下之前进，亦未见运动之易！倘两军为大溪谷所隔截时，几见居高而临下者，遽能接近以相薄耶！若处下者欲致高地军于平地以为战时；则接近之难，在高地军；而运动之易，则为处下者所擅有矣！二也。至射击之瞰制，独为居高而临下者所擅有；然接近之不易，与射击之瞰制，皆仅资居高而临下者以利于为守；盖在阵地静止者之得资以为用；而在运动者，则不能资以为用；三也。所以瞰制利于守，而可发生之瞰制，仅限于山岳阵地之能坚持；而山岳阵地之不易坚持，已具论之！然行军者未占领溪谷相接之山岳，要不可驻军溪谷而为敌人所瞰制耳！”则克氏之论瞰制，亦不如想像之有利，故称之曰“魔力”；要不过魔力之想像而已！顾《孙子》以“视生处高”致儆于处山处水之军，以“处易而右背高”致儆于处平陆之军；不过见军之“喜高而恶下”，而以擅瞰制之利耳！

贵阳而贱阴：

（训义）王皙曰：“久处阴湿之地，则生忧疾，且弊军器也。”张预曰：“东南为阳；西北为阴。”

养生而处实：

（训义）梅尧臣曰：“养生，便水草；处实，利粮道。”王皙曰：“养生，谓水草粮备之属；处实者，倚固之谓。”张预曰：“养生，谓就善水草放牧也；处实，谓倚隆高之地以居也。”

军无百疾，是谓必胜！

（训义）张预曰：“居高面阳，养生处高，可以必胜；地气干熯，故疾疠不作。”

丘陵堤防，必处其阳而右背之，

（训义）杜佑曰：“堤者，积土所作，皆当处其阳而右背之，战之便也。”王皙曰：“处阳则人舒以和，器健以利也。”张预曰：“背高所以为险固也。”

此兵之利，地之助也。

（训义）张预曰：“用兵之利，得地之助。”

上雨，水沫至；欲涉者，待其定也。

（训义）曹操曰：“恐半涉而水遽涨也。”杜佑曰：“上雨，水当清；而反浊沫至，此敌人权遏水之占也。”王皙曰：“水涨则沫；涉，步济也。”张预曰：“沫，谓水土泡沤。”陈启天曰：“此句亦言处水上军之法，想系错简在此；宜移于上文‘令半济而击之利’句下。”

凡地，有绝涧、天井、天牢、天罗、天陷、天隙；必亟去之，勿近也！

（训义）王皙曰：“‘绝涧’，当作‘绝天涧’，脱天字耳。”张预曰：“溪谷深峻，莫可过者，为绝涧。外高中下，众水所归者，为天井。山险环绕，所入者隘，为天牢。林木纵横，葭苇隐蔽者，为天罗。陂池泥泞，渐车凝骑者，为天陷。道路迫隘，地多坑坎者，为天隙。凡遇此地，宜远避，不可近之！”

基博按：张预曰：“林木纵横，葭苇隐蔽者，为天罗。”则“天罗”者，森林之地也。森林，亦利于守而不利于攻；则“亟去之，勿近”者，当为客而不为主！克老山维兹著书，第六卷《论守》，中有“森林之守”一章；第七卷《论攻》，亦有章涉及森林；皆论处森林之军，其说以谓：“林，有茂密深阻之森林；有面积广阔之植林；两者之资以为守不同。盖植林者，树木稀，不如森林之茂密；通路多，不如森林之深阻；而守者得之，不可不置之阵地之后！盖守者眼前之展望，不可不视攻者为广大！何者？则以守者之兵力，自视攻者为寡弱；而凭阻恃深，不得不视攻者以迟缓展开作战计划为有利；若有林在前以布置防御正面；则瞻望弗及，而以运用兵力，如盲者之与行人相撞矣！倘置于后以布防御线，则防御线内之所得为者，不独以遮蔽敌眼；抑亦可掩护退却；此之为利，不亦大乎！惟植林多限于平地；而茂密深阻之森林，则有山岳之特质；倘守者于森林后方，为可多可少之集中以待敌军，而由森林之隘路，猝出以袭击之；则攻者之前进受阻可知！倘攻者猛进而守军后退，则以森林之通路，无不长大而深阻，羊肠萦曲，足以掩护退却；其为守者之利又可知！惟森林虽以深阻，无不有若干间道以利小支队之侵入；而小支队之侵入，亦如滴水之渗浸大堤，而千里之堤，无不溃于蚁穴之微以扩大成泛滥也！抑亦有其例外；如俄国与波兰之广大地带，几为森林所蔽；而攻者如无足以突破之力，迷路以不知所出，而在森林之黑暗中，敌人变幻出没，左右前后，不知袭击之自何来，旁皇无主，危莫大焉！”岂非《孙子》之所谓“天罗”乎！至于“绝涧”、“天牢”、“天隙”，殆不离乎所谓“溪谷”也。“天井”、“天陷”，则不外乎所谓“沼泽”也。特多为之辞以见地形之复杂，而不可以一概论耳！

吾远之，敌近之。吾迎之，敌背之。

（训义）李筌曰：“善用兵者，致敌至受害之地也。”杜牧曰：“迎，向也。背，倚也。”梅尧臣曰：“言六害当使我远而敌附，我向而敌倚，则我利敌凶。”

军旁，有险，阻，蒋，潢，井生葭苇，山林翳荟，必谨覆索之；此伏奸之所藏处也。

（训义）杜佑曰：“此言伏奸之地；当覆索也。险者，一高一下之地。阻者，多水地也。蒋者，水草之蘩生也。潢者，池也。井者，下也。葭苇者，众草所聚也。山林者，众木所居也。蘙荟者，可以屏蔽之处也。此以上，相地形也；此以下，察敌情也。”张预曰：“险阻，丘阜之地，多生山林；潢井，卑下之处，多产葭苇；可以蒙蔽，必降索之，恐兵伏其中；又虑奸细潜隐，觇我虚实，听我号令。伏，奸，当为两事。”陈启天曰：“井字当为并字，因形近而误；并生，犹言丛生也。”

右第一节，论处军。

基博按：《孙子》以兵之利为得地之助；是以处军，必相地形。而克老山维兹著书，第五卷《论战斗力》，中有“地形”一章，亦论相地以处军，其说以谓：“完全之平原，不过以展开兵数甚少之部队，而战斗于一定之时间耳！若用兵数较多之部队，而为时间较长之战斗，则战斗不限于平原；而山地之战斗，与平原绝异！夫平原，无障碍，无掩护；然离平原以言地形，则不能无障碍与掩护！而所谓障碍与掩护者：运动之障碍，一也。俯瞰之障碍，二也。炮火枪火之掩护，三也。及进而究其所以成障碍与掩护者：或以土地起伏之势。或依森林、沼泽及湖沼等之自然状态。或则依耕耘而生地面之变态。皆不得以平原为衡者也。是故平原以外之地形有三：其一为山地。其二为耕耘不得施，而为森林与沼泽之地。其三则耕耘之地，是也。然地之耕耘，亦随地随国而浅深异施，不能一律；独佛兰特、好斯敦及其他地方之耕耘，则大有资于障碍与掩护；盖以其地为无数之壕沟、墙垣、生篱及堤所切断；而有孤立之村庄与小丛林，星罗棋布以点缀其间也。然则地形之利于战争者，惟平坦而耕耘不盛之土地耳！特守者不得不资土地之障碍以为用时，则非所论！森林以障碍俯瞰；山地以障碍运动；而耕耘盛之地，则可以障碍俯瞰，而不如森林之甚；亦以障碍运动，而不如山地之甚！山地固以运动障碍为主；然非不能运动；不过在山地，不过不能随地以自由前进行动；纵其能之，而不能不须多数之时间无劳力也！至于森林，则不惟俯瞰展望之难；而运动亦难；盖以展望之难，不知何途之从而进出也！然运动愈障碍，俯瞰愈障碍，地形愈复杂；则总司令官之展望愈小，指挥愈失；而将校之名级愈低，指挥愈有效；士兵之部队愈小，威力愈发扬；于此时也，惟有人自为战之胆勇，技能与睿智以决定一切耳；而总司令官之权威无与也！纵以国民战争之民众叛乱，虽各人之技能与睿智无可称；特以各人意气之激昂，一往无前，而运动兵力之分散，因地形之复杂；以寡击众，而成卓越之战功者，岂无其人其事乎！特不能离障碍多、掩护多之山地、森林地以从事耳！山地、森林地以及耕耘盛之地，凡运动障碍之地，骑兵之不能用，已无待言！而在森林繁茂之地，则炮兵亦不能用；盖无有效使用之展望，与可以运搬之道路也！然在山地以及耕耘盛之地，则炮火之掩护物多有，而炮兵之不利不甚大！抑敌人亦以掩护多而袭击易，往往出步兵以猝袭我炮兵阵地；则以火炮之运搬笨重，而炮兵惊扰，往往委而去之以为敌有！特山地，则以敌人之运动障碍而接近不易，可以增加炮兵之效力焉！然凡困难险阻之地形，他种兵之运动障碍者，惟步兵有决定之卓越耳！”今以克氏之说而证诸《孙子》所论处山、处水、处斥泽以及绝涧、天牢、天陷、天隙，皆运动之障碍也；天井、天罗以及险、阻、蒋、潢，井生葭苇，山林翳荟，皆俯瞰之障碍也；即如《九变篇》所言“圮地无舍”，“绝地无留”，“围地则谋”，亦皆运动有障碍也。至云“衢地合交”，则以运动无障碍也。可以处平陆之军处之！

敌近而静者，恃其险也。远而挑战者，欲人之进也。

（训义）陈皞曰：“敌人相近而不挑战，恃其守险也；若远而挑战者，欲诱我使进，然后乘利而奋击也。”

其所居易者，利也。

（训义）杜牧曰：“言敌不居险阻而居平易，必有以便利于事也。一本云：‘士争其所居者，易利也。’”贾林曰：“敌之所居，地多便利，故挑我使前，就己之便，战则易获其利，慎勿从之也。”张预曰：“敌人舍险而居易者，必有利也。或曰：敌欲人之进，故处于平易以示利，而诱我也。”

基博按：贾林注所据本，作“其所居者易利也”，与杜牧、张预不同。

众树动者，来也。

（训义）张预曰：“凡军必遣善视者登高觇敌，若见林木动摇者，是斩木除道而来也。或曰：不止除道，亦将为兵器；若晋人伐木益兵，是也。”

众草多障者，疑也。

（训义）曹操曰：“结草为障，欲使我疑也。”杜牧曰：“言敌人或营垒未成，或拔军潜去，恐我来追，或为掩袭，故结草使往往相聚，如有人伏藏之状，使我疑而不敢进也。”张预曰：“或敌欲追我，多为障蔽，设留形而遁，以避其追；或欲袭我，丛聚草木以为人屯，使我备东而击西；皆所以为疑也。”

鸟起者，伏也。

（训义）杜佑曰：“下有伏兵，往藏，触鸟而惊起也。”李筌曰：“藏兵曰伏。”张预曰：“鸟适平飞，至彼忽高起者，下有伏兵也。”

兽骇者，覆也。

（训义）陈皞曰：“覆者，谓隐于林木之内，潜来掩我，候两军战酣，或出其左右，或出其前后，若惊骇伏兽也。”梅尧臣曰：“兽惊而奔，旁有覆。”张预曰：“凡欲掩覆人者，必由险阻草木中来，故惊起伏兽奔骇也。”

尘高而锐者，车来也。

（训义）张预曰：“车马行疾而势重，又辙迹相次而进，故尘高起而锐直也。凡军行，须有探候之人在前，若见敌尘，必驰报主将，如潘党望晋尘，使骋而告，是也。”

卑而广者，徒来也。

（训义）王皙曰：“车马起尘猛，步人则差缓也。”张预曰：“徒步行缓而迹轻，又行列疏远，故尘低而广。”

散而条达者，樵采也。

（训义）李筌曰：“烟尘之候。晋师伐齐，曳柴从之。齐人登山，望而畏其众，乃夜遁。薪采，即其义也。”杜牧曰：“樵采者各随所向，故尘埃散衍条达。”王皙曰：“条达，纤微断续之貌。”

基博按：筌以“樵采”字为“薪采”。

少而往来者，营军也。

（训义）杜牧曰：“欲立营垒，以轻兵往来为斥候，故尘少也。”

辞卑而益备者，进也。

（训义）杜牧曰：“言敌人使来，言辞卑逊，复增垒坚壁，若惧我者，是欲骄我使懈怠必来攻我也。赵奢救阏与，去邯郸三十里，增垒不进，秦闲来，必善食遣之；闲以报秦将。秦将果大喜曰：‘阏与非赵所有矣！’奢既遣秦闲，乃倍道兼行，掩秦不备，击之，遂大破秦军也。”

辞诡而强进驱者，退也。

（训义）杜佑曰：“诡，诈也；驱驰，示无所畏，是知欲退也。”王皙曰：“辞强，示进形，欲我不虞其去也。”张预曰：“使来辞壮，军又前进，欲胁我而求退也。秦行人夜戒晋师曰：‘两军之士，皆未憖也，来日，请相见。’晋臾骈曰：‘使者目动而言肆，惧我也。’秦果宵遁。”

轻车先出，居其侧者，陈也。

（训义）杜牧曰：“出轻车，先定战阵疆界也。”张预曰：“轻车，战车也；出车其旁，陈兵欲战也。按鱼丽之阵，先偏后伍，言以车居前，以伍次之；然则欲战者，车先出其侧也。”

无约而请和者，谋也。

（训义）陈皞曰：“言无约而请和，盖总论两国之师，或侵或伐，彼我皆未屈弱，而无故请好和者，此必敌人国内有忧危之事，欲为苟且暂安之计；不然，则知我有可图之势，欲使不疑，先求和好，然后乘我不备而来取也。石勒之破王浚也，先密为和好，又臣服于浚，知浚不疑，乃请修朝觐之礼；浚许之；及入，因诛浚而灭之。”

奔走而陈兵车者，期也。

（训义）李筌曰：“战有期及，将用是以奔走之。”贾林曰：“寻常之期，不合奔走，必有远兵相应，有晷刻之期，必欲合势，同来攻我，宜速备之。”

半进半退者，诱也。

（训义）杜牧曰："伪为杂乱不整之状。"梅尧臣曰："进退不一，欲以诱我。"

倚仗而立者，饥也。

（训义）杜佑曰："倚仗矛戟而立者，饥之意。"张预曰："凡人不食则困，故倚兵器而立。三军饮食，上下同时；故一人饥，则三军皆然。"

汲而先饮者，渴也。

（训义）杜牧曰："命之汲水，示汲而先饮者渴也；睹一人，三军可知也。"

见利而不进者，劳也。

（训义）杜佑曰："士疲劳也；敌人来，见我利而不能进击者，疲劳也。"张预曰："士卒疲劳，不可使战，故虽见利，将不敢进也。"

鸟集者，虚也。

（训义）杜佑曰："敌大作营垒示我众，而鸟集止其上者，其中虚也。"张预曰："凡敌潜退，必弃营幕，禽鸟见空，鸣集其上。楚伐郑，郑人将奔。谍告曰：'楚幕有乌。'乃止。又晋伐齐。叔向曰：'城上有乌，齐师其遁？'此乃设留形而遁也。"

夜呼者，恐也。

（训义）杜牧曰："恐惧不安，故夜呼以自壮也。"张预曰："三军以将为主；将无胆勇，不能安众，故士卒恐惧而夜呼；若晋军终夜有声，是也。"

军扰者，将无不重也。

（训义）陈皞曰："将法令不严，威容不重，士因以扰乱也。"张预曰："军中多惊扰者，将不持重也：张辽屯长社，夜，军中忽乱，一军尽扰。辽谓左右勿动，'是必有造变者，欲以动乱人耳！'

乃令军士安坐，辽中陈而立，有顷即定。此则能持重也。”

旌旗动者，乱也。

（训义）张预曰：“旌旗，所以齐众也；而动摇无定，是部伍杂乱也。”

吏怒者，倦也。

（训义）杜牧曰：“众悉倦弊，故吏不畏而忿怒也。”贾林曰：“人困则多怒。”

粟马肉食，军无悬缻，不返其舍者，穷寇也。

（训义）梅尧臣曰：“给粮以秣乎马，杀畜以飨乎士，弃缻不复炊，暴露不返舍，是欲决战而求胜也。”王皙曰：“粟马肉食，所以为力且久也；军所缻，不复饮食也；不返舍，无回心也；皆谓以死决战耳。敌如此者，当坚守以待其弊也。”

谆谆翕翕，徐与人言者，失众也。

（训义）李筌曰：“谆谆，翕翕，窃语貌；士卒之心恐上，则私语而言，是失众也。”贾林曰：“谆谆，窃语貌；翕翕，不安貌；徐与人言，递相问貌；如此者，必散失部曲也。”张预曰：“谆谆，语也；翕翕，聚也；徐，缓也；言士卒相聚私语，低缓而言，以非其上；是不得众心也。”

数赏者，窘也。

（训义）杜牧曰：“势穷力窘，恐众为叛，数赏以悦之。”

数罚者，困也。

（训义）杜牧曰：“人力困弊，不畏刑罚，故数罚以惧之。”

先暴而后畏其众者，不精之至也。

（训义）曹操曰：“先轻敌，后闻其众，则心恶之也。”张预曰：“先轻敌，后畏人。或曰：先刻暴御下，后畏众叛，是用畏行爱，不精之甚；故上文以数赏数罚而言也。”

来委谢者，欲休息也。

（训义）贾林曰：“气委而言谢者，欲求两解。”梅尧臣曰：“力屈欲休兵，委质以来谢。”

兵怒而相迎，久而不合，又不相去，必谨察之。

（训义）张预曰：“勇怒而来，既不合战，又不引退，当密伺之，必有奇伏也。”

兵非益多也，惟无武进，足以并力，料敌取人而已。

（训义）王皙曰：“不可但恃武也，当以计智料敌而行。”

夫惟无虑而易敌者，必擒于人。

（训义）王皙曰：“惟不能料敌，但以武进，则必为敌所擒，明患不在于不多也。”

基博按：“足以并力”承“兵非益多”，言兵不以多为益，而以并力为足；“料敌取人”承“惟无武进”，言兵不徒以进为武，而以料敌能取人；卒乃重言以申之曰：“夫惟无虑而易敌者，必擒于人”；所以深致戒于武进也。

右第二节，论相敌。

卒未亲附而罚之，则不服；不服，则难用也。

（训义）杜牧曰：“恩信未洽不可以刑罚齐之。”

卒已亲附而罚不行，则不可用也。

（训义）曹操曰：“恩信已洽，若无刑罚，则骄惰难用也。”

故令之以文，齐之以武，是谓必取。

（训义）李筌曰：“文，仁恩；武，威罚。”张预曰：“文恩以悦之，武威以肃之，畏爱相兼，故战必胜，攻必取。或问曰：《书》云：‘威克厥爱，允济；爱克厥威，允罔功’；言先威也；孙武先爱，何也？曰：《书》之所称，仁人之兵也；王者之于民，恩德素厚，人心已附，及其用之，惟患乎寡威也。武之所陈，战国之兵也；

霸者之于民，法令素酷，人心易离，及其用之，惟患乎少恩也。”

令素行，以教其民，则民服；令不素行，以教其民，则民不服；

（训义）梅尧臣曰：“素，旧也；威令旧立，教乃听服。”

令素行者，与众相得也。

（训义）梅尧臣曰：“信服已久，何事不从！”王皙曰：“知此者，始可言其并力胜敌矣。”

基博按：此曰“令素行者，与众相得也”；所以明令行之不徒恃威立，而尤贵亲附也；乃与上文“卒未亲附而罚之，则不服”句，反正相映，非威令之谓也。

右第三节，论得众，盖承上并力而申论之也。欲求并力，必先得众；卒亲附，令素行，而后可以言得众。处军相敌，而终之以得众，此行军之本也。卒不亲附，令不素行，则何以并力而收料敌取人之功哉！

地形篇第十

（解题）王皙曰："地利，当周知险、隘、支、挂之形也。"张预曰："凡军有所行，先五十里内山川形势，使军士伺其伏兵；将乃自行视地之势，因而图之，知其险易。故行师越境，审地形而立胜，故次行军。"

基博按：行军必明地形，故次行军。惟《行军篇》所论处军，亦属地形，与此少异者，盖《行军篇》之论，所以自处；而此所论，则旨在应敌也。

孙子曰：地形有通者，有挂者，有支者，有隘者，有险者，有远者。

（训义）张预曰："地形有此六者之别也。"

我可以往，彼可以来，曰通；通形者，先居高阳，利粮道以战，则利。

（训义）杜佑曰："谓俱在平陆，往来通也。"杜牧曰："通者，四战之地；须先据高阳之处，勿使敌人先得，而我后至也。利粮道者，每于津厄，或敌人要冲，则筑垒，或作甬道以护之。"贾林曰："处高，易于望候；向阳，视生；通粮道，便易转运。"张预曰："先处战地以待敌，则致人而不致于人；我虽高居面阳，坐以致敌，亦虑敌人不来赴战，故须使粮饷不绝，然后为利。"

可以往，难以返，曰挂；挂形者，敌无备，出而胜之；敌若有备，出而不胜，难以返，不利。

（训义）杜牧曰："挂者，险阻之地，与敌共有，犬牙相错，动有挂碍也。往攻敌，敌若无备，攻之必胜，则虽与险阻相错，敌人已败，不得复邀我归路矣；若往攻敌人，敌人有备，不能胜之，则为敌人守险阻，邀我归路，难以返也。"陈皞曰："不得已陷在此，则须为持久之计，掠取敌人之粮，以伺利便而击之。"

我出而不利，彼出而不利，曰支；支形者，敌虽利我，我无出也，引而去之，令敌半出而击之，利。

（训义）贾林曰："支者，隔险阻，可以相要截，足得相支持，故不利先出也。"梅尧臣曰："各居所险，先出必败，利而诱我，我不可爱；伪去引敌，半出而击。"张预曰："利我，谓佯背我去，不可出攻，我舍险，则反为所乘，当自引去；敌若来追，伺其半出，行列未定，锐卒攻之，必获利焉。《李靖兵法》曰：'彼此不利之地，引而佯去，待其半出而邀击之。'"

隘形者，我先居之，必盈之以待敌；若敌先居之，盈而勿从，不盈而从之。

（训义）曹操曰："隘形者，两山间通谷也。"杜佑曰："盈，满也；以兵陈满隘形，欲使敌不得进退也，如水之满器，与口齐也。若我居之，平易险阻，皆制在我，然后出奇以制敌；若敌人据隘之半，不知齐口满盈之道，我则入隘以从之，盖敌亦在隘，我亦在隘，俱得地形，胜败在我，不在地形也。夫齐口盈满之术，非惟隘形独解有口，譬如平坡迴泽，车马不通，舟楫不胜，中有一径，亦须据其路口，使敌不得进也。诸可知矣。"张预曰："敌若先居此地，盈塞隘口而陈者，不可从也；若虽守隘口，俱不满齐者，入而从之，与敌共此险阻之利。吴起曰：‘无当天灶；天灶者，大谷之口’；言不可迎隘口而居之也。”

险形者，我先居之，必居高阳以待敌；若敌先居之，引而去之，勿从也！

（训义）杜牧曰：“险者，山峻谷深，非人力所能作为，必居高阳以待敌；若敌人先据之，必不可以争，则当引去。阳者，南面之地；恐敌人持久，我居阴而生疾也。今若于崤渑遇敌，则先据北山，此乃是面阴而背阳也。高阳二者，止可舍阳而就高，不可舍高而就阳。《孙子》乃统而言之也。”梅尧臣曰：“先得险固，居高就阳，待敌则强；敌苟先之，就战则殆，引去勿疑。”

基博按：此即《行军篇》论处山之军之所谓“绝山依谷”；而克老山维兹著书论山岳之攻与守孰能配备全军于山背之广大高原者，孰则瞰制敌军以有利；此所为“必居高阳以待敌”也！

远形者，势均，难以挑战，战而不利。

（训义）曹操曰：“挑战者，延敌也。”杜牧曰：“譬如我与敌垒，相去三十里，若我来就敌垒，而延敌欲战者，是我困敌锐，故战者不利；若敌来就我垒，延我欲战者，是我佚敌劳，敌亦不利；故延势均。然则如何？曰：欲必战者，则移相近也。”张预曰：“营垒相远，势力又均，止可坐以待敌，不宜挑人而求战也。”

凡此六者，地之道也，将之至任，不可不察也。

（训义）张预曰：“六地之形，将不可不知。”

基博按：“通形”，谓运动之无障碍者也。其他“挂形”、“支形”、“隘形”、“险形”，皆运动之有障碍者也。至于“远形”则运动之无障碍，而处战地以待敌，蕲致人而致于人也。六地之外，有突形者，可以攻，难于守。希特勒以一九三九年九月进攻波兰也，波兰之波森突入德境，北有东普鲁士，南有斯洛伐克，三面为德所围以成一突角；如不以攻，则形势孤悬而无法守。希特勒以南北两集团军，各自为钳，而后合两集团军南北夹击以成一大钳形。波兰仓皇应战，而欲以波森军反攻，挽此颓势；不意反攻以深入，能进而不能退；遂为德军歼焉！此突形之危也。今日本狡焉启疆以劳师袭远，不期而成突形者三，深入危地以不得自拔矣！欧美兵家亦有论者，以谓："日人开疆拓土，分兵四出，而在中国东北以及中国与泰、越，成突出之三楔形，而可以利敌人之钳形夹击者也！北部楔形，在中国之东北，其东北两面，为苏联所包围；而西北则受蒙古之包围，其势如波兰西部之凸角。中部楔形，为中国沦陷各省，则北受蒙古之威胁，而西有中国之大军，南则中、英、荷、奥同盟之联军。南部楔形为泰、越，与日本三岛，壤土相隔，只一孤岛而已；而中国缅甸所包围者也。此三突角者，殆日人历年战胜攻取之所获；然壤土辽阔，声势不接，而隔离之三大战场，连兵久不解，当得几许兵力以能维持耶！如敌人分道以进，如以海上而论：日本全部岛屿，无不在敌人控制之下！而委任统治群岛，则分布于美国所控制之太平洋上。如美国海军得利用英、荷及苏联在远东之海军根据地，岂惟可以控制东京之外围各小岛，抑亦以控制日本本部！日本本部之外围小岛，虽亦足资拥卫；然星罗棋布，兵势亦分！以十军舰占十岛，不如五岛而有十五军舰者之力为雄，进攻退守，此理易明！所以海军国日本之弱点，即在海上，而日本海军之所欲敌者有三：以海参崴为根据地之苏联潜水艇及军舰，一也。太平洋上之美国海军，二也。南太平洋之英、美、荷联盟军舰，三也。然则战场之成三楔形，岂惟陆上，抑亦海战！日本军舰之于三者，不论其在任何之一海上集中，必以成其他海上之空虚，而予敌以进攻之机矣！日本海军，岂特无胜利之望；抑欲以断敌人海上之交通，而亦不能也！日本有驱逐舰百艘，倘以集中于面积有限之一海上，而攻击一敌人，威力自不可侮！今则以百艘驱逐舰，零星分散，从库页岛以至西贡，又自泰国以至甲卢特岛，汪洋浩渺，亦何能为！反轴心之英、美、荷、澳诸国，可以其军舰与商船，驶行于几多不同之航线，而以接济其攻击各楔形之军队；每一舰船，护以巨型巡逻轰炸机；如此，则日本有八十艘之潜水艇，而出没于大海之汪洋；何足算也！安能以阻绝海上之交通耶！然日军之在陆地，亦不能以阻绝交通，而挠敌人之进攻也！日军之前进，不过以迫反轴心国之军队，退驻便利之地，而得源源之接济。中国陆军，以重庆为根据地，比在武汉更坚强。英美联军在印度、澳洲作战，比之泰国华南，更易增援！然反轴心国之军队，可以后退部署进攻，于军心士气无伤也！日军则可进而不可退；一退，则人民失其胜利之信心，士兵丧其战斗之勇气，国势瓦解，不仅敌军之进迫东京而已！日本既不能退出任何战场之一楔形，以沮士气，堕民志；则亦不能在任何之一凸角，集中兵力！今日军之在海陆各战场，战胜攻取，无不占优势；一至兵力分散，优势亦何能保！然日本欲以保战胜攻取之所获，而持守于勿失，兵力不得不分散！于时，反轴心国之军队，倘海陆并进，一时并力，如德军之于波兰，每一楔形，各施以钳形之夹击，日其殆哉！”

右第一节，论地形。

故兵有走者，有弛者，有陷者，有崩者，有乱者，有北者，凡此六者，非天之灾，将之过也。

（训义）张预曰：“凡此六败，咎在人事。”

夫势均，以一击十，曰走。

（训义）曹操曰：“不料力”，张预曰：“势均，谓将之智勇，兵之利钝，一切相敌也；夫体敌势等，自不可轻战；况奋寡以击众，能无走乎！”

卒强吏弱，曰弛。

（训义）张预曰：“士卒豪悍，将吏懦弱，不能统辖约束，故军政弛坏也。吴、楚相攻，吴公子光曰：‘楚军多宠，政令不一，帅贱而不能整，无大威命，楚可败。’果大败楚师也。”

吏强卒弱，曰陷。

（训义）贾林曰：“士卒皆羸，鼓之不进，吏强独战，徒陷其身也。”梅尧臣曰：“吏虽强进，不能激之以勇，故陷于死。”张预曰：“将吏刚勇欲战，而士卒素乏训练，不能齐勇同奋，苟用之，必陷于亡败。”

大吏怒而不服，遇敌怼而自战，将不知其能，曰崩。

（训义）曹操曰：“大吏，小将也。”梅尧臣曰：“小将心怒而不服，遇敌怨怼而不顾，自取崩败者，盖将不知其能也。”张预曰：“大凡百将一心，三军同力，则能胜敌；今小将恚怒而不服于大将之令，意欲俱败，逢敌便战，不量能否，故必崩覆。”

将弱不严，教道不明，吏卒无常，陈兵纵横，曰乱。

（训义）梅尧臣曰：“懦而不严，则士无常检；教而不明，则出陈纵横不整；乱之道也。”张预曰：“将弱不严，谓将帅无威德也；教道不明，谓教阅无古法也；吏卒无常，谓将臣无久任也；陈兵纵横，谓士卒无节制也。为将若此，自乱之道。”

基博按：军队之不可以平等，军人之不可以自由，不论专制与共和，民治与君主，一也。然军纪之弛，必由革命；革命之后，又振军纪；而军纪之弛，由于“将弱不严”，由于无赏罚！法之革命也，拿破仑为将，以告于执政曰：“吾法之人，几曾知所谓自由平等；而惟一之情操，在尊荣！自古迄今，几曾有共和国，而废止荣誉徽章之颁奖者乎？我未之见也！诸君以为理论之分析，可以鼓士气，而使之奋勇打仗乎？诸君过矣！诸君理论之分析，只可以资科学家用之于书斋；而军人之所欲者，荣誉也，显耀也，重赏也！”一九一七年，苏联革命之日，布尔什维克尝以革命之精神，措而施之治军；即军人互称同志，上下平等，而废止上官之敬礼，是也。军队平等，军人自由，而司令官及各级指挥官，失其权威。上官有命，亦不能责以服从；而士兵肆言以讥评上官，无所忌惮；人杂言庞，而士兵之权力，乃陵驾司令官及各级指挥官而出其上焉；此《孙子》所谓“将弱不严，教道不明，吏卒无常，陈兵纵横曰乱”者也。虽革命可以成功，而御外亟待整军；迄一九三九年苏、芬之战，而益以征红军之必革新！先是提摩盛科以一九三九年五月，受命为国防委员长，所以革新红军军纪者有六：（一）制定红军高级指挥官之称号。（二）订红军惩罚令。（三）废止红军之政治部员制。（四）实施青年之军事训练。（五）制定下级士官及兵卒之称号。（六）对上官之敬礼。质言之，即规复军队阶级，力矫平等自由，是也。上官有命，绝对服从；如或抗违，必加严刑；虽用暴力，亦所不禁！倘上官而煦煦为仁以宽贷不从命者；则军法会议必予上官以惩戒之裁判；盖以抹“将弱不严，教道不明”之失也！其宗旨，在提高上官之权威；而其枢机，则在励行红军之礼仪。自司令官以迄下级士官，相呼以官。士官之于上官，兵卒之于士官，无论军中或道旁，相遇必致敬；否则罚无贷！所以然者，亦以军队平等，军人自由，而不免于“陈兵纵横”以“致乱”也！

将不能料敌，以少合众，以弱击强；兵无选锋，曰北。

（训义）李筌曰：“军败曰北。”梅尧臣曰：“不能量敌情，以少当众；不能选精锐，以弱击强；皆奔北之理也。”何氏曰：“夫士卒疲勇，不可混同为一；一则勇士不劝，疲兵因有所容，出而不战，自败也。故兵法曰：‘兵无选锋曰北。’昔齐以技击强，魏以武卒奋，秦以锐士胜，汉有三河侠士剑客奇材；吴谓之解烦，齐谓之决命，唐谓之跳荡，是皆选锋之别名也；兵之胜术，无先于此。凡军众既具，则大将勒诸营各选精锐之士，须趫健出众，武艺轶格者，部为别队。大约十人选一人，万人选千人，所选务寡，要在必当，择腹心健将统率。自大将亲兵前锋奇伏之类，皆品量配之也。”张预曰：“设若奋寡以击众，驱弱以敌强，又不选骁勇之士，使为先锋，兵必败北也。凡战必用精锐为前锋者，一则壮吾志，一则挫敌威也。故《尉缭子》曰：‘武士不选，则众不强。’”

凡此六者，败之道也；将之至任，不可不察也！

（训义）张预曰：“以上六事，必败之道。”

基博按：“将之至任”凡两见：一曰相地之道以料敌制胜，“将之至任”一也；一曰审败之道以整军经武，“将之至任”二也。善用兵者，先为不可胜以待敌之可胜，自立于不败而不失敌之败；是故审败之道以整军经武，视相地之道以料敌制胜，尤为先务之急。故下曰“地形者兵之助也”；以见兵之先务，不在地形而别有在也。

右第二节，论六败。

夫地形者，兵之助也。

（训义）杜牧曰：“夫兵之主，在于仁义节制而已；若此，地形可以为兵之助。”张预曰：“能审地形者，兵之助耳，乃末也；料敌制胜者，兵之本也。”

基博按：此语为一篇之眼，而以承上起下。所谓“兵之助”者，有二义：一曰知地而不知败，虽知地，而不免于败，此承上文言之也；一曰知地而不知彼知己，虽知地，而未能制胜，此炤下文言之也。诸家注于上下文义未融贯。

料敌制胜，计险厄远近，上将之道也。

（训义）何氏曰：“知敌知地，将军之职。”张预曰：“既能料敌虚实强弱之情，又能度地险厄远近之形，本末皆知，为将之道毕矣！”

基博按：“料敌制胜”者，下文知彼知己之事；“计险厄远近”者，上文地形之事；上将之道，必兼二者。而“计险厄远近”，不过其一端，总以见地形者，不过兵之助耳。

知此而用战者必胜，不知此而用战者必败！

（训义）张预曰："既知敌情，又知地利，以战则胜；俱不知之，以战即败。"

基博按："此"字义不兼指，盖指"地形者兵之助"之一义尔。

故战道必胜，主曰无战，必战可也。战道不胜，主曰必战，无战可也。

（训义）杜牧曰："主者，君也。黄石公曰：'出军行师，将在自专，进退内御，则功难成。'故圣主明王跪而推毂曰：'阃外之事，将军裁之。'"张预曰："与其从令而败事，不若违制而成功；故曰：'军中不闻天子之诏。'"

故进不求名，退不避罪，

（训义）何氏曰："进岂求名也，见利于国家士民，则进也；退岂避罪也，见其蹙国残民之害，虽君命使进而不进，罪及其身，不悔也。"

唯民是保而利合于主，国之宝也。

（训义）张预曰："进退违命，非为己也，皆所以保民命而合主利，此忠臣国家之宝也。"

视卒如婴儿，故可与之赴深溪；视卒如爱子，故可与之俱死。

（训义）李筌曰："若抚之如此，得其死力也。故楚子一言，三军之士，皆如挟纩也。"张预曰："将视卒如子，则卒视将如父，未有父在危难，而子不致死！故荀卿曰：'臣之于君也，下之于上也，如子弟之事父兄，手足之捍头目也。'夫美酒泛流，三军皆醉；温言一抚，士同挟纩；信乎以恩遇下，古人所重也。"

厚而不能使，爱而不能令，乱而不能治，譬如骄子，不可用也。

（训义）杜牧曰："黄石公曰：'士卒可下而不可骄'，夫恩以养士，谦以接之，故曰‘可下’；制之以法，故曰：‘不可骄。’”何氏曰：“言恩不可纯任；纯任，则还为己害！”

知吾卒之可以击，而不知敌之不可击胜之半也；知敌之可击，而不知吾卒之不可以击，胜之半也；

（训义）陈皞曰：“可击不可击者，所谓‘兵众孰强，士卒孰练，赏罚孰明’也。”张预曰：“或知己而不知彼，或知彼而不知己，则有胜有负也。”

知敌之可击，知吾卒之可以击，而不知地形之不可以战，胜之半也。

（训义）张预曰：“既知己，而又知彼，但不得地形之助，亦不可全胜。”

故知兵者，动而不迷，举而不穷。

（训义）张预曰：“不妄动，故动则不误；不轻举，故举则不困；识彼我之虚实，得地形之便利，而后战也。”

基博按：“知吾卒之可以击”，“知敌之可击”，“知地形之可以战”，三者具而后为“知兵！”然所以“动而不迷，举而不穷”者，岂惟学理之深知，抑亦有借于经历！美国出征总司令潘兴以一九一七年出兵援英法协约，既抵巴黎，而所以诏部属者则曰：“凡司令官之指挥作战，及处理运输给养，其成功端赖实际之研究！所谓军事学者，原不外应用常识于军事行动而已！深奥之名词，理论之探讨，虽能使战术神秘化；实则军事天才，终不外根据经验及理解，以求简易原则之实施而已！”诚哉是言！今观《十三篇》书，孰非根据经验之理解，以求简易原则之实施乎！苟骋玄谈，必入歧途！欲知兵者，不可不先知乎此！

故曰：“知彼知己，胜乃不殆；知地知天，胜乃可全。”

（训义）李筌曰：“人事天时地利，三者同知，则百战百胜。”孙星衍曰：“上文云‘知敌之可击’，‘知吾卒之可以击’，故此云

‘知彼知己，也。上文又云‘不知地形之不可以战’，故此云‘知地’；盖地形者，兵之助，故《孙子》重言之也。上文诸言‘胜之半也’，故此云‘可全’以足其义，所谓全胜。”

右第三节，论地形者兵之助。

郑友贤曰：“或问六地者，地形也；复论将有六败者，何也？曰：惧后世学兵法者泥胜负之理于地形也，故曰：‘地形者兵之助’；非上将之道也。太公论主帅之道，择善地利者三人而委之，则地形，固非将军之事也。所谓‘料敌制胜’者，上将之道也。知此为将之道者，战则必胜；不知此为将之道者，战则必败。凡所言曰走、曰弛、曰崩、曰陷、曰乱、曰北，此六者，败之道；将之至任，不可不察也。是胜败之理，不可泥于地形，而系于将之工拙也。至于九地亦然，曰：‘刚柔皆得，地之理也。将军之事，静以幽，正以治；驱三军之众，如群羊往来，不知其所之者，将军之事也。’特垂诫于六地、九地者，孙武之深旨也。”

九地篇第十一

（解题）张预曰："用兵之地，其势有九；此论地势，故次地形。"

基博按：此篇勘《地形篇》未发之蕴而补其义。

孙子曰：用兵之法，有散地，有轻地，有争地，有交地，有衢地，有重地，有圮地，有围地，有死地。

（训义）曹操曰："此九地之名也。"

诸侯自战其地者，为散地。

（训义）杜牧曰："士卒近家，进无必死之心，退有归投之处。"何氏曰："散地，士卒恃土，怀恋妻子，急则散走，是为散地。"张预曰："战于境内，士卒顾家，是易散之地也。郧人将伐楚师，楚斗廉曰：'郧人军其郊，必不诫，恃近其城，莫有斗志。'果为楚所败，是也。"

基博按：《孙子》之说，可以备一义，而未窥其全！人君自私其国，人民不爱其国，而大敌猝至，谁则肯冒九死以为独夫保私产者！故曰"诸侯自战其地者为散地"也。然国者，民之所托命也；庐墓之所在，财产之所寄，生于斯，长于斯，聚骨肉于斯，一旦强敌凭陵，国破，则家亦亡；“自战其地”，则人怀必死，守望相助，何“散地”之有！春秋之世，管仲相齐桓公，而作内政以寄军令；制五家为轨，轨为之长；十轨为里，里置有司；四里为连，连为之长；十连为乡，乡有良人焉。以为军令；五家为轨，故五人为伍，轨长帅之；十轨为里，故五十人为小戎，里有司帅之；四里为连，故二百人为卒，连长帅之；十连为乡，故二千人为旅，乡良人帅之；五乡一帅，故万人为一军，五乡之帅帅之。伍之人，世同居，少同游，故夜战，声相闻，足以不乖；昼战，目相视，足以相识；其欢欣足以相死；居同乐，行同和，死同哀；是故守则同固，战则同强。则是因百姓爱乡之心，作三军同仇之气，而抟壹其志，“自战其地”，何“散”之有！一九一四年八月，第一次欧战开始，俄遣大将勒嫩坎夫与三索诺夫以陆军八十万人，大炮一千七百尊，分两路侵入东普鲁士，锐不可当！于是威廉二世起兴登堡为东方第八路军总指挥。而兴登堡以第二十军团为中坚，当三索诺夫，曰：“以寡敌众，兵力已薄；然薄则有之，弱则未也！其士兵皆籍东普鲁士，不力战，无以保其乡里；父母兄弟，妻子姊妹，无不为俄俘！我知同仇敌忾，必能僇力御侮，如钢之坚，不可挠也！”果以大挫俄军。此非“自战其地”乎？然而僇力御侮，众志成城；何“散”之有焉！

入人之地而不深者，为轻地。

（训义）王晳曰：“初涉敌境，势轻，未有斗志也。”何氏曰：“轻地者，轻于退也；入敌境未深，往轻返易。”张预曰：“始入敌境，士卒思还，是轻返之地也。”

我得则利，彼得亦利者，为争地。

（训义）杜牧曰：“必争之地，乃险要也。”张预曰：“险固之利，彼我得之，皆可以少胜众，弱胜强者，是必争之地也。唐太宗以三千人守成皋之险，坐困窦建德十万之众，是也。”

我可以往，彼可以来者，为交地。

（训义）杜牧曰："川广地平，可来可往，足以交战对垒。"陈皞曰："言其道路交横，彼我可以来往。"何氏曰："交地，平原交通也。"

诸侯之地参属，先至而得天下之众者，为衢地。

（训义）何氏曰："衢地者，地要冲，控带数道。"张预曰："衢者，四通之地。"

基博按：衢地者，道路四通，不可不先据之以控制要害，示天下形势，而莫敢不服，此所谓"先至而得天下之众。"如春秋时，晋、楚之争郑；秦汉之际，刘、项之争荥阳、成皋；是也。诸家以先遣使至其地，约和旁国，交亲结恩为说，未免迂曲失解。

入人之地深，背城邑多者，为重地。

（训义）曹操曰："难返之地。"杜牧曰："人人之境已深，过人之城已多，津梁皆为所恃，要冲皆为所据，还返师旆，不可得也。"张预曰："深入敌境，多过敌城，士卒心专，无有归志，此难退之地也。"

行山林险阻沮泽，凡难行之道者，为圮地。

（训义）张预曰："险阻沮洳之地，进退艰难而无所依。"

所由入者隘，所从归者迂，彼寡可以击吾之众者，为围地。

（训义）杜佑曰："所从入厄险，归道远也；持久则粮乏，故敌可以少击吾众者，为围地也。"梅尧臣曰："山川围绕，入则隘，归则迂也。"

疾战则存，不疾战则亡者，为死地。

（训义）贾林曰："左右高山，前后绝涧，外来则易，内出则难，误居此地，速为死战则生；若待士卒气挫，粮储又无，而持久，不死何待！"张预曰："山川险隘，进退不能，粮绝于中，敌临于外；当此之际，励士激战而不可缓也。”

是故散地则无战，

（训义）梅尧臣曰：“我兵在国，安土怀生，陈则不坚，斗则不胜，是不可以战。”王皙曰：“决于战，则惧散。”

轻地则无止。

（训义）梅尧臣曰：“始入敌境，未背险阻，士心不专，无以战为？勿近名城，勿由通路，以速进为利。”

争地则无攻，

（训义）曹操曰：“不当攻，当先至为利也。”杜牧曰：“无攻者，谓敌人若已先得其地，则不可攻。”王皙曰：“敌居形胜之地，先据乎利，而我不得其处，则不可攻。”

交地则无绝，

（训义）杜牧曰：“川广地平，四面交战，须车骑部伍，首尾联属，不可使断绝，恐敌人因而乘我。”

衢地则合交，

（训义）曹操曰：“结诸侯也。”张预曰：“四通之地，先结交旁国。”

基博按：“合交”者，谓合兵交战也。诸家解未的，详见《九变篇》。

重地则掠，

（训义）孟氏曰：“因粮于敌也。”梅尧臣曰：“去国既远，多背城邑，粮道必绝，则掠畜积以继食。”

圮地则行，

（训义）曹操曰：“无稽留也。”梅尧臣曰：“当速行。”

围地则谋，

（训义）梅尧臣曰：“前有隘，后有险，归道又迂，则发谋虑以取胜。”

死地则战。

（训义）陈皞曰：“陷在死地，则军中人人自战；故曰‘置之死地而后生’也。”贾林曰：“力战或生，守隅则死。”梅尧臣曰：“前后左右，无所之，示必死，人人自战也。”

右第一节论九地之变，屈伸之利。

所谓古之善用兵者，能使敌人前后不相及，众寡不相恃，贵贱不相救，上下不相收，卒离而不集，兵合而不齐。

（训义）杜牧曰：“多设变诈以乱敌人，或冲前掩后，或惊东击西，或立伪形，或张奇势，或则无形以合战，敌则必备而众分，使其意慑离散，上下惊扰，不能和合，不得齐集，此善用兵也。”张预曰：“出其不意，掩其无备，骁兵锐卒，猝然突击；彼救前则后虑，应左则右隙，使仓皇散乱，不知所御，将吏士卒，不能相赴，其卒已散而不复聚，其兵虽合而不能一。”

合于利而动，不合于利而止。

（训义）张预曰：“彼虽惊扰，亦当有利则动，无利则止。”

敢问敌众整而将来，待之若何？

（训义）梅尧臣曰：“此设疑以自问，言敌人甚众，将又严整，我何以待之耶？”

曰：先夺其所爱，则听矣；

（训义）曹操曰：“夺其所恃之利。”李筌曰：“《孙子》故立此问者，以此为秘要也。所谓爱，谓敌所便爱也。”陈皞曰：“爱者，不止所恃利，但敌人所顾之事，皆可夺也。”

兵之情主速，乘人之不及，由不虞之道，攻其所不戒也。

（训义）杜牧曰：“此统言兵之情状，以乘敌间隙，由不虞之道，攻其不戒之处；此乃兵之深情，将之至事也。”梅尧臣曰：“兵机贵速，当乘人之不备！乘人之不备者，行不虞之道，攻不戒之所也。”何氏曰：“如蜀将孟达之降魏，魏朝以达领新城太守。达复连吴固蜀，潜图中国。谋泄，司马宣王秉政，恐达速发，以书给达以安之。达得书，犹豫不决。宣王乃潜军进讨。诸将皆言达与二贼交构，宜审察而后动。宣王曰：‘达无信义，此其相疑之时也，当及其未定，往讨之。’乃倍道兼行，八日，到其城下。吴、蜀各遣其将向西城、安桥木阑以救达，宣王分诸将拒之。初达与诸葛亮书曰：‘宛去洛八百里，去吾一千一百里，闻吾举事，当表上天子，比相反覆，一月间也；则吾城已固，诸军足办；所在深险，司马公必不自来，吾无患矣！’及兵到，达又告亮曰：‘吾举事八日，而兵至城下，何其神速也！’上庸城三面阻水，达于城下为木栅以自固。宣王渡水，破其栅，直造城下，八道攻之。旬有六日，达甥邓贤、将李辅等开门出降，遂斩达。李靖征萧铣，集兵于夔州，铣以时属秋潦，江水泛涨，三峡路陷，必谓靖不能进，遂休兵不设备。九月，靖乃率师而进，将下峡。诸将皆请停兵待水退。靖曰：‘兵贵神速，机不可失。今兵始集，铣尚未知；若乘水涨之势，倏忽至城下，所谓疾雷不及掩耳，此兵家上策。纵彼知我，仓卒征兵，无以应敌，此必成擒也。’遂降萧铣。《卫公兵法》曰：兵用上神，战贵其速。简练士卒，申明号令，晓其目以麾帜，习其耳以鼓金，严赏罚以诫之，重刍豢以养之，浚沟堑以防之，指山川以导之，召才能以任之，述奇正以教之；如此，则虽敌人有雷电之疾，而我则有所待也。”若兵无先备，则不应卒；卒不应，则失于机；失于机，则后于事；后于事，则不制胜而军覆矣！故《吕氏春秋》云：“凡兵者欲急捷”；所以一决取胜，不可久而用之矣。或曰：兵之情虽主速，乘人之不及；然敌将多谋，戎卒辑睦，令行禁止，兵利甲坚，气锐而严，力全而劲，岂可速而犯之耶？答曰：“若此，则当卷迹藏声，蓄盈待竭，避其锋势，与其持久，安可犯之哉！廉颇之拒白起，守而不战；宣王之抗武侯，抑而不进，是也。”张预曰：“用兵之理，惟尚神速；所贵乎速者，乘人之仓猝，使不及为备也。出兵于不虞之径，以掩其不戒，故敌惊扰散乱，而前后不相及，众寡不相待也。”

凡为客之道，深入则专，主人不克；

（训义）杜牧曰：“言大凡为攻伐之道，若深入敌人之境，士卒有必死之志，其心专一，主人不能胜我也。克者，胜也。”张预曰：“深入敌境，士卒专心，则为主者不能胜也；客在重地，主在轻地故耳。故赵广武君谓‘韩信去国远斗，其锋不可当’，是也。”

掠于饶野，三军足食，谨养而勿劳，并气积力，运兵计谋，为不可测。

（训义）杜牧曰：“斯言深入敌人之境，须掠田野，使我足食；然后闭壁守之，勿使劳苦；气全力盛，一发取胜；动用变化，使敌人不能测我也。”陈皞曰：“所处之野，须水草便近，积蓄不乏，谨其来往，善抚士卒。王翦伐楚，楚人挑战；翦不出，勤于抚御，并兵一力，闻士卒投石为戏，知其养勇思战，然后用之；一举遂灭楚。但深入敌境，未见可胜之利，则须为此计。”张预曰：“兵在重地，须掠粮于富饶之野以丰吾食，乃坚壁自守，勤抚士卒，勿任以劳苦，令气盛而力全，常为不可测度之计，伺敌可击，则一举而克。王翦伐荆，尝用此术。”

投之无所往，死且不北！

（训义）杜牧曰：“投之无所往，谓前后进退，皆无所之，士以此皆求力战，虽死不北也！”梅尧臣曰：“置在必战之地，知死而不退走。”

死，焉不得士人尽力！

（训义）王皙曰：“人在死地，焉不尽力！”郑友贤曰：“或问‘死焉不得士人尽力！’诸家释为二句者，何也？曰：夫人之情，就其甚难者，不顾其甚易；舍其至大者，不吝其至微。死难于生也，甘其万死之难，而况出于生之甚易者哉！身大于力也，弃其一身之大，而况用于力之至微者哉！武意以为三军之士，投之无所往，则白刃在前，有所不避也；死且不避，况于生乎！身犹不虑，况于力乎！故曰：‘死且不北。’夫三军之士，不畏死之难者，安得不人人用力乎！‘死焉不得士人尽力’，诸家断为二句者，非武之本意也。”

兵士，甚陷则不惧，

（训义）张预曰：“陷在危亡之地，人持必死之志，岂复畏敌也！”

无所往则固，深入则拘，

（训义）李筌曰：“固，坚也。”杜牧曰：“往，走也；言深入敌境，走无生路，则人心坚固，如拘缚者也。”张预曰：“动无所之，人心坚固；兵在重地，走无所适，则如拘系也。”

不得已则斗。

（训义）曹操曰：“人穷则死战也。”张预曰：“势不获已，须力斗也。《尉缭子》曰：‘一贼仗剑击于市，万人无不避之者，非一人之独勇，万人皆不肖也；必死与必生不侔也。’”

是故其兵不修而戒，不求而得，不约而亲，不令而信；

（训义）杜牧曰：“此言兵在死地，上下同志，不待修整而自戒惧，不待收索而自得心，不待约令而自亲信也。”

禁祥去疑，至死无所之。

（训义）杜牧曰：“黄石公曰：‘禁巫祝，不得为吏士卜问军之吉凶，恐乱军士之心’；言既去疑惑之路，则士卒至死！无有异志也。”张预曰：“欲士死战，则禁止军吏不得用妖祥之事，恐惑众也；去疑惑之计，则至死无他虑。《司马法》曰：‘灭厉祥’，此之谓也。倘士卒未有必战之心，则亦有假妖祥以使众者，田单守即墨，命一卒为神，每出入约束，必称神；遂破燕，是也。”

吾士无余财，非恶货也；无余命，非恶寿也。

（训义）张预曰：“货与寿，人之所爱也；所以烧掷财宝，割弃性命者，非憎恶之也，不得已也。”

令发之日，士卒坐者涕沾襟，偃卧者涕交颐。

（训义）李筌曰：“弃财与命，有必死之志，故感而流涕也。”

投之无所往者，诸、刿之勇也。

（训义）张预曰：“人怀必死，则所向皆有专诸、曹刿之勇也。专诸，吴公子光使刺杀吴王僚者。刿，当为沫；曹以勇力事鲁庄公，尝执匕首劫齐桓公。”

故善用兵者，譬如率然；率然者，常山之蛇也，击其首则尾至，击其尾则首至，击其中则首尾俱至。

（训义）梅尧臣曰：“蛇之为物也，不可击；击之，则率然相应。”张预曰：“率，犹速也；击之则速然相应，此喻阵法也。《八阵图》曰：‘以后为前，以前为后，四头八尾，触处为首；敌冲其中，首尾俱救。’”

基博按：张预之说，似乎确有证佐；然武之意，非喻阵法也；自系指患难共处之相救应如一体耳，细玩其上下文可见。

敢问兵可使不率然乎？

（训义）梅尧臣曰：“可使兵首尾率然相应如一体乎？”

曰：可。夫吴人与越人相恶也，当其同舟同济，遇风，其相救也，如左右手。

（训义）张预曰：“吴越，仇雠也，同处危难，则相救如两手；况非雠者，岂不犹率然之相应乎！”

是故方马埋轮，未足恃也；

（训义）曹操曰："方，缚马也；埋轮，示不动也。"杜牧曰："缚马埋轮，使为方阵，使为不动，虽如此，亦未足称为专固而足为恃；须任权变，置士于必死之地，使人自为战，相救如两手，此乃守固必胜之道，而足为恃也。"陈皞曰："人之相恶，莫甚吴越，同舟遇风而犹相救，何则？势使之然也。夫用兵之道，若陷在必战之地，使怀俱死之忧，则首尾前后，不得不相救也。有吴越之恶，犹如两手相救；况无吴越之恶乎！盖言贵于设变使之，则勇怯之心一也。"郑友贤曰："或曰：'方马埋轮'，诸家释为方缚；或谓缚马为方阵者，何也？曰：解方为缚者，义不经；据缚而方之者，非武本辞。盖'方'当为'放'字，武之说，本乎人心离散，则虽强为固止而不足恃也。固止之法，莫过于棍其所行；古者用兵，人乘车而战，车驾马而行；今欲使人固止而不散，不得齐勇之政；虽放去其马而牧之，陷轮于地而埋之，亦不足恃之为不散也。噫！车中之士，辕不得马而驾，轮不得辙而驰，尚且奔走散乱而不一；则固在以政而齐其心也。"

齐勇若一，政之道也；

（训义）陈皞曰："政令严明，则勇者不得独进，怯者不得独退；三军之士如一也。"

刚柔皆得，地之理也。

（训义）曹操曰："强弱一势也。"王皙曰："刚柔，犹强弱也；言三军之士，强弱皆得其用者，地利使之然也。"张预曰："得地利，则柔弱之卒亦可以克敌；况刚强之兵乎！刚柔俱获其用者，地势使之然也。"

基博按："刚柔"者，兵之用。九地者，"地之理"。"散地则无战"，"轻地则无止"，"争地则无攻"，"交地则无绝"，"圮地则行"，"围地则谋"，六者，"柔"以得"地之理"也。"衢地则合交”，“重地则掠”，“死地则战”，三者，“刚”以得“地之利”也。故曰：“刚柔皆得，地之理也。”诸家解似欠晰。

故善用兵者，携手若使一人，不得已也。

（训义）梅尧臣曰：“用三军，如携手使一人者，势不得已，自然皆从我所挥也。”

将军之事，静以幽，正以治。

（训义）梅尧臣曰：“静以幽邃，人不能测；正以自治，人不能挠。”王皙曰：“静则不挠，幽则不测；正则不偷，治则不乱。”张预曰：“其谋事，则安静而幽深，人不能测；其御下，则公正而整治，人不敢慢。”

能愚士卒之耳目，使之无知。

（训义）曹操曰：“愚，误也。民可与乐成，不可与虑始。”梅尧臣曰：“凡军之权谋，使由之而不使知之。”

易其事，革其谋，使人无识；

（训义）王皙曰：“已行之事，已施之谋，当革易之，不可再也。”何氏曰：“将术以不穷为奇也。”

易其居，迂其途，使人不得虑。

（训义）梅尧臣曰：“更其所安之居。迂其所趋之途，无使人得虑也。”王皙曰：“处易者，将致敌以求战也；迂途者，示远而密袭也。”张预曰：“其居，则去险而就易；其途，则舍近而从远，人初不晓其旨；及取胜乃服。太白山人曰：‘兵贵诡道者，非止诡敌也；抑诡我士卒，使由而不使知之也。’”

基博按：“易其居”，梅尧臣作“更易”之“易”解，承上“易其事”，读入声。而王皙、张预似并作“险易”之“易”解，读去声。

帅与之期，如登高而去其梯；帅与之深入诸侯之地而发其机。

（训义）王皙曰："皆励决战之志也。"张预曰："去其梯，可进而不可退；发其机，可往而不可返。项羽济河沉舟之类，是也。"

焚舟破釜，若驱群羊；驱而往，驱而来，莫知所之。

（训义）张预曰："群羊往来，牧者之随；三军进退，惟将之挥。"

聚三军之众，投之于险，此谓将军之事也。

（训义）梅尧臣曰："措三军于险难而取胜者，为将之所务也。"

右第二节，论将军之事，在察人情之理，而聚三军之众，投之于险。险者，即指九地而言。

九地之变，屈伸之利，人情之理，不可不察也。

（训义）杜牧曰："言屈伸之利害，人情之常理，皆因九地之变化。今欲下文重举九地，故于此重言，发端张本也。"王皙曰："明九地之利害，亦当极其变耳。言屈伸之利者，未见便则屈，见便则伸。言人情之理者，深专浅散围御之谓也。"张预曰："九地之法，不可拘泥，须识变通，可屈则屈，可伸则伸，审所利而已。此乃人情之理，不可不察。"

凡为客之道，深则专；浅则散；

（训义）梅尧臣曰："深则专固；浅则散归。此而下重言九地者，《孙子》勤勤于九变也。"

去国越境而师者，绝地也；

（训义）梅尧臣曰："进不及轻，退不及散，在二地之间也。"张预曰："去己国，越人境而用师者，危绝之地也；若秦师过周而袭郑，是也。此在九地之外而言之者，战国时，间有之也。"郑友贤曰："或问九地之中，复有绝地者，何也？曰：兴师动众，去吾之国中，越吾之境土，而初入敌人之地；疆场之限，所过关梁津要，使吾踵军在后，告毕书绝者，所以禁人内顾之情，而止其还遁之心也。《司马法》曰：‘书亲绝，是为绝顾益虑。’《尉缭子》踵军令曰：‘遇有还者诛之。’此绝地之谓也。然而不预九地者何？九地之法皆有变，而绝地无变，故论于九地之变而不得列其数也。或以越境为越人之国，如秦越晋伐郑者，凿也。”

基博按：武之意，自承上文而言；去国越境而师以致之绝地者，所以为深则专耳；非云九地之外，别有绝地。郑友贤之说，尚明而未融也。

四达者，衢地也；入深者，重地也；入浅者，轻地也；背固前隘者，围地也；无所往者，死地也。是故散地，吾将一其志；

（训义）杜牧曰：“守则志一；战则易散。”梅尧臣曰：“保城备险，一志坚守，候其虚懈，出而袭之。”

轻地，吾将使之属；

（训义）曹操曰：“使相及属。”杜牧曰：“部伍营垒，密近联属。盖以轻散之地，一者备其逃逸；二者恐其敌至，使易相救。”梅尧臣曰：“行则队校相继，止则营垒联属，脱有敌至，不有散逸也。”王皙曰：“绝则人不相恃。”

争地，吾将趋其后；

（训义）杜牧曰：“必争之地，我若已后，当疾趋而争；况其不后哉！”张预曰：“争地贵速，若前驱至而后不及，则未可；故当疾进其后，使首尾俱至。或曰：趋其后，谓后发先至也。”

交地，吾将谨其守；

（训义）梅尧臣曰：“谨守壁垒，断其通道。”张预曰：“不当阻绝其路，但严壁固守，候其来，则设伏击之。”

衢地，吾将固其结；

（训义）杜牧曰：“结交诸侯，使之牢固。”

基博按："固其结"，为结阵以自固；非固结诸侯之谓也，详见《九变篇》。

重地，吾将继其食；

（训义）贾林曰："使粮相继而不绝也。"梅尧臣曰："道既遐绝，不可归国取粮，当掠彼以食军。"

圮地，吾将进其涂；

（训义）杜佑曰："疾行，无舍此地。"李筌曰："不可留也。"

围地，吾将塞其阙；

（训义）杜牧曰："兵法，围师必阙，示以生路，令无死志，因而击之。今若我在围地，敌开生路以诱我卒，我反自塞之，令士卒有必死之心。后魏末，齐神武起义兵于河北；魏尔朱兆、天光、度律、仲远等四将，会于邺南，士马精强，号二十万，围神武于南陵山；时神武马二千，步军不满三万，兆等设围不合，神武连系牛驴自塞之；于是将士死战，四面奋击，大破兆等四将也。"

死地，吾将示之以不活。

（训义）杜牧曰："示之必死，令其自奋以求生也。"梅尧臣曰："必死可生，人尽力也。"

故兵之情，围则御，

（训义）杜牧曰："言兵在围地，始乃人人有御敌持胜之心。"

不得已则斗，

（训义）梅尧臣曰："势无所往，必斗。"王晳曰："脱死者，唯斗而已。"

过则从。

（训义）曹操曰："陷之甚过，则从计也。"陈启天曰："按过字为祸之借字。俞樾《荀子平议》云：'虽有大过，天其不遂乎。过与祸通。《汉书·公孙弘传》：虽阳与善，后竟报其过；《史记》过作祸。’‘过则从’，谓军在危祸之地，则易于服从命令也。”是故不知诸侯之谋者。不能预交；不知山林险阻沮泽之形者，不能行**军；不用乡导者，不能得地利。**

（训义）梅尧臣曰：“已解《军争篇》中。”王晳曰：“再陈者，勤戒之也。”

四五者不知一，非霸王之兵也。

（训义）张预曰：“四五，谓九地之利害。”陈启天曰：“按‘四五’两字，为‘此三’两字之讹。十家注以四合五为九，指九地，误。”

夫霸王之兵，伐大国，则其众不得聚；威加于敌，则其交不得合。

（训义）王晳曰：“能知敌谋，能得地利，又能形之，使其不相救，不相持，则虽大国，岂能聚众而拒我哉！威之所加者大，则敌交不得合。”

是故不争天下之交，不养天下之权，信己之私，威加于敌，故其城可拔，其国可隳。

（训义）杜牧曰：“信，伸也；言不结邻援，不蓄养机权之计，但逞兵威，加于敌国，贵伸己之私欲；若此者，则其城可拔，其国可隳。吴夫差破越于会稽，败齐于艾陵，阙沟于商鲁，会晋于黄池，争长而反，威加诸侯，诸侯不敢与争；勾践伐之；乞师齐楚，齐楚不应；民疲兵顿，为越所灭。”张预曰：“不争交援，则势孤而助寡；不养权力，则人离而国弱。伸一己之私忿，暴兵威于敌国，则终取败亡也。”陈启天曰：“此三十一字，当作一句读。‘信’，音伸，犹逞也。‘敌’，谓彼此势均力敌之国。‘故其城’之‘故’字，犹则也。‘其’，指不争天下之交，不养天下之权，但求逞一己之私欲，而以武力威胁势均力敌之国者；非谓敌也。此句犹谓不讲求外交战以多争与国，多养威重；但知以武力威胁敌国，求逞一己之欲者；则其城与国有反为敌国攻破之虞也。以近事证之，日、德、义欲以武力横行世界，结局必遭失败；以其正犯《孙子》之戒也。”

基博按：“其城可拔，其得可隳”之两“其”字，谓“霸王之兵”，与上文“其众不得聚”，“其交不得合”之两“其”字，谓“大国”之“敌”者不同；说详见序。

施无法之赏，悬无政之令，

（训义）梅尧臣曰：“瞻功行赏，法不预设；临敌作誓，政不先悬。”张预曰：“法不先施，政不预告，皆临事立制，以励士心。”陈启天曰：“自‘施无法之赏’，至‘然后能为胜败’四十九字，与上下文意均不连；疑为上文‘过则从’句下之脱简。”

犯三军之众，若使一人。

（训义）梅尧臣曰：“犯，用也；赏罚严明，用多若用寡也。”

犯之以事，勿告以言；

（训义）王皙曰：“情泄则谋乖。”张预曰：“任用之于战斗，勿谕之以权谋；人知谋则疑也。”

犯之以利，勿告以害。

（训义）张预曰：“人情见利则进，知害则避；故勿告以害也。”

投之亡地然后存，陷之死地然后生；

（训义）张预曰：“置之死亡之地，则人自为战，乃可存活也。项羽救赵，破釜焚庐，示以必死，诸侯从壁上观，楚战士无不一当十，遂虏秦将，是也。”

夫众陷于害，然后能为胜败。

（训义）梅尧臣曰：“未陷危难，则士卒心不专；既陷危难，然后胜；胜败在人为之耳。”

基博按：“能为胜败”者，众陷于害而人怀必死，则能为胜；众陷于害而人欲偷生，亦能为败。而所以能为胜，无不由于洞察人情。法国拿破仑大帝之所以战胜攻取者，亦以能洞察人情也。尝造一炮台以当敌冲，其地孤危而无掩蔽。其大将虑无人敢守。于是拿破仑手书以揭其上曰：“大无畏者之炮台！”而所部人人效命以争大无畏者矣！

故为兵之事，在于顺佯敌之意。

（训义）曹操曰：“佯，愚也。”杜牧曰：“夫顺敌之意，盖言我欲击敌，未见其隙，则藏形闭迹；敌人之所为，顺之勿惊。假如强以陵我，我则示怯而伏；且顺其强，以骄其意；候其懈怠而攻之。假如欲退而归，则开围使去；以顺其退，使无斗志；遂因而击之。皆顺敌之旨也。”张预曰：“彼欲进，则诱之令进；彼欲退，则缓之令退；奉顺其旨，设奇伏以取之。或曰：敌有所欲，当顺其意以骄之，留为后图。若东胡遣使谓冒顿曰：‘欲得头曼千里马。’冒顿与之；复遣使来曰：‘欲得单于一阏氏。’冒顿又与之。及其骄怠而击之，遂灭东胡，是也。”

并敌一向，千里杀将，

（训义）杜牧曰：“上文言为兵之事，在顺敌之意，此乃未见敌人之隙耳。若已见其隙，有可攻之势，则须并兵专力以向敌人，虽千里之远，亦可以杀其将也。”张预曰：“敌既骄惰，则并兵力以向之，可以覆其军，杀其将；则明如冒顿灭东胡之事，是也。”

此乃巧能成事者也。

（训义）张预曰：“始顺其意，后杀其将，成事之巧也。”

是故政举之日，夷关折符，无通其使；

（训义）梅尧臣曰：“夷，灭也；折，断也。”张预曰：“庙算已定，军谋已成，则夷塞关梁，毁折符信，勿通使命；恐泄我事也。”

励于廊庙之上，以诛其事。

（训义）曹操曰：“诛，治也。”张预曰：“兵者大事，不可轻议；当惕励于庙堂之上，密治其事贵谋不外泄也。”

敌人开阖，必亟入之。

（训义）张预曰：“或曰：谓敌人或开或阖，出入无常，进退未决，则宜急乘之。”

先其所爱，微与之期。

（训义）杜牧曰：“微者，潜也；言以敌人所爱利便之处为期；将欲谋敌之故，潜往赴期，不令敌人知也。”

践墨，随敌以决战事。

（训义）杜牧曰：“墨，规矩也；言我常须践履规矩，深守法制，随敌人之形；若有可乘之势，则出而决战。”陈皞曰：“兵虽要在迅速以决战事，然自始及末须守法制；纵获胜捷，亦不可争竞扰乱也。”梅尧臣曰：“举动必践法度，而随敌屈伸，因利以决战也。”陈启天曰：“‘敌人开阖，必亟入之。先其所爱，微与之期。践墨随敌，以决战事。’此数句，古今注家均误。‘开阖’，谓国境关门之开闭；当两国将作战时，我军已迫近敌境，而敌国犹和战不定，或开关门，或阖关门。其主和者，如开关门来我军前议讲，须立即延入，以便用敌制敌；此之谓‘敌人开阖，必亟入之’。‘入’，谓延入敌国和使；非谓我军进入敌境也。十家注多以先夺其所爱，释‘先其所爱’，大误！‘其’指敌使；敌使所爱者为何，须酌如其意而先施之以结其欢心；此之谓‘先其所爱’。‘之’，亦指敌使；‘期’，谓要约；非谓军期；敌使既已倾心于我，则当密与要约条件，令其回国进行；此之谓‘微与之期’。‘墨’字，十家注均以绳墨、规矩、法度释之，亦误。按‘墨’当读‘默’，二字音同义通；《汉书·窦婴传》‘婴墨墨不得志’；借‘墨’为‘默’可证。‘践’，犹持也，守也。‘随’，犹因也，应也。‘践墨随敌，以决战事’者，谓当我与敌佯为讲和之际，我宜保持沉默，因应敌情，以求突然决战，一举而胜也。”

基博按：此所谓“顺佯敌之意”，陈氏之说是也。惟“开阖”，不必指关门启闭；“入”者，我之入；“敌人开阖，必亟入之”者；谓敌人和战之计未定而不我虞，有隙可乘，我先发制人而亟入之；“先其所爱，微与之期，践墨随敌，以决战事”四句，乃所以申上文“敌人开阖，必亟人之”之意，而明其所以；如和平者，英、美之所爱也；而日人则先之以虚与委蛇，若即若离；野村、来栖，和平之使者连翩；近卫、东条，手书之殷勤不已；而英、美亦不利太平洋之有战事，未欲遽决裂也；平地一声雷，而日本攻其无备以先发制人，英、美太平洋上之珍珠港、菲律宾、马来亚半岛，卒被空袭；英、美人瞠目相视，猝不知措手，而军舰毁，香港陷矣！此之谓“敌人开阖，必亟入之”；此之谓“先其所爱，微与之期；践墨随敌，以决战事”；盖“先其所爱，微与之期”，此所以“敌人开阖”；而“践墨随敌，以决战事”，所以为“亟入”也。

是故始如处女，敌人开户；后如脱兔，敌不及拒。

（训义）曹操曰：“处女，示弱；脱兔，往疾也。”杜牧曰：“言敌人初时，谓我无所能为，如处女之弱；我因急去攻之，险疾迅速，如兔之脱走，不可捍拒也。”张预曰：“守则如处女之弱，令敌懈怠，是以启隙；攻则犹脱兔之疾，乘敌仓卒，是以莫御。”

右第三节，论九地之变，屈伸之利；人情之理，交错而综言之。

基博按：“九地之变，屈伸之利”一事，“人情之理”又一事。就全篇言：第一节论“九地之变，屈伸之利”。第二节论“人情之理”。而此节则错综以为说；而以“九地之变，屈伸之利，人情之理，不可不察也”起句，关锁上文，筦领下文，九形之变在地，屈伸之利在我；九地之变有定，屈伸之利何常。第一节称“散地则无战，轻地则无止，争地则无攻，交地则无绝，衢地则合交，重地则掠，圮地则行，围地则谋，死地则战”；此云“散地吾将一其志，轻地吾将使之属，争地吾将趋其后，交地吾将谨其守，衢地吾将固其结，重地吾将继其食，圮地吾将进其涂，围地吾将塞其阙，死地吾将示之以不活”；皆随九地之变，而为屈伸者也。而总言以发凡曰：“为客之道，深则专，浅则散”；承上“为客之道，深入则专”，而重言以声明之。所谓“深则专”者，不仅指重地；凡绝地、围地、死地，皆所谓“深则专”也。所谓“浅则散”者，不仅指轻地；凡散地、交地、衢地，皆“浅则散”也。惟不察“人情之理”，则虽明乎九变之地，而无由屈伸以尽利。所谓“人情之理”者有二：一曰“兵之情主速，乘人之不及，由不虞之道，攻其所不戒也”；“是故始如处女，敌人开户；后如脱兔，敌不及拒”；此“人情之理”，“不可不察”之在于敌者也。一曰“兵之情，围则御”，“甚陷则不惧，无所往则固，深入则拘，不得已则斗，过则从”；“投之亡地然后存，陷之死地然后生”；此“人情之理”，“不可不察”之在于我者也。在于我者，当知“示之以不活”；在于敌者，尤贵“攻其所不戒”。而“人情之理”，所以神明“九地之变，屈伸之利”，而以尽其用者也。然《孙子》究极“九地之变，屈伸之利”，为当日战术言之也。而今地理政治学者力阐“海陆之权，屈伸之利”，为现代战略言之也。地理之知识，以用之政治及战略，是为地理政治学。从前社会学，有地理学派；而此派之在德国，影响政治最大者，有腊德瑞尔，其分析英帝国地理精义，妙诂纷纶。威廉二世读之而大感奋！至瑞典学者克杰伦，乃以为一学科，而有地理政治之名。二十年来，欧洲第一次大战以后，德陆军少将霍斯浩佛博士，遂为德国地理政治学之一代大师，组织地理政治学院于慕尼黑，罗致专家三千余人，根据世界地理以研究世界政治，出版地理政治刊物；而德国之国是定；希特勒遂据以决策世界第二次之政略战略矣！希特勒之得政也，无日不讨国人而申儆之，明耻教战，整齐其民人，部勒以兵法，而以为世界第二次大战之工具。战略之制定，则一以地理政治学之综合判断为衡；而以为“此一役也，将为陆权与海权胜负之所由分；而德则陆权之国也。海权陵驾陆权之时期已逝，而马亨海军大将之理论，将不适于现代战争之技术。”而究其实，则何如耶？世界文化之地理进展，由草原之游牧，而河流之农耕，而内海之商业劫掠，而大洋之工业殖民。英国则承西班牙、葡萄牙、荷兰之海洋霸权，而与之代兴。纳尔逊歼拿破仑之海军，而海权以巩固；迄于世界第二次大战之前夕，英国为海王之国，为海权国之标准代表！英帝国之版图，大于不列颠一百倍，而以不列颠为首脑，以印度为心脏，右拥加拿大，左抵澳大利，而以直布罗陀、马尔他、埃及、苏彝士、亚丁、南波斯、锡兰、新加坡、香港诸据点，为经络之连结；而其毗邻据点之内地，一以为保护据点之用，一以接受据点商品之输入，卧榻之下，亦或容他人酣睡，而不能不隶英帝国之势力范围，巨舰炮垒，控险以守；良将精卒，陈利兵而谁何！此海权国之轮廓也。夫海权国之所以维护其帝国者，在控制海洋；而所以控之制海洋者，在控制海洋之据点。据点者，仅弱小国之突出点耳；岂敢有贰心于英！其他列强，如有异图，只能从海上来；而海上，则海权国之所控制；于是海权国之帝国，安于磐石！试观英国之海军建军及其各据点设防，岂不然乎！盖不列颠以蕞尔岛国，而缔造庞大之帝国以维护之，不得不用最经济之方法也！然则德之陆权国，将何道以操胜算乎？德之地理学者乔黑尔，厥为大空间国之先知！其说以为资源、原料，可以求之于人；技术、机械，可以求之于人；惟民族之生存空间，不能求之于人；占领别人之土地，岂即自己之生存空间！此为最固定之一因素。社会现象中最固定之因素，最足以发挥力量也！假如设想德国在冰岛之上，则德国虽有八千万人口，苟非向海发展，抑亦何路可走！然而不然！德国在中欧，德国在地理上为中间国。以俾斯麦与威廉二世比，则俾斯麦为知政治地理者也；然所知者德国地理；仅缔造德意志帝国，而大业以终！彼意念中无日耳曼帝国，抑亦不能想像世界新秩序之可以日耳曼帝国为东半球盟主也！威廉二世眼光四射，瞩全世界，但无深沉之思，而以中间国之德国人，欣慕海王之国；此所为大惑不解也！然德国第一次欧战之败，由于参谋长小毛奇，迂谨无大略，不知以世界地理，而策世界政治；习故蹈常以运用地方性之战略；而地方性之史梯芬计划，又不能行之以果！此固霍斯浩佛博士之所太息也！希特勒惩于前败而回顾俾斯麦。俾斯麦言："我何须海军！如英国人欲登陆，我则以陆军聚而歼之耳！"希特勒之敦刻尔克一役，抑或忆俾斯麦之说也？戈林之所欲者，坦克、飞机、大炮。国社党之自觉而以成为陆权国；而希特勒为陆权国之元首。希特勒亦回顾威廉二世，而方法则与威廉二世异。彼不欣慕海王之国以扩建海军，而缘陆路以陆、空大军攻袭海权国连结经络之据点，而掩有之；则海权之帝国虽庞大乎；而以神经失其连系，痿痹不能动矣！此日本之所以攻占新加坡；德国陷苏联之塞港、诺港，而以企图占领亚力山大港也。使海权国海上之据点，而为轴心所掩有；斯可以封锁地中海与印度洋，而逼英国以入大西洋，遁荒加拿大以苟延残喘！而于是海王国之英，扼守海上据点，维护帝国之经济办法，遂为帝国之弱点，而予轴心以攻瑕；据点毗邻之弱小国土，虽无虞于侵袭，而不足为掩护；以希特勒之自陆攻而不为海战也。然则希特勒者，盖兼综威廉二世之世界眼光，俾斯麦之地理认识，而自出心裁，以制陆权国之战略者也！然德国之所以张陆权者，抑亦坚持其不可拔之海权。不列颠三岛以封塞德国出海飘洋之门户，而为称雄海上之理想国。威廉二世尝欲以问英国之鼎，而希特勒则直以为不可能，张陆权以消海权，从陆上进攻以制英帝国之死命，而截取苏彝士运河，攻占近东及中东。一标准之陆权国，必并吞八荒以奄有大陆，打成一片；而旧式之海权，只以控制海洋，扼要害之处，置兵以守，星罗棋布以维护帝国。海权势分而力散；陆权力聚而势雄。陆权国则厚集其力以攻海权国之备多而力分。近东如为希特勒所有；则英帝国之腰脊断，而不能以自举，三岛局促，无能为也已！信如希特勒所言，“海权陵驾陆权之时代已逝”；而在今日，建立坚强之陆上阵地，掌握深广之后方陆地，又为决胜之条件。日本登陆战术之成功，曾不足以难其说；盖以日本之登陆成功，实因希特勒之陆权大张；海王之国，有事于西，奔命不遑，而无力分兵以东顾也！日本之田中奏章，抑亦陆权之战略。而或者以为日本海权国；其实不然！日本之地理，虽如亚洲之英国；然日本则为陆权国！日本海军瞠乎英、美之后；不过以为陆军之辅，而为之前哨，为之护航，开路登陆而已；其作用在大陆。田中之中心政策，为大陆政策；此日本之国策也。日本之战略，为陆权国之战略；而不借海军以缔造帝国，维护帝国。日本之登陆于朝鲜也，盖欲蚕食中国，延伸以至新加坡也。泱泱大陆，取之而置兵以守焉，自古以为难！然而以攻取论，海权国在海洋上，登陆不易；而陆权国壤土相接，只一举手一投足之劳，可以推锋而前。而以置守论，则有大空军与机械化之快速部队，可据点缘线以控制面；而大空军与机械化部队之建设，以比大海军为费省而力猛，进攻退守，事半功倍。现代化之军备，厥为海权陆权势力消长之区。昔日广袤之大陆，不易统治；而海洋则易于征服。今日则控制大陆，易于征服海洋；军事技术之改进，利于陆权；谭地理政治者，不可不察也！于是陆权国内线作战以占优势；而欧洲第二战场开辟之不易，不惟海权国虞外线作战之不利，而海军一旦失其所据，抑亦无用武之地！海权国外线作战，增援难而声势不接；内线作战则反是，声势接而供应不难；此陆权所以骤胜，一也。海权国备多而力分；陆权国节短而势险，以众击寡，实以我专敌分；二也。然则海权国将何道而以转败为胜耶？曰：海权国欲转败为胜，其战略必以海用陆，而其道有二：第一，得陆权国以为内线作战，而海权国自以外线供应。陆权国遇陆权国，而后势足以相持。苏联觅海口而不得；中国虽有海口，而海权国之势力倒灌，门户洞开；中、苏之为陆权国，抑亦不得不然；

而克以建立坚强之陆上阵地，掌握深广之后方陆地，岂不泱泱乎大空间国也哉！所以持久之大战日酣，在中、苏两战场也！日顿兵于中国，德挫锐于苏联，欲罢不能，情见势绌；世界大势，泱于中、苏；中、苏再接再厉以与德、日肉搏，亘月历岁，而势未堕。欲败德日，惟有陆战；海权国虽劳师以袭远，而攻之不得！欲败德，莫如增援苏联。欲攻日，必先增援中国。而海权国之战略，莫如外线供应，内线作战。海权国悉力以保持海上供应线，绰有余裕；而外线作战，声援不接，徒以堕军实而长寇仇；莫如供应陆权国以使之内线作战；分工合作，不劳事集。海权国一心并力以事制造运输，而不为外线作战之无谓消耗。陆权国得丰厚之军需供应，而运用大空间，动员大人口，反守为攻，以承德日之再衰三竭。德、日师老于中、苏，而财殚于英、美，旷日持久，何以济乎？其次，海权国如欲作战，必厚集其力，单刀直人以捣陆权国之心腹，而攻其本土；毋再分兵以株守一隅！在今日，海权国要塞尽失，尚有何地必置兵以守！而失地之规复，在以陆地为根据之同盟大战略中，视各地之人自为战为易！苟能败德、日以一蹶不振，则失地不收而自复！如欲败德、日，莫如集中兵力，反守为攻以直捣其国。希特勒向不虞人之攻，亦以自号于国人；而分兵四出，以为人为我攻，而后不暇以攻我。今以其人之道，还治其人之身，而引兵长驱以入其国；则希特勒必仓皇引兵以自返救；安暇占人之土地；而亦以失信于其国，人心惶扰，而希特勒亦必无措！则是以陆权国之战略，而海权国反用之！日本自明治维新以来，无战不胜；亦攻人而不虞人攻；穷兵黩武以求所大欲，劳师以袭远；一旦兵临三岛，而承师老财匮之余，亦必无以善后！此则海陆之权，屈伸之利，《孙子》之所未言，而地理政治学者之所欲究明也；用为补义以殿于篇云。

火攻篇第十二

（解题）曹操曰："以火攻人。"王晳曰："助兵取胜，戒虚发也。"

基博按：此篇历举火人、火积、火辎、火库、火队，以火攻佐战胜攻取。今之交战国，有以空军大举轰炸，而毁敌人之人民财产，物资军需者，不必古今异宜也。

孙子曰：凡火攻有五：一曰火人，

（训义）李筌曰："焚其营，杀其士卒也。"何氏曰："鲁桓公世，焚邾娄之咸丘，始以火攻也。后世兵家者流，故有五火之攻，以佐取胜之道也。"

二曰火积，

（训义）杜牧曰："积者，积蓄也，粮食薪刍是也。高祖与项羽相持成皋，为羽所败，北渡河，得张耳、韩信军，军修武，深沟高垒；使刘贾将二万人，骑数百，渡白马津，人楚地，烧其积聚以破其业；楚军乏食。隋文帝时，高颎献取陈之策曰：'江南土薄，舍多茅竹，所有储积，皆非地窖；可密遣行人因风纵火，待彼修葺，复更烧之；不出数年，自可财力俱尽。’帝行其策，由是陈人益弊。”张预曰：“焚其积聚，使刍粮不足；故曰：‘军无委积则亡。’”

三曰火辎，四曰火库，

（训义）杜牧曰：“器械财货及军士衣装，在车中上道未止曰辎；在城营垒，已有止舍曰库。其所藏二者皆同。”梅尧臣曰：“焚其辎重，以窘财货。焚其库室，以空蓄聚。”张预曰：“焚其辎重，使器用不供；故曰‘军无辎重则亡。’焚其府库，使财货不充；故曰‘军无财则士不来。’”

五曰火队。

（训义）李筌曰：“焚其队仗兵器。”张预曰：“焚其队仗，使兵无战具；故曰‘器械不利，则难以应敌也。’”

行火必有因，

（训义）李筌曰：“因奸人而内应也。”陈皞曰：“须得其便，不独奸人。”贾林曰：“因风燥而焚之。”张预曰：“火攻，皆因天时燥旱，营舍茅竹，积刍聚粮，居近草莽，因风而焚之。”

烟火必素具。

（训义）曹操曰：“烟火，烧具也。”梅尧臣曰：“潜奸伺隙，必有便也；秉秆持燧，必先备也。”张预曰：“贮火之器，燃火之物，常须预备，伺便而发。”

发火有时，起火有日。

（训义）梅尧臣曰：“不妄发也。”张预曰：“当伺时日。”

时者，天之燥也；

（训义）梅尧臣曰：“旱熯易燎。”

日者，宿在箕、壁、翼、轸也；凡此四宿者。风起之日也。

（训义）李筌曰：“《天文志》，月宿此者多风。《玉经》云：‘常以月加日，从营室顺数十五至翼，月宿在于此也。’”梅尧臣曰："箕，龙尾也；壁，东壁也；翼、轸，鹑尾也；宿在者，谓月之所次也。"张预曰："四星好风，月宿则起，当推步躔次，知所宿之日，则行火。"

凡火攻，必因五火之变而应之。

（训义）张预曰："因火为变，以兵应之。五火即人、积、辎、库、队也。"

火发于内，则早应之于外。

（训义）杜佑曰："以兵应之，使间者纵火于敌营内，当速进以攻其外也。"杜牧曰："凡火，乃使敌人惊乱，因而击之；非谓空以火败敌人也。闻火初作，即攻之；若火阑众定而攻之，当无益，故曰早也。"

火发而其兵静者，待而勿攻。

（训义）杜牧曰："火作不惊，敌素有备，不可遽攻，须待其变者也。"

极其火力，可从而从之，不可从而止。

（训义）曹操曰："见可而进，知难而退。"张预曰："尽其火势，乱则攻，安静则退。"

火可发于外，无待于内，以时发之。

（训义）杜牧曰："若敌居荒泽草秽，或营栅可焚之地，即须及时发火，不必更待内发作，然后应之；恐敌人自烧野草，我起火无益。汉时，李陵征匈奴，战败，为单于所逐，及于大泽；匈奴于上风纵火，陵亦先放火烧断蒹葭，用绝火势。"

火发上风，无攻下风。

（训义）杜牧曰："若风东，则焚敌之东，我亦随之以攻其东。若火发东而攻其西，则与敌人同受也。故无攻下风，则顺风也。但举东，可知其他也。"

昼风久，夜风止。

（训义）张预曰："昼起则夜息，数当然也。故《老子》曰：'飘风不终朝。'"

凡军，必知有五火之变，以数守之。

（训义）张预曰："不可止知以火攻人，亦当防人攻己；推四星之度数，知风起之日，则严备守之。"

故以火佐攻者明，

（训义）杜佑曰："取胜明也。"

以水佐攻者强；

（训义）梅尧臣曰："势之强也。"王皙曰："强者，取其决注之暴。"

水可以绝，不可以夺。

（训义）张预曰："水止能隔绝敌军，使前后不相及，取其一时之胜；不若火能焚夺其积聚，使之灭亡也。水不若火，故详于火而略于水。"

右第一节论火攻。

基博按：《孙子》之所谓"火攻"，近世则谓之"技术之破坏"。"技术之破坏"，盖作战方法之一；所以毁损敌人之物资，扰乱敌军之行动，而杀其战斗力者也。德国陆军参谋本部人员，合著《世界大战间谍史例》一书，其中于"技术之破坏"，尝详论之，以谓："今有敌之一军，被攻而退，将过一桥，设埋地雷，伺其过而炸之，则一举而敌军歼焉，大炮之威力，飞机之轰炸，无如是之烈也；为之者，或为我混入敌后之间谍，或为我之当地居民。今有敌军辎重之所集，设我间谍能抵巇而炸焉，则敌人何所资以作战！又如铁路者，敌人军队及辎重之所以运输者也；设能抵巇而炸焉，则敌人何所资以行军！破坏之事，随时随地，举凡车站、航空站、军营、官署、马厩、堆栈、仓库，凡敌人之所资以战争者，莫非我之所欲破坏；而执行者之混入敌后，或取道中立国，或自占领区域，或则借被俘之士兵。上次大战，英法联军间谍，即由瑞士、荷兰、丹麦、瑞典等中立国以潜入德境。或则假中立国以为活动之根据地。法国情报局驻瑞士京城伯尔尼，发踪指示以设计德国工厂之破坏；而德国莱茵费尔登之龙嘉工厂，几遭不测焉！又在瑞士谋用病菌以传染运往德国之牲畜，或注射以马疫菌，或散播毒药于运输车；于是德国之军用马匹，无不病死；而人传染，亦鲜幸免者！至其特务人员之自德国北境潜入者，则图炸毁威廉帝军港、桥梁、铁路及旁海之船坞；如假道中立国而不得入德境，则有乘飞机以降落山村荒野者！破坏之技术，以今日科学之进步，凡声、光、化、电之类，可资为工具者，无不应用，或以本人之夹带，或假礼物之馈遗。中立国人士或俘虏戚友所馈之物，如牙膏、香皂、可可糖、糕饼、香肠、自来水钢笔、铅笔之类，骤视之，零用什物，不盾意也；而孰知其可资以为‘火积’、‘火辎’、‘火库’、‘火队’之具！设有一自来水钢笔，所镌商标，金碧辉煌，名厂出品，形状颜色，无可疑者；然若拆视之，则为一猛烈之延期性引火机器也！方间谍混入兵工厂，或俘虏作业农场之际，试思有较易于遗一自来水钢笔于炮弹之堆，或谷仓之事乎？然而人未之觉也！及散工之既久，而兵工厂、谷仓以失火闻，原因何在，莫可究诘；盖所以起火之自来水钢笔。同归一炬，泯不留迹也。然技术之破坏，亦不必机器也。间谍之处境至危，十目所视；而随身事物，岂可钓奇以引人疑；尤莫如随时随地，因物而施：或涂牙膏于农业机器，或涂糖于交通工具之摩托，或撒沙于机器之齿轮间，或撒沙于火车之油管中，或毁电线以走电，皆可以为厉阶而酿大灾；然为之者，一举手之劳耳；不必用机器也；而人亦莫之察也！往者英、法间谍及其被俘之士兵，盖尝以留声机唱针潜置德军牲畜之饲料中，而牲畜之死者无算；于是德人遂叹食无肉！又尝播莠草之种于麦田，而以生瘢之烂薯，与好马铃薯相杂，使之并腐；于是德人遂苦食不饱！凡此皆轻而易举之事，而为害于民生者实大；亦所以耗我物资，而为技术之破坏也！夫石炭，至寻常之物也！今取石炭一块，凿一小孔，满贮黄色炸药，而暗置于待装运之石炭堆内；若为某轮船或某工厂所购用，于是此轮船与此工厂，不转瞬化为浓烟矣！肇祸者之行动，无从侦伺也！德国巡洋舰卡尔司忽号在航程中之卒遇爆炸，安知非此石炭阶之厉？然而不敢断也！战时工业，以此而毁者不少；而生命死伤，亦不可以数计！只以格里斯海门化学工厂及濮老恩弹药厂之爆炸而言，死者四百〇八人；物资之耗，尤不足道也！”《孙子》火攻之所欲为者，亦不外此而已！德国陆军参谋本部乃设破坏学校，以训练破坏之技术；而遣往各国之间谍，必卒业破坏学校焉！然德国参谋人员则以谓：“技术破坏之损失不赀，然尚不如精神破坏之足以损害国家意志，为祸烈也！”俟下篇详引之。

夫战胜攻取，而不修其功者凶，命曰费留。

（训义）曹操曰：“或曰：赏不以时，但费留也；赏善不逾日也。”贾林曰：“费留，惜费也。”张预曰：“战攻所以能必胜必取者，水火之助也。水火所以能破军败敌者，士卒之用命也。不修举有功而赏之，凶咎之道也。财竭师老而不得归，费留之谓也。”

基博按：“不修其功”，非谓有功之将士不赏也；谓徒有战胜攻取之事，而不修战胜攻取之功。《作战篇》曰：“其用战也，胜久则钝兵挫锐；攻城则力屈；久暴师则国用不足。夫钝兵挫锐，屈力殚货，则诸侯乘其弊而起，虽有智者不能善其后。”此非有战胜攻取之事，而不修战胜攻取之功者乎！“钝兵挫锐”之谓“留”；“屈力殚货”之谓“费”；故命之曰“费留”云。陈启天曰：“自‘夫战胜攻取’至‘此安国全军之法也’一节，与《火攻篇》之旨意全不相属，疑为《谋攻篇》之文错简于此者。”

故曰：明主虑之，良将修之。

（训义）贾林曰：“明主虑其事，良将修其功。”

基博按：两“之”字，皆承上文而有所指。“虑”者，虑“费留”之祸；“修”者，修战胜之功。诸家注欠分明。

非利不动，

（训义）杜牧曰：“先见起兵之利，然后兵起。”

非得不用，

（训义）贾林曰：“非得其利不用也。”

非危不战，

（训义）张预曰：“兵凶战危，须防祸败，不可轻举，不得已而后用。”

主不可以怒而兴师，将不可以愠而致战，合于利而动，不合于利而止；

（训义）梅尧臣曰：“兵以义动，无以怒兴；战以利胜，无以愠败。”张预曰：“不可因己之喜怒而用兵，当顾利害所在。尉缭子曰：‘兵起非可以忿也；见胜则兴，不见胜则止。’”

怒可以复喜，愠可以复悦，亡国不可以复存，死者不可以复生。

（训义）杜佑曰：“怒愠复可以悦喜也；亡国不可复存，死者不可复生者，言当慎之。”梅尧臣曰：“一时之怒，可返而喜也；一时之愠，可返而悦也；国亡军死，不可复已。”张预曰：“见于色者谓之喜；得于心者谓之悦。”

故明君慎之，良将警之，此安国全军之道也。

（训义）杜牧曰：“警，言戒之也。”张预曰：“君常慎于用兵，则可以安国；将军戒于轻战，则可以全军。”

基博按：“慎之”“轻之”两“之”字，皆承上文而有所指。君当慎于“以怒兴师”，则“非利不动，非得不用”，而国可以安；将当戒于“以愠致战”，则“非危不战”，而军可以全。

右第二节论战胜攻取而不修其功，不如修安国全军之道。

基博按：武论战胜攻取而卒归之安国全军，乃至曰“非危不战，主不可以怒而兴师，将不可以愠而致战。”则是用兵不如不用之安国，不战胜于致战之全军，而知武非倡战者也。而欧西倡战者之论则不然！美国哈佛大学哲学教授珊泰雅纳氏尝辞而辟之以著《战论》；其论以为：“倡战者之言曰：凡民族必于相当时间，有战争流血之事，而后能维持其民族之强盛，与勇武之精神；然而征诸吾人之经验，国富之耗竭，工业之停滞，文化之摧残，造成人民褊狭不仁之心理，而以授政府于暴人之手。忠勇之壮士，膏血原野；而羸弱残废以不差为懦怯者，乃以繁衍其种族；此非战争之罪乎！然则倡战者之言，岂不谬哉！夫战争之为残杀，不论其为对内对外，而要之人类文明之阻障，莫此为甚！观之古昔希腊及意大利之文明贵族，无不歼灭于战争之中；吾人当知今日之民族，非复古昔英雄之遗裔也，盖其时奴隶之云仍耳；观其躯干而知之矣。天下承平之既久，民生日即于丰亨，而有民族焉，张脉偾兴，不能安于无事；乃奋其久蓄不用之力，日以恣肆而图侵略者矣。不知自然之争，适者生存；而人类之相残杀，则优亡劣存而适得其反！世固有耀武扬威挺身于国际之角力场中，一举而歼其百战百胜之敌者，其必为新兴之邦，初胜自然，而未受人类战祸之伤耗者也。及其以兵力称雄于一世，渐且溺于华靡，习为战斗，而以自趋于衰亡，乃与向之所胜者前后一揆。于斯时也，又有新兴之邦国，英发之民族，未经战祸而力足以相制者，崛起而代兴矣。故以好战为勇者，何异以好色为爱哉！生斯世也，为斯人也，世途艰险，何适非是；血气之勇，虽若不可为训，而亦不可或缺。譬如临悬崖，登峭壁，非卤莽汉灭裂，有一往无前之锐者，未免胆战而神摇也！夫如是，岂得仅以粗豪视之！夫临大危，任大难，而行之坚忍，一旦希望之未绝，虽百折而不回，亦不过养吾勇以推极其致耳；岂非天下之美德哉！特是不畏艰难之精神，必用诸不可避免之危险，乃为可贵。若以不必冒之危险，而徒快一时之意气以为勇者，斯亦不足道也。世固有夸大自豪，徒以行险侥幸，肆好胜之意气，而逞一朝之忿者，若而人者，反道败德，岂可以美德视之！呜呼！士卒而好战，美德也！将帅而好战，危机也！使执政者而好战，则罪恶矣！”何也，以其非“安国全军之道”也。使执政者而好战，则国不得安矣！将帅而好战，则军失其全矣！夫不畏艰难之精神，必用诸不可避免之危险，乃为可贵。武所谓“非危不战”也。若以不必冒之危险，而徒快一时之意气；此武所为致警于“主不可以怒而兴师，将不可以愠而致战”者也。而其辞意之儆惕，殆有甚于武焉。然而执政者之好战，自古有之；在中国有秦皇与汉武，而在欧西则希特勒与拿破仑，煊赫一时，威殚旁达。拿破仑之好战者亡，已成历史矣；然而希特勒则何如？或者以谓：“希特勒之好战，与拿破仑同；而所挟持不同，今昔势殊，拿破仑以好战亡，而希特勒则有成功以无虞于败亡也！”顾哈佛大学历史教授布灵顿氏以一九四二年一月，揭载拿破仑与希特勒一文于外国杂志，而以阐明希特勒之不同于拿破仑者挟持；而必同于拿破仑者败亡；其词曰：“希特勒，果同于昔日之拿破仑乎？如强以历史之事实，相提并论，无当也！拿破仑以一八一二年六月进攻莫斯科，而以九月占莫斯科；希特勒以一九四一年六月进攻莫斯科，而至九月未抵莫斯科，就事论事，而希特勒之于拿破仑，即此一端，已不可同日而语！惟世人好引拿破仑之世以阐论今之世，而明其相同，以作预言。我亦何妨援古证今，而就两大时代以作慎密之勘论：如以人格之相同而勘论，亦无当也！拿破仑尝立圣海伦那岛以望英伦而大言诋諆；其后自谓故作大言以耸听闻。希特勒亦有此事，而发神经质之怒狂；传者言：亦出故意。斯二人者，皆可谓之自尊狂。然二人之社会背景，之教养，之训练，气质以及人格，无不大异；而就神经病以论二人之同，可谓知其一而不知其二也！又或以特殊战役相衡，谓拿破仑之骑兵，固不如希特勒坦克车兵之神速；然法军在一八〇六年大战耶拿以后，征服普鲁士之迅速与从容，适与德军大战色当以后，征服法国相同。然不能由此阐明斯坦因与哈登堡之革新政策也。吾之所以衡二人之同者，不在战役，不在人格，亦不以历史演义，而在社会史之发展。第一吾人之所欲知者：拿破仑用法国以宰制欧洲；希特勒用德国以宰制欧洲；而从拿破仑宰制欧洲之企图与其经历，何者为希特勒之所企图以曾经历者也。一七九二——一八一五年之世界战争，盖爆发于法国大革命之后三年。而法国帝制推翻以后，党派倾轧，暗杀盛行，强梁攘夺，宗教纷争，国是不定，莫衷于一；政权推移以渐入激进分子之手，而组织严密以能束缚驰骤其民者，莫如雅各宾党，劓断一切，其中枢日公安委员会；于时，民权剥夺，以行所谓恐怖统治，执政者为所欲为，恣行无忌，以至一七九三年，而恐怖政策，不仅以劓制于国内，抑亦以推行于国外。自一七九二年四月，爆发法国与普奥同盟之战，不久而演为第一次联盟之战；俄土两国而外，几乎全欧各国，皆联合一致以对共和法国作战。而法人之所为致命遂志以与全欧各国战者，有二目的焉；斯其敌人所认为互相矛盾者也：一从压迫中解放他国。二尽可能以将他国法兰西化而并入法国。在法人之拿破仑观之，盖两者并行不悖，而解放欧洲其他各国以予之幸福自由，莫如使之法兰西化而变为法国体制之一部也。既而师徒挠败，联军几逼巴黎。于是一七九三年，颁布全国征兵令，．以补卒伍，而军有增额。退伍之将校，亦见寇深国危，投袂以起，为国干城，而将不乏材。以及科学家、发明家、实业家，无不僇力以事战争。而猛将如云，应运以生；而拿破仑者，特其中之最伟大者耳！然而法人之所以再接再厉而有成功者，非法人之战斗力强也，则其敌人之力薄也！岂惟战略战术之太保守哉！抑亦不能联合一致以战法，斯法之所能以寡敌众而无虞心也！历史家往往将一七九二至一八一五年联合战法之国，列举如数家珍，似乎威震全欧，莫抗颜行！然一八一三年大联盟以前，未有一役而结合欧洲全部之力以与法战者也！亦未有一国而不受法国单独媾和之诱诳者也！独英国持以不懈，而与法国作战到底耳！然一八〇二年，英国亦曾一度与拿破仑签订友好协定也！拿破仑以一七九九年得政，而用一七八九年以后颁布诸项新律，举而措之以奠国基；法军已横越荷、比诸国，而侵入德、义矣，拿破仑乃自称法兰西皇帝，欲以宰割欧洲。方其威声赫奕，尝重绘欧洲地图，以明得意，夸成功。盖以法兰西帝国，由拿破仑直接统治；所谓法兰西帝国者，不仅旧法国而已；尚有比利时也，荷兰也，德国海岸及汉堡也，义大利北境之一部包括土伦、热那亚、巴尔马，以及远隔之土斯坎尼教城与伊里利安省，无不隶法兰西帝国之版图焉。此外则为藩邦，由拿破仑之亲属统治。所谓藩邦者，在一八一二年，有义大利王国，统治未并入法国之义大利北部中部，由拿破仑为国王，而派其庶子尤金为总督。那不勒斯王国由其内弟穆拉治之。西班牙王国则其弟若瑟夫治之。莱茵河联邦，掩有德国之中部及西部，以其弟为西法利亚国王而治之。此外尚有华沙领地，则以亲属无人，而派一非亲属治之。瑞士号称独立，而究其实，亦法国藩邦。此外则其盟国奥大利，与普鲁士，以亲旧日，版图大缩。至于斯堪狄纳维亚诸国，则亦不出拿破仑之高掌远蹠；其中瑞典以国王无子而认法国贝那多特大将为义子，立以为储王。当是时，俄罗斯，则以梯尔西特之约，而与拿破仑为盟也。展图以视，则欧洲大陆，无不为法兰西体系所囊括；只有两小岛，斯加尔丁尼那及西西里，在英国舰队保护之下耳！此外尚有葡萄牙，则由威灵吞大将以少数英兵驻守焉。然则英国，独逍遥于拿破仑体系之外，此固拿破仑之所不能忍也！拿破仑始得政以欲肆志于英也久矣！一八〇四年，法人出版一书，署曰《侵入英格兰》，描写法军曳大炮，登巨舰，浩浩荡荡，以渡英伦海峡，而英军之守海岸者不多，曾不足以当一击焉！盖以鼓军心，作士气也。拿破仑尝两集大军以临海峡，而望洋兴叹，塔尔法格尔之役卒无成功；于是改弦易辙以事大陆封锁，绝英国之贸易，不许交通欧陆，欲以阻塞通商者屈服英国；然而无望于饿死英国；以英国控制海洋，舰队纵横，运输四达；而工业化之程度，亦尚未至粮食不能自给也。然拿破仑之所以宰制欧陆者，亦岂徒恃军事之战胜攻取哉！抑亦得当地人民之同情而亲附焉；虽亲附之各地人民，不必多数；然在北义大利与莱茵区，人民之亲附拿破仑而响应，后先景从者，亦岂可以蔑视之少数哉！拿破仑师行所至，革新政治，从民之欲，风声所播，而亿兆归仁焉！是故拿破仑之用兵也，不徒用法兰西人，抑亦能用义大利人、波兰人、德国及其他非法兰西人，致命遂志以效驱驰。然不能尽人而悦之，则亦有其不服者焉！顽民蠢动，此伏彼起，绥靖之无方，不得不牵率法国大军以相镇压；而西班牙人民则自始迄终未尝就范也！一八〇七年，拿破仑以保护西班牙，防制英国为口实，而出兵西班牙以为镇压；若瑟夫遂称帝于玛德里，拿破仑自诩成功；然西班牙人民之骚动，伏莽遍地，遂以牵制拿破仑之精兵不得动，而伺间出没，成为游击，为日之既久，士兵亦耗，而法兵之可用者少矣！及一八一二年，拿破仑强俄国沙皇绝英交以不与通商，沙皇计未定；拿破仑怒，以为观望也，出兵攻俄，而拿破仑之末日至矣！及其兵顿莫斯科，大败而退，锐卒尽丧；欧洲各国知其无能为也，于是合而为一；然而难矣！夫以拿破仑百战百胜之威，虽败于莫斯科，而莫之敢睥睨，咸以为拿破仑可败而不可胜也；可以溃败不自收拾，而不可以力征经营也！使非英国政雄，发纵指示；亚历山大、梅特涅及普鲁士建国诸杰，奔走游说，殚心极虑；何望欧洲各国之合而为一以出兵也！拿破仑情见势绌，而欧洲各国之联军以成！拿破仑节节败退，联军着着胜利，拿破仑之声威渐堕，而联军之声势益壮！一八一四年滑铁卢之役，拿破仑虽败犹雄，而盖世之雄，卒囚荒岛！此拿破仑所以百战百胜，而不振于一蹶也！然而希特勒之视拿破仑，今日之德以视昔日之法，则何如？当日法国之雅各宾党，可比为纳粹党。法国之革命警察，可视为盖斯塔波。义大利与德国境内之侵法分子，可称为第五纵队或吉士林。法军一八〇六年耶拿之役，可喻为闪电战。而拿破仑毕生之所力征经营，可以谓建立欧洲新秩序。此外一八〇二年，英国与拿破仑订立友好协定，亦如一九三二年之慕尼黑协定，视为英国绥靖拿破仑之企图。至于利用国内革命运动所发挥之力以征服欧陆，希特勒之与拿破仑，咸能善用其民以跻于成功。及其战胜攻取而得国也，尤能组成一种超国家之机构，以绥靖地方，掌握治权，则拿破仑之所同。然拿破仑高掌远蹠，欲以跨海征英，而无成功；既不得志于北海，又欲肆其东封以征俄，而大败；而究其意念之所经营，毕生之所尽瘁，则欲宰制欧洲大陆以成超国家之体系，而以统治于法国；顾功败于垂成，而以一蹶不振！持此以衡，而希特勒亦必失败如拿破仑。惟拿破仑之败以上溯法国大革命，前后二十五年；而希特勒之岁月几何，则未敢悬断？然而言不可以若是其几也！则以吾人之今日，成败利钝，所持以决者，有为拿破仑当日之所不知；则希特勒之必败，亦未易以拿破仑为衡也！一年以前，英伦三岛，几为希特勒部队所侵入；而去年下半年，莫斯科亦濒陷落；果尔，则希特勒之声威，寖驾拿破仑而上之；然而不然！希特勒之封锁英国，以视拿破仑为烈；盖英之粮食，已不能自给也！然大西洋之战，英虽未胜，而已于英有利，抑希特勒之视拿破仑，尤多一美以为强敌焉！假使英国不支，希特勒岂即成功；而隔大西洋之美国，充裕之物资，敌忾之精神，殆希特勒所不敢正视而不敢不视；较之当日拿破仑之于隔海峡之英伦，有过之，无不及也！然则希特勒虽不遽败，抑亦未必以幸胜！顾希特勒虽未能胜，抑亦未征其遽败。何者？则以新武器之发明，及其所以控制被征服民众之法，殆有拿破仑之所未知未用也！第一，飞机、坦克、机关枪，以及其他新武器之猛烈运用，苟为少数之德人所握有；则凡从前西班牙人、德国人及其他颠覆拿破仑之民族反抗，在今日已不可能！民族反抗，纵有英雄，出以游击，而不得大量之新武器以为用，制梃以挞，攘臂而扔，徒自杀耳；宁有幸乎！其次，控制舆论之方法及其工具，亦非拿破仑当日之所知，而足以济新武器威力之所不及！例如无线电，大规模之廉价印刷，强迫教育，群众心理之把握，凡此皆足资德人以转移民众敌忾之心，而消其反抗。果若所云，则当日之拿破仑虽败，而今日之希特勒，可以不败。飞机、坦克，一日为德人所有；而被征服之人民，徒手岂能以相抗，则不得不以多数而受控制于德人之少数！然飞机、坦克，岂民间之所得秘密制造，私自散发，此为不可争之事实。然则西班牙人民之游击反抗，岂希特勒此日之所患；只可以困当日之拿破仑耳！不知拿破仑之当日，民众抗战，如无正规军以为后盾，则亦何能为役也！特以威灵吞屯军伊比里安半岛，而后西班牙人民叛服不常。特以拿破仑大败于莫斯科，声威扫地以堕，而后各地人民之反抗，继长增高也。今苏联倾国之力，再接再厉，以与希特勒作殊死战，相持于东而不得解；而英军之制空权日以扩大，常欲掩护海陆军登陆西大陆，乘瑕抵巇，以拊希特勒之背；树敌日众，而希特勒征服之国，民未亲附，安能无贰于希特勒以坐受宰割；怠工破坏，一如拿破仑之当日；而以生产及政治机构更为微妙之故怠工破坏之效果，则视拿破仑当日为大！倘以少数握有新武器之德人，便可永镇一国而以无虞耶？苟非德国人之超人，铁铸心肝，则不可能！然而德国人亦人也！既亦为人，人心肉做，何能一息不懈以永保尊严！及当地人民相处之日久，久而相习，交亲为娱，且以喜乐，且以永日，人情不能有张而无弛，而张之日久，一弛则不易复；往还既狎，纪律以废！而按之历史，纵有纪律严明，膂力方刚之青年占领军，屯戍既久，无不弛弱！我闻在昔：斯巴达人之大捷于倍罗波内亚一役也，遂有希腊，而镇以最精锐、有纪律之青年士兵；所以整齐其卒伍，训练其身心者，自童稚以迄成人，视纳粹为久，而亦视纳粹为严；然第班之驻军，以为莫敢余侮也，不几年而腐化不堪；遂为第班人一举而逐之境外！世论以为新武器，可资德人以永久占领人国，而莫之抗行者，岂不持之有故。然新武器，不能不以人用；而人之腐废，抑新武器亦将莫为用！机关枪、坦克车、俯冲轰炸机之与短枪、梭标，新旧武器之不同，自不为量而为质；顾谁则信一八一〇年之法兵，与一九四二年之德兵，人性之不同，抑如新旧武器之悬殊乎！假有人而信焉，则无异于信魔术尔！德国人所资以奴役被征服国家者：第一新武器之酷烈。其次宣传之诳惑。希特勒之宣传，乃所以超于拿破仑，而为一种魔术；此固赞颂希特勒者之所艳道也！德国人手中之新武器，不过挟以镇压被征服民族抗叛之工具；德国人手中之宣传，则可以进而消灭被征服民族抗叛之意志焉！一两年前，无人不言纳粹党人，厥为欧洲各国群众反叛之鼓动者；无一国之群众，不欲欢迎纳粹党，而觊以得解放者；而吾人民族主义之所导扬，如习惯、风俗、利益、理想等等，无不失其作用；此希特勒宣传之成功也。然而希特勒之成功日增大；而各征服国反抗希特勒之意志，亦即民族主义之意志，随希特勒之成功以渐增大！此何以故？盖宣传之为法，希特勒能用，吾人亦岂不能用；自无线电广播，以至走私之印刷品，百出其途以渗入沦陷各国；德国人无法加以制止；亦如拿破仑之无法制止德国人当日之私读阿尔思特爱国诗歌同。德国人不能发明一种魔术，以禁止其他征服民族，读其嗜读之书，听其喜听之言；而吾人之宣传，深入心通以日起而有功矣！抑德国人，所作所为，远不如法国人在十九世纪之得人同情！法国人当日之所措施，亦或与自由、平等、博爱，所以为号于天下之三者相反；而自由、平等、博爱三者之为词，往往引欧洲其他民族之同情，而得其欢迎。今德国人之所以号于捷克、波兰、塞尔维亚、法兰西以至义大利人者，为何如乎？则以日耳曼人为天之骄子，而宰制世界民族之武断论也！及其措之以行事，则为控制，为民族之不平等，为思想，言论之不自由，欲相安于无事而不得；而民族主义之意志，日以滋长；铤而走险，伏莽四起；抑更何待吾人之宣传也！德国纳粹握有现代之新武器，而以实施有系统、有目的之残酷政策，宰制欧洲，几为欧洲有史以来所未有！可以使被征服之民众，啼饥号寒，捄死之不遑，奚暇他图；而以消失其反抗之体力及意志。可以锄诛豪俊以除人望，而以消灭其反抗之领袖；氓之蚩蚩，以供奴役，莫有豪杰为之倡，只有俯首受驱策。此固纳粹理论家之所鼓吹也。不知人类有超凡不可思议之反抗本能；而有悠久之历史，有卓越之文化以有自骄传统之民族为尤甚！设以医药为喻，苟非纳粹之毒菌，致人于死；而被征服之人民，则必能自在其身，渐以岁月而培植抗毒素，以致纳粹于死。孰为成功，固难逆睹；而按之历史，常以证明抗毒素之培植成功者为多，不暇一一以举也！凡一政府，无不得人民之同意以相支持。如或有人以为迂阔而远于事情；吾人不妨扩而充之，而曰政府者，不得不恃人民之同意与习惯以支持者也；人民习惯成自然，则亦不同意而同意矣！然习惯，非一朝一夕之所养成，无不渐以岁月之久。而英美与苏联，岂容坐视德国之在欧洲大陆，养成人民服从新秩序之习惯，而予以岁月之从容者；有以知其必不然矣！昔日之英国与俄，尝予拿破仑以十五年之岁月；然而拿破仑未有余暇以成功新秩序也！然新秩序之成功未易，而希特勒不能以自制止！何者？盖希特勒之自尊狂，不容希特勒之知难而退，适可而止；方张皇六师，南征北讨；非希特勒知穷能竭，非德国人人人筋疲力尽，而以僵殕不起；其势不可以已！然而希特勒之恶稔，德国人之骨枯矣，髓竭矣！然则民主国家今日之大患，不在希特勒之能成功，而在民主国家人士之谰言无稽，以为希特勒必无不胜，助之张目；亦如一八一〇年之欧洲人士，以为拿破仑之必无覆败同！然拿破仑之覆败终至，而希特勒之胜利，亦岂有幸！”终亦必亡而已矣！然则“好战者亡”之果为金科玉律，而无间于东海西海！于戏！《传》不云乎！“忘战者危，好战者亡”。“忘战者危”，“危而不战”者也。“好战者亡”，“非危而战”者也。惟国有“危而不战”者，偷生视息以苟安于一旦；而后“非危而战”者，得以狡焉启疆而逞志焉！然则“好战者”之罪，抑亦“忘战者”有以阶之厉也！夫“非危不战”，则危而必战，不好战，亦不忘战；国可百年无战，而不可一日不备战；故曰：“明君慎之，良将警之，此安国全军之道也。”为国者尚知监哉！于戏！“危而不战”，法之所以溃也！“非危而战”，德、意、日之所以耗也！“非危不战”，“危而必战”，斯则中、英、苏、美之所以保大定功而安民和众者也！

用间篇第十三

（解题）曹操曰："战者，必用间谍以知敌之情实也。"李筌曰："《孙子》论兵，始于计而终于间者，盖不在以攻为主。"郑友贤曰："或问间何以终于篇之末？曰：用兵之法，惟间为深微神妙，而不可易言也；所谓非圣智不能用间，非微妙不能得间之实者，难之之辞也。武始以《十三篇》干吴者，亦欲以其书之法，教阖闾之知兵也。教人之初，蒙昧之际，要在从易而入难，先明而后幽，本末次序，而导之使不惑也；是故始教以计划校算之法，而次及于战攻、形势、虚实、军争之术，渐至于行军、九变、地形、地名、火攻之备，诸法皆通，而后可以论间道之深矣。噫！教人始者，务令明白易晓，而遽期之以圣智微妙之所难，则求之愈劳，而索之愈迷矣；何异王通谓不可骤而语易者哉。或曰：庙堂多算，非不难也，何不列之于终篇也？曰：计之难者，经之以五事，校之以七计而索其情也。夫敌人之情，最为难知，不可取于鬼神，不可求象于事，不可验于度；先知者必在于间。盖计待情而后校，情因间而后知，宜乎以间为深，而以计为浅也。"

基博按：先胜而后求战，知己知彼，百战百胜，为《十三篇》

之纲领；而欲知彼，莫亲于间，莫密于间，故以“用间”终于篇。先计而后战，故校之以计而索其情，曰：“主孰有道？将孰有能？天地孰得？法令孰行？兵众孰强？士卒孰练？赏罚孰当？”不知敌之情，乌乎校以计？间者，计之所以成始而成终也。故以计始，以间终；而卒言之曰“此兵之要，三军之所恃而动也。”方今列强并峙，纵横捭阖，战争有时而停，五间无时不用。角智争力，莫密于间，博访以资众论，沉思以审敌情；微乎，微乎，无所不用间也！《孙子十三篇》指要，可以“间”、“计”、“形”、“势”四言赅之。“间”以知敌；“计”以决战；“形”有定而“势”无常。“势”者，因利而制权；惟“虚实”、“奇正”足以尽其用。

孙子曰：凡兴师十万，出兵千里，百姓之费，公家之奉，日费千金。内外骚动，怠于道路，不得操事者七十万家。

（训义）曹操曰：“古者八家为邻；一家从军，七家奉之；言十万之师举，不事耕稼者七十万家。”杜牧曰：“古者一夫田一顷；夫九顷之地，中心一顷，凿井树庐，八家居之，是为井田。怠，疲也；言七十万家，奉十万之师，转输疲于道路也。”

相守数年，以争一日之胜，而爱爵禄百金，不知敌之情者，不仁之至也；非人之将也，非主之佐也，非胜之主也。

（训义）梅尧臣曰：“相守数年，则七十万家，所费多矣；而乃惜爵禄百金之微，不以遗问钓情取胜，是不仁之极也。”张预曰：“辍耕作者七十万家，财力大困，不知恤此，而反靳惜爵赏之细，不以啗间，求索知敌情者，不仁之甚也；不可以将人，不可以佐主，不可以主胜，勤勤而言者，叹惜之也。”

故明君贤将，所以动而胜人，成功出于众者，先知也。

（训义）梅尧臣曰：“主不妄动，动必胜人；将不苟功，功必出众；所以者何也？在预知敌情也。”

先知者，不可取于鬼神，不可象于事，不可验于度；必取于人。知敌之情者也。

（训义）梅尧臣曰："鬼神之情，可以卜筮知；形气之物，可以象类求；天地之理，可以度数验；惟敌之情，必由间者而后知也。"张预曰："鬼神，象类，度数，皆不可以求先知，必因人而后知敌情也。"

右第一部论用兵，必知敌之情；而知敌之情，必取于人以用间。

基博按：间之为用，匪惟以知敌情！亦可以伐敌谋！昔在战国，六国之卒并于秦，岂诚秦之善伐兵，抑亦秦之能用间也！秦使王龁攻上党，拔之，上党民走赵。赵廉颇军长平，以按据之。龁遂攻赵；廉颇坚壁不出；索战不得。秦使人行千金于赵，为反间曰："秦独畏马服君之子括为将耳！廉颇易与，且降矣！"赵王遂以赵括代颇将，出兵击秦，战不利；秦射杀之；卒四十万人皆降。赵人大震，割地以和；则用问之成功也！既而秦伐赵，围邯郸。魏王使晋鄙救赵；次于邺，畏秦不敢进。魏公子无忌袭杀鄙，夺其军以进，大破秦军邯郸下；然不敢归魏，使将将其军以还。秦使蒙骜伐魏。魏王患之，使人请无忌趣驾还魏，以为上将军。遂帅五国之师，败蒙骜于河外，追至函谷而还。秦既败于河外，使人行万金以间无忌，求得晋鄙客，令说魏王曰："公子亡在外十年矣！今复为将，诸侯皆属；天下徒闻信陵君，不闻有王矣！"秦王又使人贺无忌曰："得为魏王未也？"魏王信之。使人代将。于是无忌谢病不朝，醇酒妇人，以酒色自杀。魏迄不振以至于亡；则用间之成功也！秦王翦伐赵；赵以李牧为大将军，御之。牧，良将也，尝败秦师；秦多与赵嬖臣郭开金，使言牧欲反。赵王使赵葱、颜聚代牧；牧不受命；遂捕杀之。而王翦大破赵军，杀赵葱，颜聚亡；遂克邯郸，虏赵王，而赵以亡；则用间之成功也！后胜相齐，与宾客多受秦问金，劝王朝秦，不修战备，不助五国攻秦；

秦以故得灭五国，而灭燕之后，乃自燕南攻齐，猝入临淄，民莫敢格者，而齐以亡；则用间之成功也！方六国之未亡也，大梁人尉缭来说秦始皇曰："以秦之强，诸侯譬如郡县之君臣；但恐诸侯合从，翕而出不意；此乃智伯、夫差、湣王之所以亡也！愿大王毋爱财物，赂其豪臣以乱其谋；不过亡三十万金，则诸侯可尽！"始皇从其计，而亦用客卿李斯谋，阴遣辩士赍金玉，游说诸侯，厚遗结其名士，不可下者刺之，离其君臣之计，然后使良将将兵随其后；数年之中，卒兼天下。呜呼！此则传授心法，近代德国之所小用小效；大用大效；而东海西海，不得不谓之心同理同者也！德国战略，一本克老山维兹；而克老山维兹著论，每谓："如能操纵敌国之舆论，以煽诱敌国之人心，使之厌战而自为瓦解，夫如是，其孰能御我！"呜呼！此固秦之所以施于齐，而尉缭、李斯之所为教始皇者也！方第一次欧战胜负未分时，德人以巨金饵英、法、俄之政客及新闻家，昌言和平以抗政府之作战计划，而德之间谍与中立国之说客，接迹于协约诸国之境，以欲行克老山维兹之论；然而未有成功！及二十年后之今日，希特勒喑呜叱咤，纵横欧陆；人皆震于闪电战之成功；而莫知其用间以先闪电战也！其指要具见《谋攻篇》。一九三四年夏，奥国总理陶尔斐，以希特勒并奥之图日急，欲赴义大利，访墨索里尼商谈以乞援；未及行而叛从中起，总理官邸为人所袭以刺死；则希特勒之所发踪指示也，而奥遂以坐并矣！法国外长巴尔都亦鉴于希特勒之咄咄逼人，而以是年夏，在日内瓦，向李维诺夫商谈，而欲引苏联以人国联；又历聘波兰、罗马尼亚、南斯拉夫及捷克诸国，欲以订约互援，而合纵抗德；顾道出于奥，火车被炸，仅乃得免；而是年十月，卒在马赛与南斯拉夫王亚历山大同乘而出以俱被刺死；亦希特勒之所发踪指示也；而法之主持外交以抗希特勒者无人矣！波兰之未用兵也，而波兰军部所以动员及对德作战之计划，有图有说，朗若列眉；德军参谋，莫不人手一册焉！挪威则德军登陆，戍兵有枪无弹，徒手欲奋，而将校制止以降于德也！荷兰之军，方抗德以力战，而德国间谍之预匿荷境者，从地上以显信号，接应空中陆战队，导之降落，杀人放火，乱从中起，而军心摇动，遂以大溃！比利时之列日要塞，挨宾挨马利军港，匠心经营；其图早为德之间谍所得，而献于陆军参谋本部，按图制型，配备兵士，由大将指挥，此攻彼守，反复演习，以明如何攻取之法；此所以斩关夺隘，如驾轻车，就熟路也！法国，则以莱诺内阁之阁员，其中数人，早与德国间谍有连，而嗾达拉第，以掣莱诺之肘，议论纷纭，国是未定，临敌易将，陈兵纵横；而大将如甘末林、贝当、魏刚之徒，不知不觉，为德国间谍之意识所浸润，以谓："战德而胜，英则声生势张，于法何利焉！"法国对德之胜利，无异法国工人对法国资本家之胜利！防苏甚于惧德，疑德亦以猜英，始而按武不动，继则举棋不定；然后希特勒乘其不虞以推锋直入耳！南斯拉夫之大将，第一次大战，皆尝服务于奥大利帝国军队，而倾心于德；希特勒遂因而用之；其中科见耳尼克将军者，盖发踪指示以颠覆南斯拉夫，而成希特勒之胜焉！岂果闪电战之有以战必胜，攻必取哉！所谓闪电战者，不过以侈声威，资恫喝而已！希特勒之将侵挪威也，德国驻挪威公使布罗埃尔博士以一九四〇年四月五日之夜，开电影会以延嘉宾。挪威政府之内阁阁员、海陆军大将，以及国会议士、新闻记者、名媛贵妇，无不人得一柬，其上书曰："请观名贵之影剧！"裙屐毕集，二百许人，而睹所谓名贵之影剧者，盖波兰闪电战之一幕，而德国空军之轰炸波兰各都市也；巨弹纷飞，颓垣一片，断胆折足，通衢横尸，绘影绘声，观者神耸！剧终而宴，宾主酬酢，举杯相碰，主微语曰："诸公今日观剧，亦有动于中乎？"座客相顾，莫知所对！布罗埃尔博士乃正色相告曰："诸公！此非战争之电影也！盖诏吾人以不走和平之门，糜烂其民而战之，其殃祸必至于此！诸公触目惊心，意者无不反战也！敢举觞以为诸公寿！”一饮而尽，战胜尊俎；不四日，而德国福尔格霍斯特将军帅其众一千五百人，导以挪威骑巡六人，而安步徐行以入挪京奥斯陆矣！顾三万人之奥斯陆市民，夹道骤观，不以一弹相加遗；则慑于闪电战之声威也。然而闪电战果何如？闪电战者，德国兵家本谓之闪击战；盖开战之先，不警告，不宣战，突以闪击，而乘一国之不虞，未及动员，而其国破，其军溃。然闪击一国，非大军不为功；而大军之动员集中，亦必有其时；何得人之不知，而可以乘其不虞！墨索里尼之闪击阿尔巴尼亚也，十日之前，阿人知之；虽击而不成闪也！闪击战之大演习，厥为一九三六——一九三八年西班牙之战！德义联军以援佛朗哥，海陆空军无不出动；而西班牙共和政府之军备窳陋，不如德义之坚锐，人所知也！然顿兵玛德里，久而不克！于是德人设炮兵学校于玛德里附近，两年以内，更替派遣见习军官及炮手向玛德里射击，以试验克虏伯炮厂之出品。然玛德里坚守如故；而不得不用间以促西班牙政府之内溃，而有成功！然后德国兵众知闪击战之不足以摧武器精良，人民惯战之捷克；而尤无法以突破苏台山地要塞！于是捷克内政部长，撤退苏台宪兵，开门揖盗，苏台党声生势张，里应外合，而以成捷克之亡！则是闪击战之无成功，而成功于用间也！及一九三九年九月波兰之战，而闪击战之声威大张；而闪电战之名以起！然细按其实：希特勒之侵波兰也，以步兵四十五师，每师一万六千人；而波兰有步兵四十二师，每师一万零五百人，则是以四十二万人，而当德军七十二万人也！而波兰重炮，以六百门，当德军之一千四百门；轻炮，以二千四百门，当德军之三千一百门；平射炮，以六百门，当德军之四千七百九十门；坦克车，以九百一十辆，当德军之三千三百五十辆；飞机，以一千二百架，当德军之二千五百架；寡固不可以敌众，弱固不可以敌强；然而华沙一役，德之仑加耳得坦克车师，不足以当波兰迎头之击，而溃不成军焉！及一九四〇年五月，希特勒以步兵一百零七师，坦克车十师，分布荷兰、比利时及卢森堡之沿边，以进攻英、法、比、荷四国联军；而四国联军仅有步兵六十三师，骑兵六师，轻装机械化部队四师。德国之一坦克车师，有坦克车四五百辆，而法仅一百八十辆。飞机，则以一千三百架，当德军之五千架；固已寡不敌众，而重之以四国联军，各有统帅，意见横生，号令不一，此进彼退，未能同仇以僇力；然而德之坦克车师，亦有以轻敌锐进，而为法军所歼灭者；非无偾军覆将之事也！及联军既溃，而德兵追奔逐北以入法境，有步兵一百三十五师，坦克车十二师；而法则仅有步兵九十五师；机械化部队，溃败无几；而法之领空，尤为德国空军所控制；固知无能为矣；亦以众寡之兵，既不相如；而坦克车师、空军之势，又甚悬绝也！至于希腊，则希特勒以倍众之兵，作闪电之势，而乘希腊与义相持之已敝，步、骑、炮、空，及锋而试；然美达克萨斯战线，德以大败！使希腊并力反攻，德亦何为；而诸将无心敌忾，则以诸将之次且怯懦，而成闪电战之胜也！及希特勒之进攻苏联也，而苏联霍斤少将著《骄德之妄想》一文，其中谓："一九三九年以至一九四。年，德国军阀之所以耀武扬威，自夸常胜者，岂诚国社主义之有力；而国社间谍，煽其国之贪人败类，叛变卖国，里应外合，以成希特勒之无敌耳！其实希特勒之军，几见真能突破人国之坚固防线！波兰之西境，未尝设防；而法之北疆，防线脆薄，则有若无；至马奇诺防线之突破，则睹我红军之有法以突破芬兰曼纳林防线，而有所鉴观以策动者也！然而曼纳林防线者，德国军事家之所设计指导者也！然则德军之无敌，希特勒荒唐之言耳！"希特勒之伐人国也，先以政客游说，间谍操纵，离其人民，溃其腹心；然后随以大兵，以众暴寡，以疾乘猝；此其所以无敌，而传授吾尉缭、李斯之心法者也！抑希特勒之狡焉思逞，胜败兼权，岂特以离其人民，溃其腹心，制胜而以肆兼并；抑亦以离其人民，溃其腹心，抹败而以贻后灾！方大举侵苏以无成功而其徒戈培尔宣言：“万一德国溃败，必彻底破坏一切被征服之国家！”所谓彻底破坏者，不惟破坏其财产物资，抑亦破坏其精神心理；制造阶级之仇恨，潜伏政治之纠纷，以策动其国之内战，而使之不暇复仇！柏林人士，亦不讳言：“设法于德军离去时，务使每一国家无不发生无政府之状态，而为互相仇杀之战争！”处心积虑，其道多端：一曰利用贫民之饥馑。饥馑者，希特勒用以在西欧创造阶级仇恨与分裂之主要工具也！国社党，自始即利用饥馑为政治技术之一！盖人民而饥馑；体力不振，精神亦耗，何来抵抗之毅力，自然为奴以低首！至一九四二年以后，法国、比利时、挪威、奥大利以及波希米亚等地，粮食缺乏，饥馑以甚！于是国社党又利用粮食之缺乏以破坏被征服民族之民族精神与团结；分配不使平均，应得不予以得，而鼓励黑市以鼓励仇恨，膨胀通货以膨胀混乱；皆预为德军撤退时，而以为其国内乱之种因也！何以言之？德军占领当局，未尝不禁止粮食之黑市，而诛戮黑市交易之人；然究其实，则国社党制造黑市以有阴谋！凡占领国之食品，无不予取予求以输供德国；而民间之肉类、鸡蛋、牛乳、牛油以及蔬菜，久已搜索无余；然使有钱，未尝不可以得之于私贩；而私贩，则得之于德国秘密警察；价格之昂，有时超过最高法定价格五十倍，而大多数人民之所无力购买；然此正国社党之所欲也！盖欲获巨额之金钱以购黑市之物品，惟有作卖国贼，而效忠于德以出卖其灵魂，乃能有此获耳！国社党由于上次大战之经验，而知惟有粮食发生黑市，有钱得食，无钱挨饿，最足以造成民间之仇恨而自相残杀；今乃倒行逆施而播其毒于占领国，以使比邻相憎，同国互仇，贫民怨憎富人，工人憎恨农民；一旦德军撤退而靡所制裁，其民自起仇杀之不暇，而暇组织以必报德乎！此鼓励黑市以鼓励仇恨也，抑通货膨胀，亦欲以膨胀混乱！德军以占领费用，悉索敝赋；而其占领国之政府，则以供应军需，支出不赀；农工生产，只以输贡于德国而无自给！货币之紊乱，通货之膨胀，不得不相随而至；而德军占领当局，则加速其膨胀，而促进于崩溃！军用票之在占领国，固视以为合法之货币，而发行之数量，漫无限制！当其占领国政府大声疾呼以激发其人民之爱国心，而力求节用，以制止通货膨胀之狂澜；而占领当局，则源源发行无代价之货币以购买一切！每当法国及荷兰政府之在币制渐能稳定时；则占领当局必以鼓励购买之狂潮，而增加流通之币额；于是币制之稳定者，复返于不稳定！盖国社党深知一国民意之沮丧，莫过于不可控制之通货膨胀！希特勒之所以能得政，亦以当日德国之通货膨胀，以造成经济之崩溃，心理之混乱；而民众对民主政体之信心全失！惟通货膨胀，而以发生各阶层人民之互相嫉视，莫不以自身之疾苦，归咎于他人之优裕！惟通货膨胀，而中产阶级以毁灭，而以丧失其对自由制度之信心！惟通货膨胀，而以造成人民侥幸之心理，予投机者以非法营利之机会，而政治日以腐化，风俗日以放僻！于是国社党知占领国之势在不得不放弃；然代之而起之新政府，苟非有力以阻止通货膨胀，则必在短时期内崩溃，而无法以获得人民之支持！惟通货膨胀，可以阻其占领国之经济复兴，而社会崩溃，人民丧乱愈益混乱！此以膨胀通货而膨胀混乱也！二曰污蔑正人之信用。一国之亡也，必有一国之贤豪长者，矢志忠贞以为其民众之所仰赖，而不为德军占领当局所用！顾众望所归，德人知戮辱及之，身价益高；则转而示有勾结，加以亲礼；或占领当局，数数造访；或延以汽车，招摇过市。捷克之亡也，有一律师，积年不屈，闭户著书，德人无如之何！既而国社党报，忽播新闻，谓律师之法学名著，已为占领当局所选定以译德文；舆论大哗，众望立堕！然而众望既无所归，民志以何抟一！纵一旦德军撤退，其人亦无法自白以起而抟一民志，领导复兴！人怀自疑，此固德人之所欲也！三曰强征占领国壮丁以伏内衅。希特勒征遣西欧及中欧诸征服国青年数千百万以输运入德；论者以为由于德国人力之缺乏，而征以为劳动之服役！顾究其实，希特勒征遣之人数，远超过德国之所需要；而所征遣者，多血气方刚，能反抗之人；而阿附以呈身国社党者，则不征遣！柏林人士不讳言以为人质；而国社党之在法国，波希米亚及荷兰宣言："如德国胜，必有归来之日！"易言之，即德国败，将无归来之望！此其用心，不惟英、苏解放军来临之时，而血气方刚，能反抗之人，既以征遣，而揭竿以应者之无几也！方今法国、荷兰及挪威，无一家，不有一儿子、一父亲或兄弟以征遣人德；德人以为人质，如其家人有揭竿以起，则枪毙之无贷！及德人不支而大败，则其占领之国，必有人痛心疾首于德而高唱无条件投降；亦有人为其父子兄弟怀忧而欲姑息；意见横生，而同仇敌忾之志以杀矣！四曰挑拨巴尔干民族仇恨以自残杀。国社党之占领波兰及塞尔维亚，所毁者，人民之肉体；在法国及波兰，则毁人民之灵魂；而在东欧，所持以为毁灭社会政治之武器，厥为巴尔干之民族主义！德人千方百计以煽动民族仇恨，鼓励民族野心；一旦为盟军解放，而巴尔干各国人民，必不暇以援应盟军，而互相混战以不反兵于德；而德人之狡计售矣！南斯拉夫之国，有塞尔维亚人，有克罗地人；而德人则使之各自为政！塞尔维亚之自治傀儡，屠僇境内之克罗地人；而克罗地人之傀儡政府，亦屠其境内之塞尔维亚人以为报。德人之告塞尔维亚人曰："吾军之来，克罗地人实召之！"而告克罗地人则曰："塞尔维亚人而胜，则克罗地人无遗种矣！"一旦德军撤退，而克罗地人之惧塞尔维亚人以甚，塞尔维亚人之恨克罗地人则深，亦何望言归于好以携手建国哉！报载南斯拉夫游击队之内部冲突，亦由于塞尔维亚人与克罗地人之仇怨！然两族之游击队，莫不矢志以反日尔曼，及国社党；而国社党则利用两族之相互仇怨，以使之相互攻击，而忘大敌之当前；此德人之狡也！德人之于捷克斯拉夫也，则扶植斯洛伐克人以鼓励斯洛伐克民族运动！斯洛伐克之农民区，向为捷克文化政治落后之区；德人则予以自治，建之为国；而以示异于捷克立国时之所以待斯洛伐克人！斯洛伐克人虽不悦其傀儡政府；而一经自治独立，则无望其再为捷克之附庸！一旦捷克复兴而自治政府取消，则政府之官吏失业而无望其插足于捷克政府！亦有工人商人，资国社党之工厂以为生；如与捷克并国而治，则斯洛伐克人之工厂，何足以与捷克工厂之效率度长挈短，而竞争以必归于失败！斯洛伐克之农民，则欲以保护其市场之农产品高价，而亦不悦于捷克；不悦于捷克，则暱于德人以求其支持！纵德军有撤退之日，亦何望捷克之有斯洛伐克以为国也哉！不但德军之占领国如此；而在巴尔干之与国，亦无不播散民族仇恨以自树援！一旦德军撤退，而匈牙利与罗马尼亚必相火并！盖希特勒分割外斯拉窝尼亚以予两国，而两国无一日自慊；然不敢以致怨于希特勒，而相怨；匈牙利人虐待其境内之罗马尼亚人，而罗马尼亚亦虐待其境内之匈牙利人；两国之深仇不可解矣！希特勒亦分南斯拉夫与捷克斯拉夫之地以予匈牙利；匈牙利偿所大欲，而南斯拉夫与捷克斯拉夫之深仇不解矣！保加利亚亦得南斯拉夫之多地以偿大欲；然保加利亚之一部分地，则以许罗马尼亚！所以巴尔干诸国，无一国不从邻国之毁灭以偿大欲；而无一国不分担国社党之罪恶以取深仇疾怨于人！无一国不痛心疾首于其邻国之阻兵安忍，狡焉启疆，而思得一当以必报为快！国社党不讳言："纵希特勒政权有崩溃之日，而东南民族之相为敌雠，必不能僇力同仇以攻德，而兄弟阋墙以自攻也！假令德国而败，亦必有不少数民族之追怀德国，而欲以结为同仇！"假令塞尔维亚而胜，则克罗地人必以追怀于德，而为不满现状之少数民族矣！其他可以类推。然则希特勒之所以伐谋伐交，胜败兼权，如环无端，流毒无穷；宁啻伐兵以擅胜利于一时乎！呜呼！有国者可以监矣！

故用间有五：有因间，有内间，有反间，有死间，有生间。

（训义）梅尧臣曰：“五间之名也。”张预曰：“因间，当为乡间；故下文云‘乡间可得而使。’”

五间俱起，莫知其道，是为神纪，人君之宝也。

（训义）贾林曰：“纪，理也；言敌人俱莫知我以何道，如通神理也。”张预曰：“五问循环而用，人莫能测其理。”

因间者，因其乡人而用之。

（训义）杜佑曰：“因敌乡人，知敌表里虚实之情，故就而用之，可使伺候也。”梅尧臣曰：“因其国人，利而使之。”

内间者，因其官人而用之。

（训义）杜牧曰：“敌之官人，有贤而失职者；有过而被刑者；亦有宠嬖而贪财者；有屈在下位者；有不得任使者；有欲因败丧，以求展己之才能者；有翻覆变诈，常持两端之心者；如此之官，皆可以潜通问遗厚贶金帛而结之；因求其国中之情，察其谋我之事；复间其君臣，使不相和也。”

基博按：“因间”，“内间”，皆因敌之人，以为我之间。特“因间”者，因其乡人；盖其人之无政权者，而为人民。“内间”者，因其官人；盖其人之预政权者，而为官吏。而“因问”、“内间”之为用，尤在破敌人之抟结，毁敌人之国家。而德国陆军参谋人员则谓之“精神之破坏”；盖于所著《世界大战间谍史例》，尝有慨乎言之，以谓：“技术之破坏，只以毁我国家之物资；精神之破坏，且以毁我国家之意志；愿进而论精神之破坏；精神之破坏，何道以出之？曰‘宣传’是也。夫兵凶器，战危事也！若以小抗大，以弱敌强，为民族生存而战，为子孙万世而战，为主义理想而战，则其艰苦尤十百焉；然敌人则以我之艰苦，而逞其宣传矣！盖宣传必有所借口；而所借口者，必为我当前不堪受，不能忍之事。然此日之所谓不堪受，不能忍者，开战之初，非不知其必临也；非不知其不当受也；然人情好逸而恶劳，怯死而贪生，往往偷一时之安，而不顾百年之后患！及征战之日久，吾人神经，刺激过甚，易于亢奋；而敌人宣传，乘间以入；于是感情冲动，死不择音，暴动罢工，无所不为，妨害生产，摧毁国力；爱我太息，敌人大悦！一九一八年，我之雄师，方压敌境。而邦分崩离析，一蹶不振者，则以我德人之抗战精神，惨遭敌人破坏之故！盖英、法协约诸国，既以饥饿之封锁政策，阻绝我海外之粮食及牲畜饲料以不得；而又损我谷物收获以成凶岁；于是我德人食无半饱，不自聊生，然后鼓如簧之舌，以事宣传；于我德人民之啼饥号寒，若不胜其悯恤之意；而昌言指摘德国贵族及大地主之气象豪华，优游柏林，临阵则畏缩不前，后方佚乐；生活则豪华依旧，任情挥霍，代为不平，不啻若自口出！一九一四年，开战方始，德国前线兵士，已得一图相传观，上绘一财阀，一贵族，执鞭而驱德之士兵，以入死神巨口；死神之上，署曰：'资源战争'；笔意幽默，神情栩栩！又有一纸，大书曰：'打倒普鲁士军阀'，若无意与德国人民为仇，而吊民伐罪者！又以德国城市人民生活之与乡村不同，享受有差别；而故为挑拨，以激动人民之嫉妒，嗾相诘难；而以分崩也！犹以为未足；则益利用德国国内党派之分歧，因势利导，以鼓动国内之政治斗争，而破坏德人之统一；所用以攻击农村之标题，及其摇惑观听之辞，则故意与大战前之德国左派党团所用以攻击农村经济要求者相同。德国左派之社会民主党人，喜掀风波以乱秩序；此固协约国间谍之所视以为良好之助手者也！若辈初不知为敌人之所欲利用，卒以政党利害之冲突，而不恤为虎作伥！一九一六年五六月之间，德国有数城市人民，有饥饿示威之大游行；而主之者，莫非社会民主党之左派人物；其所写之标语，利用之论证，一如敌人发踪指示之所宣传者！尤巧者，其后德国革命党之传单，与敌人之所散者，如出一吻；所区别者，仅来源不同而已！吾人诚不能武断，遽谓二者有直接之联系，然此德国革命势力领导之骚动，实予敌人间谍以宣传之根据。至一九一七年，而二者之行动，果趋一致；发动战时工业中心区之罢工，以反对食粮分配额之减少。国内之民情，既已涣散；而作战之军队，亦因之而无斗志！盖前线士兵所得之家书，读之，莫非啼饥号寒之辞，危涕坠心，英雄气短，儿女情长；于是军心摇动，海军叛变，同舟敌国，而德之溃败不可收拾矣！”然则德国社会民主党之左派人物，英法联军之“因间”，而德国人之所痛心疾首者也！盖因德之“乡人而用之”也。一九一七年，列宁既擅国，而寄心膂于托洛斯基；对德和约者，托洛斯基之所签订也。及列宁卒，而托洛斯基不得志于史丹林以亡命；顾以得政苏联久，其徒党播全国，咸预机要；而托洛斯基必欲逞志于史丹林。希特勒知其然也，则欲以向日威廉之所以用列宁者，用托洛斯基以肆毒于苏联；因托洛斯基以通苏联重工业副人民委员批亚太珂夫、外交副人民委员索柯尔尼珂夫、铁道副人民委员李夫雪茨以及拉狄克、莫拉洛夫、绥莱勃里亚柯夫等著名共产党员十七人，饵以重金，出售军事情报以资德国、日本，而与德国、日本约：托洛斯基如得政苏联，必割乌克兰于德，割沿海州于日以为酬焉。批亚太珂夫以重工业副人民委员而向德厂订购机器时，价必抬高，而以抬高所得之额外货款，资托洛斯基之子塞度夫以为阴谋之用。而内外勾结以鼓励怠工，破坏交通，暗杀红军，一九三六年一年之间，层见叠出，莫识所由！其间工人克尼亚柴夫以毁火车，而供认得日本间谍之贿一万五千卢布。亦有工程师故若不经意，而毁化学制造厂之锅炉者；皆托洛斯基之所发踪指示也！则是托洛斯基者，希特勒之“内间”也！因俄之“官人而用之”也。德国以陆军驰誉于世；而苏联军官之被派以赴德国参观实习者，往往有之；德人遂因之以为俄间。苏联红军杜嘉契夫斯基元帅、前任苏联驻德及驻英使馆陆军武官普特拿将军、列宁格勒军区司令雅基尔将军、前任白俄罗斯共和国总司令乌鲍罗维支将军、奥索亚维亚基之首领欧特曼将军，及参谋本部人事课主任费尔特曼将军等八人，以一九三七年六月十一日骈诛；其罪状，则与德国、日本勾结，而欲于战争时以出卖红军也！其中考克与费尔特曼两将军，皆为生于波罗的海诸省之德国人，其姓氏仍袭德人之旧。乌鲍罗维支将军尝赴德国参观国社党大会后之德军大演习。而考克与普拿特两人，皆尝为驻德使馆陆军武官者也。此亦“因其官人而用之”，所谓“内间”也；而实以托洛斯基筦其枢！希特勒因其大将塞克特与托洛斯基有十二年之雅故，而组织德、日两国之军事间谍，以与托洛斯基在苏之羽党，抟而为一；而以德、日两国大使馆及领事馆为集合，为掩护，策动怠工，主持暗杀；一九一四年十二月，暗杀史丹林之心腹基洛夫，亦所发踪指示也。杜嘉契夫斯基诸大将，亦以托洛斯基派之挑拨游说，而与德、日两国参谋本部，息息相通；将以一九三七年五月上旬，举兵袭史丹林之徒而聚歼之，以与德、日联合，为军事同盟。使其谋得遂，一攘臂，而国社党之势力，横被六合，纵贯欧亚！不意史丹林先发制人；然不为奥国总理陶尔夫斯之续者，亦仅尔！顾希特勒不能因托洛斯基以杀史丹林，而能因阿斯脱夫人以蛊张伯伦！阿斯脱夫人者，英国之名媛也，有克莱武登之别墅，好客，喜延揽。自首相以及其阁僚，一日二日万几，自公退食，必过克莱武登。夫人盼睐承迎，人人得其欢心，而倦勤以纾，无不乐亲芗泽；此固希特勒之所欲因以为间！而贵要辐辏，权势自生；浸润肤受，谭言微中，亦以荡心惑志，默移大计！而所晋接，尤倾保守，而恫心疾首于共产，世称之日克莱武登系；其人以为“惟扶德，可以倾苏；亦惟不助法以减德人西顾之忧，而后德人有余力以东进攻苏”。百喙一辞，寖成国是！又夸大希特勒之空军，以吓张伯伦；而张伯伦亦以吓其与国法兰西阁僚达拉第、莱诺之徒；于是捷克牺牲，而慕尼黑协定以成，而法苏协定以解；而法国之援以孤，英之誉望亦堕；而希特勒之愿遂矣！此亦“因其官人而用之”，所谓“内间”也。于戏！中国有史，必儆女祸！而诵欧史，大邦名媛，荡轶飞扬，所谓社交之花者，惊鸿游龙，王侯心醉；而外国因之以用为间，有意无意，或挑其嫉妒以为阋，或歆其金珠以为赂。色授魂与，几事以泄；国际之阴谋，得肆志于跳舞会者，吾见亦多矣！妇人用其颦笑，丈夫以为喜怒！希特勒通夏莲夫人以杀莱诺抗战之志，得阿斯脱夫人以歆张伯伦和平之利，而法有沦胥之祸，英亦贻噬脐之悔！又不仅是！印度独立党人沙伯尔滑尔者，亡命曰本已数十年，而为美国某通讯社员，出入各国公使馆，以一九三六年夏，在美国俱乐部，与美大使会谈；而为东京宪兵特高课检举，以谓供给情报也！搜其住屋，所得记录，无不涉军事政治机密者；而研诘所自，凡名流贵家之夫人，有闲而好事，以广交游，而接外国人为荣者，无不晋谒以为媚悦，兴会所至，巧言如簧；孰甘守口如瓶！轻颦浅笑之中，而情报悉以供给矣！呜呼！此亦新女祸之所当儆，而有国者之监也！希特勒得政之初，既扩其国社党之组织以及奥大利人、捷克人，而以并奥吞捷，有成功；益散其帑金以资丹麦、挪威及法之人民，依仿国社党之组织丹麦团、挪威团、法兰西团而倡言亲德；此则“因其乡人而用之”，所谓“因间”也。一九四〇年四月九日午前五时，挪威政府得德国驻使布鲁埃尔博士之通牒，谓德军将占领挪威全国之海港也。议会开紧急会议，咸主抗战，而先于是日午前一时半，挪威之奥斯洛海峡驻有挪威军舰三艘，其司令官得外长谷脱之令，谓：“德国舰队至矣！毋得抗战，任解除武装，可也！”司令官坦然受之，莫逆于心！惟水雷敷设舰奥拉甫号，以收港修理，而遗未致令，迨午前四时半，德国巡洋舰亚姆顿号，率潜水艇二，悠然而向霍登要塞以进。碇泊之三挪威军舰，任所欲为，则以外长谷脱之令也！不意其掠奥拉甫号以过，而奥拉甫号之炮火骤震也，要塞司令官亟加制止；而亚姆顿号及潜水艇一已沉没矣！其未沉没之一潜水艇陆战队，登陆者百人尔！而以要塞司令官之制止，守兵武装，自动解除；于是霍登要塞拱手以让矣！奥士卡尔司堡者，挪威之海军根据地也，左近海峡，满播机雷，苟一发机，全峡震腾，插足不得，何从登陆；然而机雷之电流，早为要塞司令官所切断矣！德国军舰布留赫尔号，以是日午前三时，疾驶进峡，掉首扬尾，以为莫余毒也！不意在大炮射程八百码以内，而炮台之一小军官，莫知谁何，突命开炮，中布留赫尔号以毁其装甲，不五分钟，而此德国最新锐之一万吨巨舰告沉矣！舰员之不死者，才四十人也！在德人以为司令官既相默契，其他亦何能为！而不虞偏裨之中，尽有肝胆，百密一疏，遂铸大错！然德军之登陆者三百人，而挪威守兵三千，以司令官之低首下心，而亦束手矣！要塞尽失，门户洞开；而德国福尔格霍司特将军，帅所部一千五百人，导以挪威骑巡六人而安步以入挪京奥斯陆。将军随幕僚二人，且行且以国社党敬礼，而致答于群众中之第五纵队队员焉；则为其日午后之三时也！及五时，而奥斯陆播音局，以柏林土音向挪威广播矣；谓奇士林国民政府宣告成立也。奇士林者，尝以一九三二——一九三三年。掌挪威国防部；诸大将多所拔擢；希特勒得而用之，与之为构；擒贼擒王，而桓桓赳赳，皆降将军矣！此则“因其官人而用之”，所谓“内间”也。至于希特勒所以溃法而取之者，人皆谓闪电战之功；而不知亦握其枢于“内间”！奥托阿毕斯者，希特勒国社党之特务人员也；谈吐风生，擅才辩；先娶一法女为妻，而于大战之前，尝携巨金以至巴黎，收买报纸及政客，广交游，尝指其手提皮包以扬言：“法国国会议员，有十余人入吾彀中矣！”传者曰：“法国六百一十五名之国会议员，有三百余人受人津贴也！”法国前后两内阁总理达拉第之情妇古洛素侯爵夫人、莱诺之情妇夏莲，每有茶话宴会，奥托阿毕斯无不与！及法人对德宣战，而被逐以行；然党徒实繁，蟠踞津要，上自政府，下遍闾巷，播散谣言，捭阖操纵，嗾达拉第以挠莱诺之政策，通夏莲以摇莱诺之心志，军事政情，纤悉必知！甘末林之为法军总司令也，将往前线视察，未及首途，而柏林播音局已以消息广播矣！甘末林惶骇莫措！莱诺组阁，颇不慊于甘末林，而欲用魏刚。达拉第则袒甘末林焉。及德军之侵入比境，而两人纷争未已！甘末林亦有所闻知，曰："余岂怯哉！"欲立殊功以自见；乃放弃可守之阵地，而引大军趋荷兰，让道以予德军，欲俟其猛扑马奇诺防线不下，然后反兵而截其后路，包围德军，一鼓而聚歼诸。讵意希特勒推锋直入，法军撤退不及；为德人所包围以解甲焉！德人之将进攻也，无日不向法军广播，申明："德人之不欲与法战，而所仇者英也！英人之利用法，已二十年矣！法人何苦为他人作嫁衣裳，而不独立自主！"浸润之潜，夜以继日；于是法人之信念摇动，法军之士气消沉！而达拉第之徒，如赖伐尔及庞莱，如响斯应，振振有辞，欲以介义媾和。然法之政客，如赖伐尔及庞莱，大战既开犹倡言亲德，肆口无忌，而能得大将之拥戴；以当国柄政！欲窥此中消息，不可不知一九三七——一九三八年之卡古拉党狱！法政府于此讳莫如深，而就其可知：卡古拉党者，盖由极右派之发动，由诸大将之援助，有缜密之计划，而欲以武力建立独裁制度，然后加入极权国之集团也。不意人民渐有知者，舆论哗腾；而警察不得不执行侦查；顾以治安部长白许翁之同情于卡古拉党；警察翼翼小心，不敢深求，逮捕党徒，而领袖人物则佯若不知谁何！然而众目昭彰，众口难掩，莫不知魏刚将军为卡古拉党之军事领袖也！贝当将军虽非卡古拉党，而亦不以魏刚诸大将为非。卡古拉党之军火储藏厂，设在巴黎及克拉蒙佛朗一带，而搜查其中之来福枪及机关枪，莫非德制！政府恐株连大狱，下令停止搜查。捕系者百余人，无一人公开受审；及大战起，咸予赦免；而其中军官，又列籍正规军，后备军以为国干城矣！米西林将军者，则卡古拉党之尤有功于希特勒者也！将军为米西林厂之主人，而厂则法国最大之汽车制造公司也！公司之主要厂，设在克拉蒙佛朗，而卡古拉运动之中心也！米西林将军，为卡古拉党之军事教官；而同时兼为法国第五战区司令。第五战区以奥里昂为大本营，而铁路纵横，四方道里适中，军火之制造及运输，咸萃于是！顾米西林将军，处孔道，当大任，而怠所事以堕军实，长寇雠！一九三九年九月，希特勒东侵波兰；法人欲出兵攻摩尔塞河以拊其背，而卒左次不进者，则以重炮之未能运出；而第五战区之奥里昂、布日及维尔松铁路诸站，重炮堆积，车辆停留，延至十月而未运。问其所以？则未奉米西林将军之命也！第五战区之中，有坦克车制造之厂三焉，设在布日及蒙他日附近，而所制造七十吨之坦克车极精，速度高，转动灵，而装甲则视德国之八十吨者为尤厚；利器也！顾留置于第五战区之待运场，而迄未一用，等于虚掷；及一九四〇年六月，德军之进占奥里昂也，见之，叹赏不置！而睹法军兽骇鼠窜，遂改乘此法人造而不用之坦克以追奔逐北焉！则米西林将军之以也！此亦“因其官人而用之”，所谓“内间”也。然希特勒用“内间”于苏联而无成功，用之于法而有奇效者；盖史丹林制制由己，以快刀斩乱麻，当机立断；而法政府率于朋党，姑息养奸；此希特勒所以成败异也！然希特勒所以并奥大利，吞捷克，入荷兰，胁匈牙利、罗马尼亚、保加利亚，而侵南斯拉夫，无不操纵其人民，贿通其官吏，“因间”、“内间”，处心积虑，以摧毁政权，摇动人心；然后随以大兵，莫之或御，如摧枯拉朽，蔑不克矣！日人者，希特勒之所引为同志者也！然希特勒之所以呼朋啸侣，结同志者，果何以乎？亦不能外“因间”、“内间”而别有以也！德国驻日大使奥笃将军，于一九三九年之春，以不得成日德军事同盟为憾，造访首相平沼，卒然曰：“日本之荣誉，被作践矣！”平沼曰：“日本之荣誉日本人自知之！君外国人，如何能知！”奥笃恢然，徐曰：“日本迟日自知！”一九四〇年夏，奥笃又造访近卫公爵别墅，言曰：“公赤心为国，夹辅无人，不可不组织一政团；匪是者，国策何能推行尽利！”近卫曰：“日本国事，尚得日本人自决，不敢以劳！”然奥笃先为东京使馆武官之日久，出身行伍，豪爽健谈，而挥金如土，英风侠气，足以得日本军人之欢心，而欣得奥笃为同志者，盖大有人在！奥笃坛坫周旋，口角生风，不在天皇之皇宫，不在东京之外务省，而在东京之妓院；日夕过从，非历任之首相，亦非外相，而为日本之青年士官；三三两两，出入妓院；而奥笃左右追随，不恤为东道主，缠头百万，筵开不夜，尊俎折冲，畅论欧亚大陆之如何重新分配，聚米画沙，抵掌而谈，主宾极欢，而青年士官，入耳心通，不觉倾倒以为之“内间”矣！政客中野正刚者，日本著名之右派，而奥笃款筵之以为“因间”者也！一九三五年夏，自德而来之国社党党员，以中野正刚之介，而与日本右派构结，以组同志会；会所在东京之新桥，富丽堂皇，而日本枢密院大臣木户侯爵、外务省顾问白鸟，莫不为同志会之会员焉！一九三六年十一月，日德防共协定成立；而协定之条文，则起草于其年之夏，多方拟议，不在外务省，而在新桥之同志会；外务省无人知者；而发踪指示，则为奥笃！奥笃以一九三八年四月，授驻日大使；然一九三九年之春，尚无法以成日德军事同盟！至一九四〇年八月，希特勒以空军大举袭英伦，不克；惧美国之参战以援英，而亟欲得日本为援，以牵制美于远东；乃派休它默为特使，奉希特勒致近卫之手书，以造于东京，访外相松冈，请日本参加德义军事协定。松冈即以属白鸟，曰：“君与休它默好议之！”白鸟以九月十日，邀休它默长谈，不觉促膝！午后，白鸟进见近卫，告以休它默之议，自抒所见，指陈得失。近卫亦为动容！即以十一日午后，召外相松冈、海相及川、陆相东条会议，而近卫以首相为主席，所谓四相会议，是也；亦既众谋佥同，乃以十四日，召集紧急临时阁议。亦有阁员期期以为不可，纷争延会至七小时之久，而卒不得不通过！中野正刚在新闻纸慷慨著论，陈德人之必胜，斥英、美之援华，奠定东亚，只有联德；劫制舆论，噤不得发！然阁议，非枢密院核准，不得上奏；而枢密院大臣木户侯爵，早有默契，翕无异议！乃以十九日，奏请天皇开御前会议，欣然参加。会散之后，近卫、松冈，见休它默，举杯互祝，立以电告希特勒。请君入甕，莫逆于心；是则希特勒“因间”“内间”之有成功于日人也！抑希特勒之惧美国参战以援英也，不惟引日本为与，以对美战争分散美人援英之力量；抑亦因孤立派为间，以对苏恐惧转移美人对德之敌忾！孤立派者，以罗斯福为政敌，以共和党为壁垒，而以资本家摩根集团为主人者也。摩根集团之美国总电气公司，资本二十二万三千二百万美元；而以投资于德国之总电气公司者，有一万八千五百万马克。德国克虏伯炮厂与美国总电气公司订有合同；而西门子公司亦有关系。德国奥贝尔汽车厂之全部资本，皆为摩根集团之通用汽车公司所有。德国五金公司，为德国伐本企业公司之一部，而有杜邦摩根之投资一百万美金；此皆尽人所知，其不知者，盖阙如也！及罗斯福援英以绝德，而摩根集团与德国资本之关系中断；然美国资本家之假途中立国；转运物资以济德国，亦尽人之所知！假使罗斯福之政策成功，而希特勒之德国以败，则美国与德国资本结合之公司工厂，无不随倒；而投资及利润不可问矣！此非摩根集团之所许也！摩根集团，则以参议员韦勒及塔虎脱、前总统胡佛、林白上校之流为喉舌，而胡佛为之魁！胡佛者，孤立派之总指挥，而摩根集团之参谋也！早岁服务于英国各矿业公司以历非洲、澳洲、亚洲；而在中国，则尝任职于开滦煤矿公司也。自一九〇九年，以拉门德之引进，而效忠摩根集团；一九二〇年，以汤姆生之介绍，而加入共和党。柯立芝之为总统也，以胡佛任商务部长，则拉门德之所推荐也！遂以摩根集团之支持，而当选一九二八年之总统，则以拉门德为首席政治顾问，而内阁名单，非摩根集团之公司银行董事，即股东也；几以白宫为摩根集团之支部矣！虽以一九三二年去职，而摩根集团之意见，必以胡佛为反映；共和党之机构，亦以胡佛为领导；共和党全国委员会，则德国第五纵队视为可以成为在美活动之中心者也。胡佛之发言不多，而有言，则必代表孤立派以代表摩根集团！胡佛为孤立派及共和党机构之幕后指挥人物；而兰敦、塔虎脱、林白上校之流，无不受其指挥以行事；一九四四年，共和党总统候选人之杜威，方任纽约州长，又其徒子法孙也；知胡佛，乃知杜威！杜威之发言亦不多，而所以不发言之用心，则不同于胡佛！胡佛之发言不多，而发言，则必以和平为怀；盖不和平，则希特勒之德国，久必不支；而摩根集团之德国投赀，亦化乌有也！及一九四一年六月，希特勒大举以袭苏联；而胡佛昌言以谓："希特勒之弱点，在怕和平！惟有和平，可以去希特勒！惟有和平，可以结束战争！几见战争而能打出结果耶！"则以和平瞰希特勒之弱点，而不思希特勒无一役胜利之后，无一战发动之先，不呼吁和平以为烟幕；乃日希特勒之弱点在是，吾谁欺，欺天乎！及一九四二年，而胡佛与前任美国驻波兰大使吉卜生，合著一书曰《持久和平问题》，则以谓："资本主义之美国，与社会主义之苏联，不能共存；当以在全世界恢复资本主义为战争之目标"；此固希特勒之所大声呼吁者也；顾胡佛之用心，则欲以对苏恐惧，而转移美人对德之敌忾耳！至一九四三年十月，而莫斯科会议之中美英苏四强宣言发表；未几而罗斯福以其年十二月，会丘吉尔、史丹林于德黑兰，有成议；于是胡佛嗾其徒兰敦大声疾呼，以谓："今而后，史丹林可以任意解决边疆问题矣！"胡佛则冷冷曰："且以静观其后"，然而扬言静观，阴有行动！对外，则在瑞士设有机构以与德国金融家取得联系而接济德国。而对内，则在莫斯科会议之后，以其年十月，有十四团体之代表七十五人，在纽约集会，以为必得和平，尤必得马上和平，而众议佥同以决定展开马上和平之运动！其中有名雷蒙威尔基者，则诋莫斯科会议为慕尼黑第二；而一人曰弗莱德里克李培者，则曰："咄嗟！何为而牺牲千百万人性命以为史丹林死乎！"塔虎脱之夫人，亦出席会议而以主讲焉！所谓十四团体之代表七十五人者，其人为德国第五纵队与美国孤立派之大联合；而究其用心，阳以呼吁和平惜美国人之死，阴以反对战争抹希特勒之败；皆胡佛之所以发踪指示也！杜威与胡佛及兰敦，一阴一阳，或默或语以相为用。一切慷慨激昂之言论，由杜威及胡佛两人说尽；而一切庄严负责之态度，不可不由杜威一身做尽！杜威一言不发，一心做事，以众望而长纽约，整理税制，平衡预算，既切实，又尊严，而造成人民之偶像，骗取总统之当选；及一朝权在手，惟胡佛之命是听，而言和平，言妥协；岂惟摩根集团之投资无恙；而希特勒亦得资以"因间"、"内间"而有成功矣！希特勒之欲用胡佛以为间于美，犹之日人之图用汪精卫以为间于我！日人之逞志于我也，狡焉启疆，喋血万里，而"因间"、"内间"，抑亦极尽操纵之能！上自行政大僚，下迄市井侠少，以至搢绅先生，旁罗儒硕，不捐细大，兼资文武；英雄入彀，其尤著者：徐树铮、王揖唐，日人所欲因之以为间于段祺瑞者也！郭松林、杨宇霆，日人所欲因之以为间于张作霖、张学良父子者也！至于汪精卫，则尤日人所欲因之以为间于国民政府者也！汪精卫善演说，动人娓娓，纵横捭阖，为国民党之健者，而久据高位，实繁有徒；顾与委员长貌合神离，日人知之稔矣，久已暗送秋波！既而汪精卫以不得志于委员长，出国养病。及一九三六年十二月，委员长以张学良之叛，被留西安。于是希特勒则以向日德之所以用列宁于俄者，嗾日人以用汪精卫于我；亟促返国以赴委员长之难；如委员长不幸殉国，众望所属，必汪精卫，代之而兴；则举兵讨共以与日人提携；日人可以不劳而定中国；于是因中国之人力物力，以与苏联战；外国报纸，颇露其秘。然则日人所欲借手以为因间于中国者，孰有如汪精卫之伟大者乎！盖汪精卫以国民党元老，而为行政院院长；中国“官人”之最崇高者也！使其计得售，其说而信，则中国不抗日而讨共反苏，不得不随德、义、日轴心为进退；而苏联东西受攻，世界之历史全变，宁独中国蒙其不幸！天相中国，而张学良知众怒之难犯，悔祸于厥衷，奉委员长以再起；汪精卫虽得政而未擅国。及大战之起，日人老师深入，连兵久不解，而欲因汪精卫以亟媾祸于我。委员长不许也；计不得逞，而出奔以委质于日人焉！此亦“因其官人而用之”，所谓“内间”也。至黄秋岳父子以奉职于行政院及外交部，而售情报以通日人；遂以骈诛！然犹“内间”之卑无甚高论者也！初土肥原以日本特务人员，而奔走华北，游说大将，网罗策士；“因间”“内间”所在多有；而冀东自治委员会、冀察政务委员会，相继成立；华北之势，几以瓦解！战端既开，而山东省主席韩复榘不发一弹，拥兵而退，委山东以予日人，而以诛戮！则韩复榘者，亦土肥原借之以为间于抗战者也！大抵军人政客之急功贪权，不甘居人后，而鞅鞅失职者；文武官吏之好殖货以自肥，及侈自奉而不给于财用者；市井少年之游手好闲不事事者；皆敌国“因间”、“内间”之所欲资也！方甲午之战之未起也，日本参谋本部海外谍报武官荒尾精，尝奉密令以来中国，得上海日商英租界河南路乐善堂主人岩田吟香之助，以在汉口开设乐善堂支店，自任堂长，而招集上海、天津等处浪人以事组织，其中分外员、内员；而内员又分三部：（一）理事。（二）外股员，执掌整理调查报告任务；审察在外干部情况；摘录国内外大势之新闻，以供外员参考，辅助各外员之活动。（三）编纂股，就各外员汇送之报告以及东西洋新闻纸登载之消息，凡可供他日参考之事件，择要编纂；并搜集各种书籍，以供堂员研究。外员，则负责在外调查；调查项目，为土地、被服、阵营、运输、粮食薪炭、兵制、兵工厂；此外对于山川土地之形状，人口之疏密，住民之贫富以及风俗之善恶，皆用军事及经济之见地，实地调查；而尤不可不注意各地人物，详细报告其姓名，年龄及住所。所谓人物者有六种：（一）君子，其间又分六等：（1）有志于救全地球者为第一等。（2）有志于振兴东亚者为第二等。（3）有志于改良国政以救本国者为第三等。（4）有志于鼓励子弟而欲明道于后世者为第四等。（5）有志于亲立朝端治国者为第五等。（6）洁身以待时机者为第六等。（二）豪杰，其间又分八等。（1）企图颠覆政府者。（2）企图起兵割据一方者。（3）对欧美在国内跋扈，深抱不满，而欲逐之国外者。（4）企图仿效西洋以制器利用者。（5）有志于振兴工业者。（6）有志于振兴军备者。（7）商业巨子。（8）提倡振兴农业者。（三）豪族，谓名家巨阀之后，而在一乡一镇之间，为众望之所归者；苟得一人焉，则如得一乡一镇之人民。（四）长者，谓家富而好济贫，在乡间排难解纷。一乡皆称善人焉；苟得一人，亦如得一乡一镇之人民。（五）侠客，谓其人奋不顾身，而好打不平以拯人之急，往往为血气方刚之青年子弟所崇拜；有事之际，如得其振臂一呼，响应四起。（六）富者。外员调查之际，如发见地方有相当之人物，不惟探查其行动而已；尤必与之结纳，得其欢心而以为后日有事之用焉！综其所以欲罗致，几乎细大不涓；君子小人，一网打尽；凡戊戌政变之立宪党，辛亥起义之革命党，莫不殊途而同归，为日人之所欲资以用为“因间”“内间”者也！凡我邦人，可不戒儆惕厉，而审所以自处乎！

反间者，因其敌间而用之。

（训义）杜牧曰：“敌有间来窥我，我必先知之，或厚赂诱之，反为我用；或佯为不觉，示以伪情而纵之；则敌人之间，反为我用也。”

基博按：上次欧洲大战以前，德国之情报机关，日第三处。凡服务为间谍者，无不受严厉之监督；倘有奉职不谨，处事失当，或侦探失实，或报告错误，无不受应得之惩诫；而惩诫之法，则设为一种似机密非机密之通讯，寄所欲惩诫之人，落于敌手而使之疑为间谍，侦伺逮捕，以练智练胆，增长经验；观其如何自脱而策以自新；如无法自脱而受刑，斯则应得之惩罚也！有卡鲁格雷夫博士者，德之名间谍也！日俄之战，尝出没旅顺，侦伺日人行军之秘而告于柏林；及第一次巴尔干半岛战争之日，奉命以往，亦有声绩！顾以事与第三处有忤；遣往英国，与之通讯，而故示英人以可疑，遂被捕也！英人知其然；处以徒刑而不执行；于是告以德人之相卖，劝其矢忠以自赎。博士遂以所知于德者，倾露其秘。而英人厚待之以反间于德，乃大有功；此“因其敌间而用之”也。顾有刑其为间之人，因其通讯之法，而以假作真，诳误于敌者。密勒者，亦德人之为间于英者也；往往登小广告于日报，影射军情，以视柏林；而巧为设词，载出卖栏，以报告英国军舰行动。为英警厅所捕，下狱；而得其密码底本及第三处训令，将计就计，假作消息，以登广告；或旬日一登，或间月一登；胡卢依样，而德人不察其伪也，薪依旧寄；且以其报告之勤也，加厚犒焉！英警厅得其金而买一汽车，题目密勒以志喜；此亦“因其敌间而用之”也。及此大战，法之所以猝为希特勒所乘，而措手不及者，亦以中希特勒之反问也！一九三九年开战之初，陆军部之情报厅所谓第二厅者，其中密探受阿毕斯之金而为所贿买者，早已不少而为所用！达拉第于一九四〇年所得报告，谓：“希特勒志在攻英，无意于先法也！”既信以为实然！而总司令甘末林所得之情报，则又异是；且曰：“希特勒之在一九四〇年，无意西征，而欲有事于巴尔干”也！不知法国派驻比利时、荷兰、瑞士等国之情报人员，早为希特勒贿买；而所得之情报，皆来自希特勒之情报机关！甘末林为所绐，于是撤北疆之戍军，以付魏刚，率赴近东，而连土耳其以战于巴尔干；不虞希特勒之推锋北疆以捣其虚，则“反间”之以也！一九四三年，美国联邦调查局破获德间多人于第特律城；其妙用亦在因敌之间，而以破敌之间！先是加拿大妇人第宁，貌都丽而擅口辩，为德人所雇以赴柏林受训练，资以巨金，转里斯本以赴纽约，而定居第特律城，自称伯爵夫人；当地名流，无不倾身延接，纵谈天下事，巧言如簧，人以得见颜色为幸！顾联邦调查局，自一九四一年，第宁未至第特律城之时，已追踪而加侦伺矣！既而知其为德间也，则逮以密讯，胁以自新，而因之以搜捕妈黎昂哈特寄宿舍，则德人之第特律城特务机关也！捕医生汤姆斯，则由其病人口中得情报，而侦察美国硝酸甘油之生产，及魏斯丁豪斯之俄亥俄办事处以资德人者也！美国商务队海员霍夫门，则以第特律城福特工厂及格罗西伊尔海军训练站之情报资德人者也！第特律城女青年会国际组秘书皮兰斯夫人，则以芝加哥普尔门公司之情报资德人者也！威尼大学德文教授之妻摩尔基夫人，则第宁之助手也！发踪指示，莫非第宁之以；则亦“反间”之以也！

死间者，为诳事于外，令吾间知之，而传于敌。

（训义）杜牧曰：“诳者，诈也；言吾间在敌，未知事情；吾则诈立事迹，令吾间凭其诈迹以输诚于敌，而得敌信也。若吾进取，与诈迹不同；间者不能脱，则为敌所杀；故曰死间也。”

基博按：“死间”者，诳间也；疑误敌而以不实之情报为诳；诳间未必死，而有可死之道；亦有不死，不足以取信，而不得不死；故曰“死间”。一九〇五年日俄战争之前四年，日本驻俄使馆陆军武官寺间大尉，用财如泥沙，广交游以侦俄军谋，俄情报局固已疑之矣！寺间心知其然，则佯若为俄情报局所饵，而狎一妓，则情报局之女情报员也！寺间恣情声色，以为所胁持而返其国，私寄日本参谋部攻俄地图于俄情报局，酬所愿欲；既而事泄，判死刑；其父寺间亲王忿子之卖国以陨家声，亦自杀！俄人以为信也，及战之起，而俄人按图布防；不意日人避坚攻暇以乘所不备；遂以大败，乃知中日人之间也！于是取日俘而讯之曰："寺间大尉寄俄之地图，将以为诳乎？"曰："诳！"曰："然则寺间大尉之被诛，亦诳乎！"曰："否！不诛，不足以成大尉之诳而取信于汝俄！吾日人名誉重于生命；大尉名誉之大恤，何有于生命！杀身为国，此莫上之荣誉也！"曰："其父亲王自杀信乎？"曰："信！不如是，不足以坚汝俄之信而成大日本之胜利也！"然则寺间父子，不恤辱身贱行，陨身破家，以成其间之诳，岂非"诳间"之适例乎！及一九四一年五月，希特勒将攻苏联也，其秘书兼国社党副首领及政治部主任赫斯，突乘飞机以奔英，而机上之弹孔累累，声言以饵战防共，建议和平，窥见希特勒之用心；而挟其和平党书以相赴；惟未得希特勒之同意；非诚未得希特勒之同意也！希特勒惮于言和，而假赫斯为诳以尝英人，旧调重弹，以防共饵英之资产阶级，缓其仇德，懈其敌忾，而得媾和于英，以并力苏联也！此希特勒之"诳间"也！而英人不为所愚，待以俘虏！顾英人以此知希特勒之亟图媾于英而不惮发难于苏，告苏以离其交而自树援。及希特勒进兵攻苏，而英外相艾登声言："英人之图与苏联也屡矣！而苏联不欲；以伤德人之心也！"及迈斯大使以德人欲攻苏联告，而谋于苏，苏人犹有难色！其辞若有憾焉，其实乃深喜之尔！而德人侵苏之报，尤予丘吉尔以振奋，而广播其演习二月之演辞，背诵如泻水焉！盖四月以来，丘吉尔已知希特勒之必攻苏也，则预习广播之辞；邀其朋从，听其演说；在朋从，则静默恭听；而丘吉尔，则词气溢涌，间以诙嘲，喻希特勒如吸血之毒蛇，妙语解人颐！及词之毕，而其朋从各陈所见。如何声罪致讨以斥德，如何仗义执言以援苏，润色讨论；如是者屡次不一次！至六月二十二日，而德人侵苏之报至，遂以其日下午三时广播。听者无不叹树义之正大，措辞之圆到；而不知其演习之有日，素所蓄积然也！则是希特勒“诳间”之大失败也！

生间者，反报也！

（训义）杜佑曰：“择己之有贤材智谋，能自开通于敌之亲贵，察其动静，知其事计所为，已知其实，还以报我，故曰生间。”贾林曰：“身则公行，心乃私觇，往反报复，常无所害，故曰生间。”

基博按：近代各国互派驻使，阳敦睦谊，阴则觇国；号为亲善之使，实兼间谍之用；如贾林所谓“身则公行，心乃私觇，往反报复，常无所害”；而有治外法权以庇其徒，苟非宣战，无不尊重；此最“生间”之适例，而公开之秘密也！日本之于各国驻东京使馆，监视尤严，而分有等级；第一严防苏联政府驻日之外交官，便衣侦探，无时无刻不逡巡使馆前后，侦伺出入过访之宾客，而密记其车辆牌照号数以为追踪；亦或投身以受雇为使馆低级馆员或侦伺！然传者言：一九四一年以前，德国驻日大使奥笃，亦为驻日第五纵队之领袖，而拥有一万名之德籍队员，中有士官二千一百人；其他国籍之队员，如捷克人、匈牙利人、瑞士人、瑞典人、美国人以及日本人，总数有二十万零一百五十人，以操纵政团，以劫持报纸；发号施令，无不出德国使馆！是故苏联之于外国使馆，必驻赤军，非惟守卫，抑亦监视！仰光者，缅甸之都府也。日侨五百人，其业，则照相馆也，镶金牙也，药房也，弹子房也，形形色色，执业多贱，而尤夥者，乃开小客店；然无一人不有特务之岗位，而非受指挥于日本之仰光总领事馆者！及日人以兵取仰光，而起侨寄十年之日本牙医铃木以为缅甸总督；适从何来，遽集于此；乃知牙医其名，“生间”其实也！一九四一年三月，英国海军部声言谴责日本驻使重光葵为德间，以英国海军秘密资德，涣然大号；而日本使馆不置一词以对，几乎默认！是年十一月，日本以空军突袭夏威夷群岛之珍珠港；而美政府搜查夏威夷之日本领事馆，乃知馆中全体人员二百人，非受雇于日本陆军，即海军之所雇用；而夏威夷军事国防，无不随时缕告也！荷兰东印度政府以一九四二年一月发播白皮书，声称：“日本政府派芳泽谦吉以使节议贸易；而芳泽来驻一年，阴资日本陆海军人员以相侦伺，而拟定军事计划之准备工作。”至于中国，则以日人之狡焉思逞，日本驻华大使馆，为调查中国政治、军事、经济、社会之实况，特以一九三二年十月，成立情报部；而南京、济南、青岛、成都、汉口、九江、宜昌各地，咸设支部；各支部咸设电台以互递消息；每年在中国所用之机密费，至一千万元。而一九三七年，日本外务省亚洲司中国局，更提出机密费扩张之预算，谓：“本外务省与中国密切联络，而使驻华之外交代表，广搜各种情报，以改善外务省之工作也。”义大利派驻埃及之外交代表，慎简其人，代表之才能必卓越，容仪必伟岸，固不待言；抑亦相其夫人之是否娴丽，美貌足以动人！政府不恤资以多金，励其盛饰，浓妆艳抹，双双而至；其在开罗，招摇过市，几乎有会必到，无到不双！上自宫廷，下逮搢绅，无不延为上客，醉其艳色，从容谭宴，微言讽刺，而埃及之反英，人同此心，心同此理矣！此皆彰彰在人耳目；而不仅德国之驻外使署及领事馆，被人指摘为间谍之机关也！此“生间”之大者也！此外又有所谓特务人员，弥缝其阙，以补使署领事馆之所不及，而为生间之正身！德国之遣阿毕斯于法，日本之遣土肥原于我，晋接显要，上下游说，而以操纵焉；则杜佑所谓“择己之有贤材智谋，能自开通于敌之亲贵，察其动静，知其事计所为”者也！英国外交部之情报处，为英国特务机关之尤有声绩者；其中之特务人员，遍播世界各国；当英国之正式外交人员，无法交涉时，则特务员起而代行其职，以运用机智而促使所在国政府之改革，或破坏所在国政府与其他外国缔结密约；因时因地，相机应变，而暗为斡旋，若出自动，毋使其致疑于英国政府而以牵涉在内！其有助于外交者功不细也！德国特务人员，则以辅军谋为主；而有计划，有组织，成一机关以执行所事，始于普鲁士政治警察队队长史蒂白，盖铁血宰相俾斯麦之所特拔也！史蒂白尝事腓律特烈克威廉为密探，以一八五〇年任警察局长；及威廉一世摄政，而鄙其为人；又以府众怨，讼章盈廷，虽以得白，而官亦罢！及俾斯麦之相威廉一世以造德意志帝国也，而奥国起而争长；苟非战胜奥国，不能建立德国；然不知奥之军备若何？遂以委之史蒂白！史蒂白则化装为小贩，驾一马车，载宗教雕刻及春画之类，沿门叫卖，而以周历奥国之城镇乡村，察勘当地之地形、路径、军备及经济情形，绘图立说而归以报。老毛奇遂据以部署进攻，长驱直入，仅四十五日，而奥国大败以迫为城下之盟；虽曰老毛奇指挥若定，抑亦史蒂白供给情报以先为之地也！于是史蒂白根据战时情报之工作经验，建议于俾斯麦以设中央情报局，而自任局长。俾斯麦既以无虞于奥，又欲有事于法。于是史蒂白以一八六六年，偕其助手瑞尼克与喀丹巴赫两人赴法，而遣所部三万六千人，分布全法境，随地勘视，前后凡十八月，凡从德边至巴黎之路径，绘为细图，铢黍不失；及一八七〇年之侵入法也，德军按图索骥，如入无人之境；而所部三万六千人者，潜匿全法要塞，以伺德军之至而为内应，则史蒂白之以也！史蒂白之于法也，不惟各地之道路、桥梁、炮台及驻军兵力，调查不遗纤悉；而所有各地之人口、农工商业、旅馆、银行、居民之财产以及当地之出品，无不历历如数家珍，缮成数巨箱之报告，而以先运回德！及德军之入法境也，每至一地，则按照史蒂白之报告，而搜索一切军需品以为供应；比如一村，养母鸡若干，应征发若干鸡蛋，若干鸡；隐匿不得！一富户语于人曰：“德军知我之财产，胜于我之自知！”则以史蒂白之情报有效也！于是欧陆各国，无不惩于法之败，而以注意情报；此情报机关之所自始也！德国之情报机关，有一总部发踪指示以筦其枢；而英国之情报机关不一，外交部、陆军部、海军部、空军部、商业部、殖民部、内政部，各隶一情报处以各自为政而不相为谋！上次欧洲大战，英国海军部情报处主任何鲁，知其一友人之为德间也，谈话中有意无意，漏言："英海军之集中，将以掩护陆军在延姆斯与威塞耳两河之间某地登陆"；本以诳误德人也！不意为荷兰皇军总部所闻，大惊，以为英人之将侵我中立也，调兵以防！英陆军之特务人员，以飞报陆军部。陆军部则以为荷兰之为此，必系德人欲假道于荷以出兵进犯英南海岸也；告海军部调舰为备，然后知何鲁之故弄狡狯以诳德人也！一九二五年，英国陆军部与外交部之特务人员，各拥一阿拉伯酋长，资以金钱，供其武器，而为之谋主以进攻对方，而不自知其操戈同室；咸以为对方之煽惑鼓动者，厥为外国之特务人员也！论者颇以无组织为嫌！然德之组织，亦有不利！德国特务人员之组织，昉于史蒂白，而有纵之联系，有横之联系；与军队之编制相同。在国外活动之特务人员，无不相互有横之联系；而各组织特务间，又有相互之联系，彼此呼应，如左右手；然而有其不利！使有一人偾事以为驻在国破获，往往因一人以及其他，辗转推讯而牵动全部组织；有时因一无关紧要之交通员被迫踪，而破获特务机关之全部；上次欧洲大战，德国驻英特务机关之全军覆没而一蹶不振以此！于是柏林情报局痛定思痛，而解散横之联系，训练人员以推陈出新，出入敌后，单独活动；则一人偾事，而大局无害；此特务组织之一大革新也！如欲得"因间"、"内间"于外国，亦以特务组织为之介，而筦其枢于柏林情报局；不能以利诱，亦可以计胁！上次欧洲大战之未起也，柏林情报局通令各国之特务人员，就驻在国政治，工商及社会各方面之重要人物，而详细调查其出身历史、家庭情形以及一切隐私，随时报告；于是各国要人之秽史，列为柏林情报局之档案，其中有一档案，称："某夫人于某星期告其夫，赴某地别墅休养；而据实际调查，则过宿于某先生家也！"吹皱一池春水，干卿底事，而如此之不惮烦耶？盖德人之图逞志于各国，必资“因间”、“内间”以为用；固有用金钱以可收买者；然有地位，有财产之人，则非金钱可收买！既得其隐私而列为档案，则于必要之时，可以要挟而资为“因间”、“内间”之用！其人不少巨公列卿，名门贵媛，一旦隐私揭发，则名裂而身亦败；以此不得已而胁制为用者，往往有之！相传柏林情报局档案库中，有一名册，列英国人四万七千；而此四万七千英国人所不愿人知，尤怕人知之隐私，无不以事系日，以日系月，以月系年，有时有地，详记各人姓名之下；所以柏林情报局，可以随时胁制此四万七千英国人，资以为“因间”、“内间”，而供给情报以为交换；其人多据枢要，而以视德国之特务人员，所得为事半而功倍矣！德国之特务人员，有专门学校以严格训练，而教学一切特务应备之技能；而英国之特务人员，则无特务工作之正式训练，不过为各项专门之人才，随情势之自然，而更事既多，由浅入深，以为政府所选择而任用之。德国之特务人材，从海陆军后备队中挑选以入特务学校，年不得过三十岁，而录选之人，不仅普通之所谓才而已；尤必精密而圆滑，理智而直觉，勇敢而忍耐，敏捷而镇静，勤奋而从容，活泼而忠实，无美不备，不名一美者，相反而相成，然后录取而授以必需之特务学识；如语言学、国际心理学、各国警政、工业制度、化装学，以及如何使用爆炸物、密码、暗号及秘密摄影机等，无不在研习之列；而尤要者，为建筑术与测量学；测量尤必有特殊之训练，不但精通测量之术而已；须能用目力或直觉以测得一建筑物之高度、角度及距离；何者？特务人员之在外国，不能明目张胆，用器测量，而以引起之猜嫌也！相传一九一四年之夏，德国有一特务人员，不用器械而以实测英国北部某地之一大桥，用脚步测量距离，用视线测算角度，进而探究桥址下之地质构造，以及用多少炸药，可以炸毁，绘图列说；一旦有事，举而措之已耳！可知其造诣之精，训练之素也！英国之特务人才，则选拔自侨居国外之人民，而为职业之专家，或工或商，平时执业以自活，而有委任，则效奔走；其人多富赀产，不仰薪给，而社会之声望亦甚高，所以纡尊降贵而从事特务工作者，苟非出于爱国之诚，则必为好奇之本能所驱役耳！然而特务工作，非易为也！以不可告于妻子，不得谋于朋友，而惟“天知”、“地知”、“我知”而不予“人知”之孤独工作；然生活不能自处孤独，酒食征逐，与人为亡町畦，诩诩强笑语以相取下，握手出肺肝相示，而不能有真正之友朋；机警敏捷，而不动声色，意思安闲，斯则理想之特务人材也已！英国之特务人员，非有需要，不用女子！独一九三八年，苏联有一特务机关，设于英伦，为英政府所知而无法侦查！有某女士者，一风貌娴雅之金发女郎也，年三十许；以友人之介而为陆军部之情报处所延聘；则志愿加入苏联之友协会，而与其中之苏联特务领袖相结识，蛊以冶容，得其亲任，而知其秘要；以告陆军部，而苏联机关之特务人员，悉数就逮，无一漏网者！然英国之不用女子为特务人员，几为一成不变之例；而德国则好用女子为特务人员，以其冶容诲淫，为达官贵人所喜，易为惑溺而得其宠信，知其事计所为；上次欧洲大战，韩丽春夫人及荷兰籍之美姮罕丽，其尤著者也！美姮罕丽者，巴黎之红色舞女也，以裸体舞而有盛誉，历柏林、罗马、维也纳、伦敦，所至倾动，王公贵人，争以得亲颜色为幸；而德国第三处罗致之以人间谍训练所，授以间谍之学术。韩丽春夫人，则美姮罕丽之队长，而女间谍训练之主任也。先是韩丽春夫人年十七岁，尝随父游俄之圣彼得堡，樱唇黛目，金发柔美，而为一德国使馆武官所嬖，藏娇有屋。时俄国步兵奉颁新式炮，德国参谋部欲窥其秘而不得也！武官者，乃牺牲韩丽春色相以投俄国军官之好；俄国军官忘其所以，而枕头席上，倾诚以告焉！及是而所以诏其女弟子者曰：“间谍者，竞技之一也！成功无人赏，失败无人怜，无法纪，无道德，只有冒万险以求遂所欲为而已！如汝性爱冒险，间谍生涯，尽有意趣，职务之本车，即酬报也；务于不惜牺牲，甚而至于死！”大战之起，而美妲罕丽为问于巴黎，上自外交部、陆军部之机要大僚，下逮前线归休之中下级军官以至伤兵，无不巧笑承迎，乘其狂欢极醉之余，而以言相餂；无不倾诚，知其事计所为，而以告德人；法军屡以大败而莫知失机所由！一九一六年九月二十六日，霞飞将军指挥法军，三路进攻；而德军则以前十日得大本营令，设备以防法军之进攻；法军死者八万，伤者十万，而未有成功；则美妲罕丽之以也！英国之特务人员，以本国人为主；而德国则本国人之外，尤多募中立国人；以美妲罕丽为间于法而籍荷兰，亦中立国人也！盖两国交战，而以我国人留敌国境内，无不以间谍相监视；中立国人，则萧然事外，无所于嫌；一也。又两国交战，无不欲争取中立国而不敢重开罪；纵有嫌，而惧中立国使馆之抗议；投鼠忌器而不敢逮捕；二也。希腊人台元尼斯者，亦德间之有名者；初为小贩，以历游法、比、德等国，而达于柏林；性好冶游，而以小贩之收入，作有限之风流；一日，方在林登大道散步，忽为警察所捕！其人莫知所由，自念近虽小弄狡狯，而无伤大雅，何劳警局过问耶！顾不逮解警察局，而送禁卫森严之第三处，则大惊不知所措！问官指数其在各国之诸不法行为，历历如数家珍；更无置喙之地！问官大声叱喝，且曰：“法、比两国政府以文书请求引渡，欲综所犯而并科刑，有罚无贷，从此投狱底长不见天日矣！”其人俯首战傈不敢仰也！忽闻问官柔声曰：“虽然，以汝之能通几国语言；我爱汝人物倜傥；如肯矢忠为大德国驰驱，当加恩贷而不予引渡；此大皇帝之恩施格外也！”其人感激涕零，誓愿效死！于是阶下之囚，引作入幕之宾，三薰三沐，改称施慕诺斯伯爵，衣冠优孟，盛服而出，资以巨金，而遨游上都，与列国贵人相周旋；在若人固得其所哉，而在第三处亦得其人而用之，为知人善任使；然后知第三处之久注其人，派探追踪以历半欧洲，而察其出没，考其性行，然后控之于罪以恩威兼施，而胁之为用也！此外如西班牙人黎卡道之与其婿多拉克受德雇以为间于法，而探其后方军队调动；阿根廷人戴巴士之爱德雇以为间于英，而欲探其巡洋舰重炮改良之图案；皆以中立国人，而为德所用以成间者！英以其国外侨民为特务人员，多取其材而有声望者；而德国之用其侨民，则不必材也，而取其不为人注意；不必即以为特务人员，而以为特务人员之通讯机关！上次欧洲大战之将发也，德皇威廉先一年聘英，馆于伯京罕宫；而其侍从长官，忽出宫以访一理发匠，纡尊降贵；英国警吏知之，则大惑不解而加侦伺；其人名恩士德，出生英国，而父母则德国籍也！及侦伺之日久，而知其人筦德国外交部通信之枢而不自知！每月得酬金一磅；每星期得自德寄来之信件一大束；其信已贴英国邮花，而其人则按信开地址以分投伦敦之各地邮政局。警吏则按址而侦其得信之人，皆德国之特务人员；而其信则政府之训令也！于是警吏佯为不知，而暗中监视，时时检阅其信，而侦所为；及大战起，而按址就逮，无一漏网；仅得脱者，一人耳！日本之特务人员，其组织与训练，略仿于德。日本情报之组织系统，直隶属参谋本部，而接受陆军省之指挥，外务省之指导；所得军事情报，如外国军力、军备、军事计划等，报告于参谋本部；而其他事项，则分别向有关系之机关报告。日本陆军省预算表中之秘密费，盖资以为供给及组织情报之用者也！日本陆军省之预算支出，占日本全国行政之预算支出之二分之一，而秘密费之支出，则占陆军省总支出三分之一！情报人员之在中国，所执行之任务而为参谋本部明文规定者有五：（一）军事间谍，无论何时，于其侦察区内中国军队之军力、军械，分布及活动，加以最审确之注视！凡中国国内无论发生何种变化，军事间谍应即刻报告东京参谋本部及同在中国从事间谍之其他人员。（二）军事间谍当深切认识中国各地方之特征条件，并随时注意铁路交通上最微细之变化；而对于军械储藏所在及弹药库所在，尤当特别注意！（三）所有当地军营要塞，及其他可能改为制造军械场所之工厂，军事间谍应力求认识与熟悉；并应计划如何临时其地电话、电报之交通。（四）军事间谍当设法鼓动中国人对于日本之信仰心；而在可能情形之下，尤当与中国之地方文武官宪缔结私人间之交往，以观察其人之品性，及其对于军事政治上之同国敌人之意见，而侦察其有无秘密活动。（五）军事间谍于其侦察区之经济情形及变化，亦有认识及了解之必要；而矿业、银行、商务企业之有关于军事方面者，尤宜注意！而日本驻沪之军事间谍团，则为优秀之青年军官所组织，而所以履行其任务者，有四途焉：（一）化装潜入日人在沪所开设之纱厂中充当工人，以便从中交接所雇用之中国工人，而利用为汉奸以刺探中国情形。（二）借工人名义以进入中国军事机关，而拜访有关系之工役，从中探听军事消息。（三）利用各种参观团及考察团名义以旅行国内各地，而乘机侦察我国防建设及军事之行动。（四）利用跳舞以入舞场，择擅色艺、工颦笑之名舞女，贿以重金，饵以珠饰，而借舞女以诱惑我军政长官，于巧笑倩盼之中，以刺探军事政治之重要消息而供给情报。日本情报人员之用女子，以色蛊，亦同德国！日人在其本国，挑选美丽动人之少女，而授以间谍之训练，擅中国南北各地之方言，服中国装，而以分派中国各大政治军事中心地点为娼妓；或散布各舞场充舞女，勾结我政府要人以及熟悉党政军情形之在野要人，而探取重要之情报；而舞场尤所利用！日本驻沪之国际侦察局，旧由化名李云霞之女间谍川岛芳子主持，上海各舞场，无不有其芳踪！及一二八上海之战，川岛尝以舞女为十九路军某军官所欢，得以直接抄取军事计划而侦知闸北之地形及我军布置；十九路军遂以败绩失守！而川岛为我志士所狙击，伤而未死，遂北返，而继之以舍英岛，拟具计划以呈请东京参谋本部者核示者三事：（一）尽量利用女性间谍。（二）在沪创设跳舞学校两所及宏伟之舞场一所，而利用曾受间谍训练之舞女以接近中国军政绅商各界。（三）设法收买各机关及各团体学校有声望之交际花，使之参与间谍工作，以诱惑我方军政要人，出入过从，既以于不知不觉之间，刺探消息；亦可乘机以金钱收买为高等汉奸也！方我二十六年抗战之未起也，广东、福建两省，有不少化装茶房女侍之日籍女子，散布广州沙面及长堤一带以招待青年军官及政府机关职员，买弄色相，而成好合，遂为挟制以供情报；既而为广州市警察局勘破，斥有间谍嫌疑以取缔驱逐云！日本亦如德国，凡特务人员，非几经挑选，而授以特殊之间谍训练，不以任也！日本同文书院者，日本第一任参谋总长川上卖其住宅以为基金，而创设于上海之徐家汇，招其子弟以来中国，治中国之学及语言文字，展览成绩，余往观焉，见所谓支那分省调查，绘图极细，穷乡小镇，朗若列眉；问所以？则春秋佳日，分遣诸生，以游览为实地图绘，汇装成册；闻之咋舌！呜呼！此日本之中国“生间”养成所也！苟非我泱泱大风之中国；走遍地球，几见有一国焉，肯容异国在封域设书院，培间谍以图逞志，而熟视无睹，大度不校者乎！吾闻日本佐贺官立学校，延一美人为英文教师；一日作文，以“何为学英文”命题。一生交卷曰：“英文为世界第一强国之文！我欲征服英国，不可不知英国；而不知英文，则何以知英国！我知英文，知英国；然后可以跨海出兵，征英国而无所虞！此所以学英文也。”其师为瞠目！今日本之设同文书院以招其子弟来中国也，岂真敦同文同种之谊以有爱于中国文化，毋亦欲知中国以征服中国也！及大战之起，江南沦陷，而诸县之宣抚班长及县政顾问，几无不为同文学生焉！呜呼！此日本之中国“生间”养成所，不可不特笔也！德国国社党，以各国旅行为“生间”；德国志愿军之军用波兰地图，是则一九三七年，德国旅行家之所绘献也。而日本则有渔船以游弋异国领海；有理发师，有洗衣工，有御料理店以深入内地；形形色色，或海陆军人假装，或其人素业，而要之发踪指示自军部！英国帝国会议以一九二一年议决建筑新加坡军港；而日人渔船以其时出没新加坡沿海，英人之所恶也！空军根据地附近之彭贡，日人则开十余家啤酒店及养渔场以营业焉！柔佛有日本餐馆日玉川酒家者，价廉味旨，游客驰誉，一登玉川，而柔佛海峡之形胜，一览无余焉！一九三八年，军港落成；英人举行海军演习以为祝典。而有日本货船曰婆罗洲丸者，乃碇泊在白拉江之马地，则设防岛屿也，离新加坡船坞，才六百码耳！适从何来，遽集于此！英人以为大嫌，而于是海军预定之演习程序乃大变也！巴拿马运河，为美国大西、太平两洋舰队作战时调动增援之生命线；而已故日相大隈伯爵尝作豪语曰："美国舰队如欲利用巴拿马运河以入太平洋而危及日本安全时，两岸日侨三十万，咸愿受命奋身以全体沉入河中而塞其途也！"一九三四年美国舰队通过巴拿马运河之试航，事先严禁泄露消息；然试航所经，某时某处，东京报纸，逐日披露；则日本间谍之密布运河可知！而运河两岸之日侨，百分之七十五，皆无固定之收入；设理发所者，终日不剪一发；设衬衫厂，终日不售一衣；设料理馆，终日不烹一菜；而渔夫所用钓竿，以钢为丝，以铅为饵，其端无钩，而直沉水底以测运河深浅而已！荷兰东印度政府亦声言："日本渔船以作海军眼线。日本后备军官以乔装洗衣工人。"有一日本捞网船，沿海逡巡，尝为荷兰哨兵所击沉也！荷兰人不许东印度土人窥探军舰；而有一日本巡洋舰驶达爪哇井里汶时，礼延土人，登舰参观。于是荷兰人大哗！而一九三三年以后，日本宣传人员，与东印度土人以耳语运动，鼓之反荷，则尤荷兰人之所疾首痛心者也！一九四一年，五六月之间，自称日本出口公司代表之人物，纷纷藉藉以抵泰京曼谷，腰缠累累，而商业之经营，又非所措意！街谈巷议，咸谓其中多日本化装之海陆军人；而赁屋必在街角，以便一旦有事，用机关枪扼守，以控制泰京，威胁泰人。及十二月，太平洋之战起，而泰人行动不得自由，惟日人之所欲为矣！此亦日本之“生间”也！然海军国之所惮者，尤莫如日本渔夫！一九四二年一月，英属加拿大政府声言：“哥伦比亚有日本居民七万人，以渔为业；常出没加拿大太平洋沿岸以至阿拉斯加，海道熟谙；及战之起，而征役于日海军之潜艇及航空母舰矣！”此日本之“生间”，以活动于太平洋者也。义大利国民之侨居尼罗河流域者六万余人，大都出生埃及，而其久者，祖父相传，历一百五十余年；然始终未脱离义大利国籍，而与埃及人杂居以相习，操阿拉伯语，熟谙其风土人情，而知其好恶；于是墨索里尼因之以组义大利第五纵队矣！无一义侨不加入法西斯团体，其团体，则有所谓行动队者，所谓休闲协会者，所谓青年团者，所谓义大利参战军人协会者，形形色色，而无一团体不有严密之部勒，不有半军事性之检阅。埃及政府，下令取缔，而羽翼已成，伏莽堪虞！此义大利之“生间”，以活动于埃及者也。然则今之所谓“生间”者有三：一曰外交官员。二曰特务人员。三曰侨民。以侨民为鹰犬，而以外交官、特务人员为发踪指示者也。一九四二年十一月，美政府之艾森豪威尔将军袭取法属北非也，亦先之以间，而资侨民莫菲氏以为用！莫菲氏者，尝任驻维琪大使馆参赞，而侨北非之日久；与法国驻军统帅魏刚将军有旧，往来过从，一日，以言餂曰：“设我以美军假道，将军许之乎？”魏刚笑曰：“君以一师兵来，我将开枪；设君有兵二十师，则我拥抱而吻汝矣！”莫菲氏喻其意，及一九四二年一月受命，而经营一百货商店。美政府则选精通法语之外交官二十人，佐莫菲氏以为店夥。不论土人法人，有来顾者，其夥则和颜婉语，其货则价廉物美，趋之如鹜！而法国驻军将校之眷属，尤笑言承迎以得其欢心！久之，莫菲氏得介美政府代表克拉克少将以与法国驻军将校相见，得其默契，而艾森豪威尔进兵之有成功；亦“生间”之一例也。

故三军之亲，莫亲于间；

（训义）杜佑曰：“若不亲抚，重以禄赏，则反为敌用，泄我情实”王皙曰：“以腹心亲结之。”

赏莫厚于间；

（训义）梅尧臣曰：“爵禄金帛，我无爱焉。”张预曰：“非高爵厚利，不能使间。陈平曰：‘愿出黄金四十万斤，间楚君臣。’”

事莫密于间。

（训义）杜佑曰：“间事不密，则为己害。”张预曰：“惟将与间，得闻其事，非密欤？”

非圣智，不能用间。

（训义）杜牧曰：“先量间者之性，诚实多智，然后可用之；厚貌深情，险于山川，非圣人莫能知。”王皙曰：“圣，通而先识；智，明于事。”

非仁义，不能使间。

（训义）郑友贤曰：“使间者，使人为间也。非仁恩，不足以结间之心；非义断，不足以决己之惑。”

非微妙，不能得间之实。

（训义）杜牧曰：“间亦有利于财宝，不得敌之实情，但将虚辞以赴我约；此须用心渊妙，乃能酌其情伪虚实也。”梅尧臣曰：“防间反为敌所使，思虑故宜几微臻妙。”石声淮曰：“诸家解‘非圣智不能用间，非仁义不能使间’，以为圣智以知间之性，仁义以结间之性；非是！此两句反剔上文，谓能用间之谓圣智，能使间之谓仁义也。上文谓‘兴师十万，不得操事者七十万家，相守数年以争一日之胜，而爱爵禄百金，不知敌之情者，不仁之至也’；则能使间，为仁至义尽；故曰‘非仁义不能使间’也。‘明君贤将，所以动而胜人，成功出于众者，先知也！先知者，必取于人，知敌之情者也。’‘先知’之谓‘圣智’；故‘非圣智不能用间’也。既用间而为圣智；使间而为仁义矣；又贵知几察微以得间之实；故曰‘非微妙不能得间之实’。如此，则上下文脉络贯通，似胜旧解也？”

微哉微哉！无所不用间也。

（训义）梅尧臣曰：“微之又微，则何所不知。”

基博按：“微”者，知之于无形，察之于未兆。

间事未发而先闻者，间与所告者皆死。

（训义）杜牧曰：“告者非诱问者，则不得知问者之情，杀之可也。”梅尧臣曰：“杀间者，恶其泄。杀告者，灭其言。”

凡军之所欲击，城之所欲攻，人之所欲杀，必先知其守将、左右、谒者、门者、舍人之姓名，令其间必索知之。

（训义）杜牧曰：“凡欲攻战，必须知敌所用之人，贤愚巧拙，则量材以应之。”张预曰：“守将，守官任职之将也，谒者，典宾客之将也。门者，阍吏也。舍人，守舍之人也。”

必索敌人之间来间我者，因而利之，导而舍之，故反间可得而用也。

（训义）张预曰：“索，求也；求敌间之来窥我者，因以厚利诱导而馆舍之，使反为我间也。言舍之者，谓稽留其使也；淹延既久，论事必多，我因察敌之情。下文言四间，皆因反间而知；非久留其人，极论其事，则何以悉知！”石声淮曰：“张预解‘导而舍之’，以‘导’为诱导，‘舍’为馆舍，非是！‘导’者，示也；‘舍’读为舍，释也，纵也。所贵用反间者，不但利其泄敌情于我；尤利其反国而为我作间也。‘导而舍之’，谓授之以方略，然后纵使归国而为我之间。下文四间可得而使，不仅因敌间输情于我，我知其瑕隙而蹈之；抑且谓资反间而使四间与我通声气也。”

因是而知之。故乡间、内间可得而使也。

（训义）张预曰：“因是反间，知彼乡人之贪利者，官人之有隙者，诱而使之。”

因是而知之，故死间为诳事，可使告敌。因是而知之，故生间可使如期。

（训义）梅尧臣曰：“令吾间以诳告敌者，须因反间而知敌之可诳也。生间以利害觇敌情；须因反间而知其疏密，则可往得实而归如期也。”

五间之事，主必知之；知之必在于反间，故反间不可不厚也。

（训义）杜牧曰：“乡间、内间、死间、生间四间者，皆因反间，知敌情而后用之；故反间最切，不可不厚也。”张预曰：“人主当用五间以知敌情；然五间，皆因反间而用；则是反间者，何可不厚待之耶！”

右第二节论五间之事。

基博按：五间之用，不外二端：曰“因间”，曰“内间”，曰“反间”，因敌之人以为间于内也。曰“死间”，曰“生间”，用我之人以为间于敌也。特是孙子五间，“反间”筦其枢；近代用间，“因间”妙其用。而间之为“因”，有今之所有，而古之所无者：一曰新闻间。二曰政治间。三曰留学间。四曰宗教间。五曰民族间。六曰主义间。其中政治间、留学间，往往得志为官人，则为“内间”。而要不外因其国人而用之；盖“因间”可以包“内间”，而“内间”不出于“因间”也。新闻间者，因其国之新闻家而用之也。一九一四年七月，欧洲第一次大战发生，义大利社会党人，咸持义国中立之议；独墨索里尼以社会党机关报《前进》之主笔，而昌言参加协约作战；遂为社会党开除，而夺其《前进》主笔之职！于是墨索里尼受法人之津贴，以创《义大利人民报》；大声疾呼而倡参战；盖法人亟欲引义人参战以分德之兵势，而亦免南顾之忧。墨索里尼向主笔《前进报》者两年，而以言论锋锐，倾动其国人，遂以成名；固法人之所欲用也！法国记者，尤不惮造新闻以货巨金，变乱是非，摇惑观听！一九三一年，日本之进兵满洲也，巴黎各报，议论无不袒日；以日金饱其囊橐也！一九三三年，义大利之侵阿比西尼亚也，一年之间，津贴法国各报以六千五百万法郎；无冕之皇，亦墨索里尼之所欲用也！希特勒亦挥金如土以献于巴黎无冕之皇！一九三九年夏，法国极右派代表盖鸾理，在国会检举外交部长庞莱之柏林代表白理农，为其数月之间，受德金至三万万佛郎，以为收买法国报馆，鼓吹和平，提倡国社主义也！巴黎小报，有名曰“嘴与爪”者，德之国社党、法之政府，各致津贴；而主者两受焉！东海西海，万国朝贡，此巴黎无冕之皇，亦人豪矣哉！东京之报纸，亦有阳以牖导日本人之爱国，阴以响应德人之舆论，而为之间者！《报知新闻》，东京著名之报纸也；董事长及社长，虽为日本人；而股权，则已全落德国第五纵队之手！董事长则为一败落之伯爵；第五纵队饵以厚贿而为傀儡；然日人之读者，无不信《报知新闻》为本国极端爱国主义之发言人；讵意不知不觉以浸润国社党之理论，而为之喉舌也耶！政治间者，因其国之政治家而用之也。威廉二世之用列宁于帝俄，希特勒之用托洛斯基于苏联，日本之用汪精卫于我，皆所谓政治间也。凡一国失意之政治家，尤外国所欲礼罗，以烧冷灶，备后用！苟其当国之政治家，发强刚毅，所求不遂，则扶植其失意之政敌，以与为市，而削其势；日之于我，盖屡屡焉！其人有曰头山满者，日本间谍之长老也，年八十余矣！日俄战后，头山满处心积虑以注视中国及其他亚洲各地革命，而欲有以利用之！凡中国、菲列宾、马来亚以及缅甸、印度之革命家，不为当地政府所容者，无不延揽，须白如银，意度温克，见者以为巨人长德也。握手出肺肝相视，受其金钱，听其议论；而头山满如簧澜翻以教导革命。我国之革命长老，亦必有为座上客者！一九三六年十一月，中东伊拉克之巴克西特基将军举兵以杀其国防大臣查法；而纽里将军者，查法之妹夫，而伊拉克政治家之典型也！英人亟用飞机以载出国，而保护之。义报讥之曰：“此奇货可居也！英人工心计，唯利是图；飞机汽油，岂漫费！”嫉忌之辞，如见肺肝！盖政治亡命者，固外国人之所欲因以为间者也！留学间者，因其国之留学生而用之也。人之于所学，不能无囿；而留学外国者，往往为其国文化之文化所炫，思想既有所囿，感情亦以渐合；始而爱好其文化，探讨其学术；继而服习其土风，结交其国人，此亦人情之自然；而野心之外国，往往因之以用为间！如在弱小后进之国，而留学先进强大之国；其留学生回国，尤为社会人士所欣慕，而得国家之柄用；此尤野心之外国，所不能漠视！日人尝以太平洋佛教协会之介，邀上等缅甸人，免费游日；而奖励缅甸青年，留学东瀛，交换日缅文化，鼓励日缅合作；司马昭之心，固属路人皆知！而日人利用我留日学生之当官而得政者，以为间买国；三十年以来，其人其事，悉数难书，而为国人之所周知，无待缕述者也！苏联于一九三二年以前，红军将校多派赴德国参观陆军留学，而以与德之国防军有密契；于是史丹林有一九三七年之肃军，诛其大将。义大利人在开罗所设之中小学不少，埃及子弟可以免费入学；暑假时，可免费以赴义旅行。而埃及前皇弗阿德曾之肄业罗马军官学校也，尝备受义皇室之优待，而以表现露骨之亲义色彩矣！此亦留学问之适例也！吾国留学诸君，衡政论学，往往谈吐之间，留英、美，则袒英、美，留德、日，则袒德、日；甚有自轻家丘，不妨冷嘲热讽；闻诋所留，便欲发声征色；芸人舍己，彼哉彼哉！倘非厚培爱国自重之观念，导扬民族文化之信心；一旦敌国外患，而为所留，皆人所欲因以为间，而所可因以为间者也；可不为之大哀乎！宗教间者，因其国之与吾同宗教者而用之也。欧美传教，航海东来，虽有文化侵掠之嫌，尚无军事间谍之据！日人之佞佛，人所知也！佛法慈悲为怀，顾日之军人，则以佞佛为用间，以僧侣为间谍！太平洋佛教协会之组织，所以网罗中国、印度、暹罗、缅甸等国之僧侣，而因之以用为间也。印度者，佛教之祖国也。日人则设东亚佛教协会、佛教兴亚会以遍于印度名城，而饵印度之佛教徒焉！顾印度四万万人，中有九千万之回教徒；而日人无奉回教者，顾设有伊斯兰文化协会、大日本回教协会，以一九三八年五月，于东京建筑宏丽之回教礼拜堂；落成之日，以盛礼邀请印度之回教徒赴会，而请其向世界广播，以颂日本之崇礼回教；谁与主持之者？则陆军大将、前内阁总理林铣十郎也！于是印度人之反英者，足迹不绝于三岛；而欧战之起，印度人反战运动之澎湃，日人遂以推波助澜焉！则以宗教间之为用也！缅甸者亦佛教之祖国；而仰光者，抗战以来，我国国际输入仅能假道之一地也！于是日人交欢缅人，因佛教以投所好，组织日缅佛教协会；政府资以经费，馈遗缅人之现任官吏、国会议员、报馆主笔；而僧侣之在缅人，信仰既深，势力尤雄！一九三七年五月之浴佛节日，大光寺前，麕集数万之群众，而要求修改宪法，扩大自治，反抗中缅之交通。政党党员，以欲得欢于选民，而高唱排华；不问而知日缅佛教协会之所发踪指示也！宗教间之成功也！日本回教联合会，又尝派东京神学教授谷正氏至爪哇，设计于荷兰东印度各地，各置回教区长一人，助理四人至五人，上说下教，以联络其地之回教徒；每区由日本领事馆拨发开办费一百盾；干卿底事，而不惮烦？则以宗教间之资以为用也！然而狡焉启疆，何国蔑有！西藏者，亦佛教之宗邦，而我之藩服也。前清之末，达赖喇嘛有师保日德尔智者，俄之布利亚特人也；幼而入藏朝山以抵拉萨，住哲蚌寺十五年，博习经典，而为达赖喇嘛之所宠幸，遂因以通于俄国。一八九六年，俄人组织赴藏考察团，假装朝山香客，经中国之蒙古，新疆以聘拉萨，而因德尔智以为间，迎藏人之所信，其中多喇嘛，多德尔智同族之布利亚特人；自达赖喇嘛以下各大寺院，无不有献，币重而言甘，而欲得西藏以为俄用！藏人大悦！然印度者，英人之外府也；实逼处此，卧榻之侧，岂容他人鼾睡；于是以一九〇四年，派荣赫鹏大佐率兵入藏。达赖喇嘛望俄援，不得；遂出奔，而派葛丹寺梯林布奇代表与英人言和，放逐德尔智以离西藏。而德尔智则绝交不出恶声，将行，遍谒有权势、有交谊之各大寺院，献金馈物，以示眷恋之意，而系先后之思；所费不赀，而一出于俄廷；此亦宗教间之适例焉！民族间者，因其国之与吾同人种者而用之也。民族间，始于巴尔干半岛。巴尔干半岛，为十余种之民族错糅而居；而斯拉夫族实居半数；则斯拉夫人之力，常能为巴尔干半岛之中坚，明也！然全世界之斯拉夫人一万六千万；而在俄罗斯者，一万一千万焉；故斯拉夫族，以俄为宗盟；而其他散播于奥匈帝国以延及巴尔干半岛，如塞尔维亚、保加利亚等支族，憔悴呻吟于奥匈及土耳其压迫之下者，其视俄也，若弱弟之怙恃其长兄；此事理之最顺而易驯致者也。方帝俄之秉大彼得遗训，注全力以经略东南欧，其始亦恃军威以力征已耳！十七十八两世纪，与土与奥，凡大小十余战。迨十九世纪，民族主义披靡一世；俄人遂利用之以为侵掠之资，于是所谓大斯拉夫主义者兴焉！大斯拉夫主义者，举凡住居于东南欧之斯拉夫民族，抟为一体，脱离他族之统治，或成为单一国，而戴一斯拉夫之元首；或成为联邦国，而戴一最大之斯拉夫国为之主盟也。俄人既揭斯义以涣然大号于斯拉夫族，而复以快语歆动之，以愤语刺激之，其言曰："欧洲三大民族迭兴：拉丁族之历史在过去。条顿之历史在现在。而我斯拉夫族之历史在将来！"又曰："以拥有一万六千万之斯拉夫族，而让区区五千万人之条顿族，宰制世界以握霸权；诚窃为吾族耻之！"其论起于一千八百三十年之顷，始倡之者，不过数人；而斯拉夫族心同理同，如响斯应；至十九世纪之下半期，而大斯拉夫主义之团体及言论机关，已遍于东南欧矣！有大斯拉夫主义所属之团体，曰国民共励协会者，总会设于塞尔维亚之首都，分会遍巴尔干各地以延及奥匈境内，而俄之将校实阴主之！自一八三〇年，以终十九世纪，巴尔干半岛诸国，先后举兵以脱离土耳其独立，什九皆国民共励协会为之发踪指示也！然奥匈帝国之人民，五千一百余万；而二千五百万人，为斯拉夫族；如大斯拉夫主义，乘间抵巇以得逞于奥匈，则帝国不国矣！是大斯拉夫主义者，奥匈帝国之所不许，而必出死力以相持者也！及一九一四年六月，奥皇太子菲的南以阅兵边境披士尼亚州，而被刺死；刺客二人，即日就缚，皆塞尔维亚人也；而讯鞫所以，则塞京有所谓国民共励协会者实主其谋；而披士尼亚州之巨室名士，莫不隶籍为会员焉！披士尼亚州州议会议长亦就逮，且抗言曰："太子之来，吾党环而图之者，不知凡几辈也！不此则彼，必无幸！谓余不信，盍一检寝室食案！"迨检，则时表之侧，盥器之旁，累累然三炸弹焉！有一雏婢侍寝食者，且持炸弹七！而于是滔天之大战以起！此则民族间之始作俑也！铁血宰相俾斯麦，既相普鲁士王威廉一世，以日耳曼主义，抟一其民人，建德意志帝国，而雄飞欧洲。及威廉二世即位，更欲推而大之，揭大日耳曼主义，高掌远蹠，欲以抟一世界各国之日耳曼族，而为之元首以建一大帝国；不幸战败！希特勒绍其雄图，旗鼓重振，以奉天承运自命，而以天诞聪明之日耳曼族，宰制世界，天职攸存，义不容辞；振厉其民人，而以送秋波于其他世界各国之日耳曼族，声应气求，相为勾结，组国社党，资以武器。北自斯堪迭纳维亚半岛之丹麦、瑞典、挪威，以延中欧之奥大利、匈牙利、捷克，近东之罗马尼亚、保加利亚、南斯拉夫诸国，无不有当地出生之日耳曼人所组成之国社党或准国社党焉。及其声生势长，而并奥大利，吞捷克，胁匈牙利、罗马尼亚、保加利亚，兵不血刃；实以国社党之为内应，抑亦民族间之大成功乎！主义间者，因其国之与吾同主义者而用之也。苏联列宁言："国际资产阶级，如欲攻我；只一举手之间，而所佣工人，已牢捉其手，不得动矣！”列宁、史丹林既以共产主义，号召世界各国之农工无产者，而为国际组织，惟所指麾，以因之为间。德希特勒即以国社主义，号召世界各国之军政反共者，而为国际组织，惟所组织，以因之为间。相摩相荡，此之谓主义间也。民族间，始作俑于俄人，而德人效尤焉！主义间，亦作俑于苏联，而德人效尤焉！民族间，以民族感情，而组织异国之同民族以因为间。主义间，以主义宣传，而组织异国之异民族以因为间。民族间，可以破国界，而利用世界各国之同民族。主义间，盖以扩国际，而利用世界各国之不同民族；范围愈大，运用愈活；此第一次欧洲大战之所未见，而推陈出新，后来居上者也！然苏联之主义间，与民族间，各行其是；而德人则主义间，与民族间，打成一片。史丹林以希特勒相煎太急，而咄咄逼人也，于是以一九三五年，示意各国共产党徒，暂时放弃世界革命。其年春，法国外长赖伐尔造访，谈次，史丹林谓：“法国同志，不可不放下革命，而扶持法国之政府及其军队，以抗纳粹之势力！”法国共产党人闻之，大哗，以谓：“如此，则失其所以组织；主义放弃，信仰堕，而党亦瓦解矣！”史丹林则曰：“无伤！此所以保护苏联之代价也！无论何国之共产党人，其责任之最大者，莫大于抵抗纳粹主义！希特勒者，共产主义之大威胁也！共产主义之中坚堡垒，为苏联；苏联不保，何有于共产！所以法国共产党人，应牺牲其党之立场，抛弃法国革命之初衷，而得法国及法国陆军之力，以反抗希特勒，而保卫苏联！”乃以其夏召集共产国际大会于莫斯科，申明此旨。质言之，可牺牲法国共产党，而不可牺牲苏联；有利于苏联，则信仰必遵；无利于苏联，则主义可抛！世界各国可以无际，而苏联不可侵犯！欲以苏联为中心，而播共产于国际，左右曰以，惟命是听。此主义间之妙用，而兼并之新法也！呜呼！秦之所以并六国者，征战之功三，而间谍之用七，苏秦、张仪之徒，纵横捭阖，实当日之国际间谍也！散六国之纵约以伐其交；离六国之君臣以散其势；遣辩士阴赍金玉，厚遗结其名士，有不受吾金，则诛以一剑；莫非间之为用！此李斯之所以教秦，而六国之卒见并也！观于今日，希特勒之叱咤生风云，纵横欧陆；闪电战之突飞而猛进，固举世之所震也！间谍之广播而深入，尤有识之所戒也！闪电之战，只以败敌之军队，堕敌之国防；而间之为用，则以堕敌之士气，散敌之民心！民心既散，国势自溃！国之破于闪电战者，什二三；而国之破于用间者，什七八焉！岁费四千万镑以组织国际之国社党。希特勒曰："虽裁数师之陆军以事此，亦所不恤！"国社党之德国，非开明之政府也；盖阴谋之党团也！国社党之范围为世界，其目的在征服世界，而其原动力，则在数千万流侨外国之德国人，整齐训练以隶籍于国社党，而惟所驱策！先是德意志帝国，尝制定双重国籍法而颁布之："凡德国人之在外国者，可以转籍为法人，美人，或葡萄牙人，而仍不失其固有之德国国籍。"一九三七年六月，苏联赤军肃军之狱，骈诛大将八人，其中考克与费尔特曼两将军，则苏联籍之德国人也！及希特勒之柄政也，留美德侨，有非希特勒政策之所欲压迫，而流亡以来者，皆转籍为美国人。问其所以？则应曰："乐美国政治之自由，不如德国之拘束"；其辞则然也；而其实，则为希特勒阴谋之所驱使，而欲使自由民主之美国，成为希特勒之美国，而活动以为内间也！有一德国之高级技术家，而投美国广播公司，愿得一职以自效；此其用心果何在乎？借广播以传播希特勒主义及其政策，一也。得各方情报以告希特勒，二也。猝有内变，得广播以散谣言，三也。五十年以前，转籍之德国人，而生子；柏林当局必登记，以使之毋忘为德国人，而隶国社党之组织，施以武装之训练。美国有国社党训练最精粹之第五纵队，而配备以德国精良之武器；一旦与美宣战，则操戈以内应，舟中之人皆敌国矣！此其转籍者也。至于不转籍之外国德侨，希特勒政府必告以“恪守居留国法律”；不可不尊重居留国之法律，而亦申儆之曰：“不可不尊重德国之胜利！”德国人民，非警察许可，不得出国；而出国之后，必以见闻随时报告；及抵达居留之国，必投所在之国社党人员，报告住址，而与之有系。一九三六年，日本中学大学之德籍教师一百人，其中八十七人国社党党籍列其大名；而受指挥于德国驻日东京使馆奥笃将军。无一日本中学不派国社党宣传员；而宣传员之所自，则德国地理政治学院院长霍斯浩佛博士所主办之第五纵队人员养成所毕业者也。无一德侨商店，不有国社党党员一人。日德文化协会之指导者，厥为精明强干之德国瓦特尔端纳博士，而柏林外交部长秘书波尔主持之国社党国外组织会之会员也。苟有一事，而为日本习俗之所尚者，国社党之德人，无不依样葫芦，投其所好；春秋佳日，必见国社党之德人，叩谒神社，遇军部显要，则致国社党之敬礼。凡所以罗致日本人人国社党者，无所不用其极；以东亚新秩序之一讲题，而为国社党之公开演讲，意若即国社党之政纲也者！口舌游说，酒食征逐，金钱收买，而收买之费用，一九三八年德国驻日使馆，支付日金七十八万元；而费之所出，不患无着，半汇自柏林之外交部，半税自侨日之德商也。荷兰有一显官，雇一女佣，为德国籍而哑也；一日，闻其在厨房，与一谁何不知姓名之人语，所操者，乃流利之牛津英语也；大惊而逐焉；然机要文书，则偕女佣以杳如黄鹤矣！虽然，此犹德国人也；乃至非德国人之斯堪的纳维亚人，荷兰人，操法兰斯德语之比利时人，操德语之瑞士人，以及盎格鲁撒克逊人，印度，则以同一亚利安人种相标榜，相号召，而勾结之隶国社党。其发踪指示之中心机构，为柏林之国社党；而其指臂之相使，则为党之国外组织，有六百以上之地方团体，而统之于四十五以上之支部；每一国有一支部，而总其成于柏林之一人曰波尔者，其人有八百以上之助手，而其名义，则外交部之秘书也。如有一国焉，不能或不敢以国社党标榜，则别为题署；如在罗马尼亚，则曰铁卫团；在瑞士曰真正同盟；在美国曰美德协会；在日本曰日德文化协会；曰同志会；其名尽异，其旨则一，而务以贯彻希特勒之阴谋。在太平无事之日，游行悬旗，率励徒众，或纪念国社党英雄以集会，或庆祝希特勒生日以集会；而侦伺其国之不悦希特勒以图相抗者，开成黑名单，乘间抵巇以暗杀之；或绑架之以至德国，而予以处刑。一旦开战，则异军突起于其国，而为希特勒之内应焉！所以施之于奥大利、捷克及挪威、荷兰，莫不皆然已！如居留外国之德人，而有不忠于国社党者，则有政治警察五千人，散播各国，隐形监视，腹诽者诛，偶语有刑；如得其人，有罚无贷者也！政治警察之训练，厥在德国陆军情报部之心理实验室；主其事者，曰伏斯上校白薛蒙尼脱；而其中有一学程，曰国际心理学者，盖军事间谍、政治警察，以及国社党之国外组织人员之所必修也。慕尼黑之德意志地理政治学院，则尤德间之所发踪指示也；霍斯浩佛博士，实为院长，其下有科学、历史、地理、经济及工商业专家数百人，受其指挥！夜以继日，分门研究；而间谍四出，以遍播世界各国，刺探政治机要，以至工业、商业及技术，如有变革，随时报告，以供专家之研究记录，分类编号，而储之宏伟之政治地理图书馆，以贡献于希特勒，而备咨询考论；又为设计策动罢工，鼓煽政潮，以观各国之应付，而试其权能焉。然希特勒之所以驱策党徒，而为间于国外者有二：一曰国社党之国外组织，波尔之所指挥也。一曰德国驻外之公使、大使及领事，外交部之所委派，而亦在政治警察隐形监视之下者也。政治警察之于驻外大使及领事，严密注意，曾有其人谈吐之间，一言半语，藐视元首，而流露于不自觉者乎？抑或一言半语，欣羡自由，而以不适于现代德国之政况者乎？如有其人，则政治警察之所必检举，而不容一日尸位者也！倘其人有造于希特勒之阴谋，斯称职之外交官矣！美国旧金山之德领事魏德玛，希特勒尝明令嘉奖，谓其一九三九年七月，煽动美国国会，而以不通过罗斯福所修改之中立法也。此希特勒之所以用间之组织也。虽然，岂特希特勒之德国为然哉，观于日本之所以组织其居外之日侨，而受指挥于特务人员者，亦如德之于其侨矣，观于苏联之用共产党于国际，而因以为间者，亦如德之于国社党矣！《传》不云乎！“用兵之道：攻心为上，攻城为下。心战为上，兵战为下。”而间者，则“攻心”“心战”之所为用也！往者欧洲第一次大战，连兵四年有余，而帝俄之先屈于德，革命也！德之继折于英法，亦革命也！邦分崩离析，岂战之败哉！而原革命之所由起，半由于人民之厌战，而半由于间之为用也！呜呼！非鸷悍敢死之士，不能为间！惟愚懦无知之民，能动于间！开战之初，士夫雍容而谈和平；久战之后，人民慌怯而苦征战，张皇敌势，以相震惊；原其初衷，亦岂有他；而不知不觉，乃为间所用，以传播谣言，而扰动人心也！一九一八年六月，德国兴登堡大将尝有慨乎其言之曰：“呜呼！吾德人民，殆以自私自利，而不惮牺牲祖国矣！饥寒交迫，死丧之威，神经错乱，道德堕落，乃以敌人之胜利，而视为祖国之幸福与和平所由致；用心刺谬，为何如乎！然后知向者托洛斯基在不勒斯特之所宣讲，非无效于德人也！迄于今日，而德军之胜利，人民不以为喜；英、法之宣传，人民乃以为信；于是我军民抗战之力，日以委靡；而敌人攻心之狡谋得逞，国其殆哉！”呜呼！此德人之所以百战百胜而无成，亦以英、法之用间也！吾中国和平为怀，岂有阴谋以肆志于侵略，间亦于我何用；然而不可不知间之为用；知间之为用，乃不为间所用！《荀子·议兵》：“兼并非难，坚凝为难！”此为当日秦之侵略言之也！吾则曰：“坚凝为难，胜利非难！”此为今日我之抗战言之也。倘知间之为用，而谣言不听，天君自泰，则坚凝矣！前车不远，德可为监也！此则耿耿之怀，所欲掬诚以告我邦父老，而不惮探颐索隐，以为缕说之如此。

昔殷之兴也，伊挚在夏；周之兴也，吕牙在殷。

（训义）何氏曰："伊吕，圣人之耦，岂为人间哉！今《孙子》引之者，言五间之用，须上智之人，如伊、吕之才智者，可以用间；盖重之之辞耳。"

故明君贤将，能以上智为间者，必成大功；此兵之要，三军之所恃而动也。

（训义）张预曰："用师之本，在知敌情；故曰'此兵之要'也。未知敌情，则军不可举；故曰'三军所恃而动也。'"

右第三节，论间以上智，乃成大功，为一篇结穴。

基博按：孙武论用间有五，而未明所以用五间之法，则间可以为胜，亦可以为败。宋儒苏洵论兵著《权书》之明间也，以为："五间之用，其归于诈，成则为利，败则为祸。且与人为诈，人亦且将诈我；故能以间胜，亦或以间败。吾问不忠，反为敌用，一败也；不得敌之实，而得敌之所伪示者以为信，二败也；受吾财而不能得敌之阴计，惧而以伪告我，三败也。"然则如之何而可？曰：《荀子·议兵》不云乎，"窥敌观变，欲潜以深，欲伍以参。"杨倞注："谓使间谍观敌，欲潜隐深入之也。伍参，犹错杂也；《韩子》曰：'省同异之言以知朋党之分；偶参伍之验以责陈言之实；'又曰：'参之以比物，伍之以合参也。'"明人无名氏《草庐经略》之论间谍曰："五间俱起，固当总而角其同。即一间之中，不可不多其人，以觇言果同否，则始为真。五间各不令相知。生间之人，亦当择其彼此素不相识者而遣之；则其所谓敌情，各述所闻，吾始得较量其同否，而察其真伪。何者？为间之人，一相知识，则必符同其说以巧用其奸，而吾反为间所诳矣！故为间之人不一，而知问之人惟我，详询而观其诚，参订以诀其微，幻如乌有，秘若鬼神，敌虽善扃，能遁其情乎？不然，或用间以成功，或凭间以自倾，间可常恃耶？"此则荀卿"欲伍以参”之说也。特是用间之言，欲“伍”以“参”；而用间之人，在“知”以“试”。宁都魏世效《昭士文集》，有《书苏文公用间后》曰：“苏子之三败不易矣；三军之事，不用间，不能成功；用间，则三败不可试。然则间终不可用乎？吾谓间之之道有三：三者何？吾习其人矣，吾知其心，又知其才之足以济，夫然后其人可用也，道一；吾有大恩于其人，人愿为我死，我用之，道二；吾知其人之才，吾不可以知其心，吾可以制其父母妻子之死命，是其势可用也，道三。故曰用之之道有三，非三者，则不可用也。虽然，诚欲用此三者，其道一而已矣，曰试之。试之之道有二：二者何？吾知其人之才矣，吾不深知其心，吾试之，置之于色货，观其动否也；置之于刀锯，观其变否也。吾知其人之心，吾不深知其才，吾试之，乘之以不可设以观其能应；窘之以不可测以观其能中。故曰试之之道有二，非二者，则不可试也。虽然，其所以试之者，一而已矣，一者何？隐是也。吾隐而试之，彼其人不知吾之将欲用之也，夫然后间可得也。”盖“伍”以“参”，所以明之于用间之时；而“知”以“试”，则以预之于用间之先。先之以“知”与“试”，用之于“伍”以“参”，而后三败之害可杜，五间之利以尽也。不知此者，不足以用间；吾故特表而出之，以匡孙武之漏义，而弥缝其阙云。

孙子今说

无人不知《孙子》为兵家之祖；然而无人能知其意以时措之宜！吾今援《孙子》以说明当前大战之中苏、英、法、美、德、日、义八国战略类型；倘亦所谓善言古者，必有验于今欤！

（一）战略与战术之异

古之人所谓兵法，不过作战之法尔。惟战有一时一地之交战；有不一时，不一地，数次以至数十次，数百次之交战，而成一大战。然战必为数十百次交战之所积累；而未有以一时一地之交战决胜负者！是故欲明战之所以为法，不可不知法之攸别：杀敌致果，用兵以为一时一地之交战者，谓之“战术”。而料敌制胜，计险厄远近，调节空间时间以运用各地之交战，而蕲以达最后之胜利者，谓之“战略”。德人克老山维兹《战争论》第二篇《论战之原理》，曾剖析言之。而返之吾国，《汉书·艺文志》论次兵书者四种，曰“权谋”、“形势”、“阴阳”、“技巧”。其称“权谋者，以正守国，以奇用兵，先计而后战，兼形势，包阴阳，用技巧”；是则克氏之所谓“战略”。而谓“形势者，雷动风举，后发而先至，离合背向，变化无常，以轻疾制敌”，则克氏之所谓“战术”也。《汉书·艺文志》著录兵书三十五家，而以《孙子》八十二篇居首，世传《孙子》十三篇，为其上卷，而以《计篇》冠首，其大指以为：“兵者，国之大事；死生之地，存亡之道，不可不察也！故校之以计而索其情，计利以听，乃为之势以佐其外。势者，因利而制权也。”曰“计”，曰“势”，盖挈《十三篇》之要焉！“势”者，兵家之诡道；“计”者，庙算之先胜；必先校之以“计”而索其情，乃为之“势”以佐其外。盖“势”者，因利制权，施之临战；而“计”者，量敌审己，虑于未战。自《计篇》以下《作战》、《谋攻》及《形》三篇，反复丁宁于“先胜而后求战”，“知彼知己”，“地生度，度生量，量生数，数生称，称生胜”，皆阐发《计篇》未尽之蕴；《孙子》之所谓“计”，《汉书·艺文志》谓之“权谋”，而克氏之所谓“战略”者也。《势篇》以下《虚实》、《军争》、《九变》、《行军》、《地形》、《九地》、《火攻》、《用间》九篇，皆论因利而制权之“势”；其大指不外言“战者，以正合，以奇胜”；“后人发，先人至”；“以诈立，以利动，以分合为变”；“由不虞之道，攻其所不戒也”；此则《汉书·艺文志》之所谓“形势”；而克氏谓之“战术”者矣。惟《孙子》之意，重“计”而不重“势”；则是“战略”重于“战术”。顾吾人之在今日，往往以一时一地战术之失败，而遽掉心失图于抗战战略之无成功，固为无知；然亦有沾沾自喜于战术之胜利，而无当于战略之成功者，虽欧洲名将，亦所不免！

近代欧洲之言兵者，无不推本于克老山维兹，而远承法皇拿破仑。然欲究明拿破仑之用兵，不可不先立乎其大；而吾人之欲杀敌致果以制全胜，不可不知战略之先乎战术，则固揆之《孙子》而无二旨！顾以自动武器之威力日张，战术之随武器以推陈出新，而战略往往在所忽视！一九三七年，法参谋次长罗亚楚著《战略之成功与战术之成功》一书，曾以此为申儆，而断断于战略之应居领导地位，战术应随之行动。犹以为未足，而著《一九一八年之德人战略》一书以为德人一再攻势之所以失败，只以偏重战术而忽视战略，所以一胜之为烈，而无裨于全局！及今日之大战，德人自一九四一年挟百战百胜之威以反兵于苏联，而倾国殚锐，亦曲尽闪电战之能事，再接再厉；顾钝兵挫锐，以迄一九四三年，情见势绌！有美国记者问红军第六十二军军长朱可夫将军曰："得无德军之战术有失乎？"朱可夫将军曰："德军之失败，在战略，不在战术；所以战术之胜利，无补战略之成功！"于是美人古柏因之而著《敌人之战略类型》一文，载一九四三年五月十五曰《民族杂志》，中谓："德人侵苏联之所以无成功，则由于低估苏联！盖闪电战者，机动战术之极度也；德国兵力，以极度机动而节约！大战之初，置少兵西线以牵制英、法，而集中七十师人以闪击波兰，才十六日而波兰以溃；则留少兵以掩护东线，而转锋西向以厚集其力。荷兰、比利时之猝不足以当一击；实以其幅员褊狭，无地回旋；闪电战战术之奇袭，一变而为战略之奇袭，此所以有成功也！至苏联，则幅员数万里，泱泱大国，而利用边区之深广以缓和闪电战之震动力；战术之奇袭，只成战术之奇袭而已！德国为机动之怪物，亦以恪守机动之原则而战无不胜！然苏联之地形与气候，非机动之战术所能推行尽利；北部之沼泽森林，既以妨碍机械化战斗之不易进行；而一九四一年秋季，大雨连绵，尤以延缓德军之前进！德军机动之成功，只限于乌克兰及南俄；而苏联则避不交绥，一任德军之纵横驰突；顾再衰三竭，至史丹林格勒而势以蓄缩，顿兵挫锐，不能增援，只有退却，而以掩护退却之后卫，无不被红军包围而歼灭矣！战斗力之集中，抑亦以辅兵力之节约；然德军侵法一役，能以战斗力之集中，而成兵力之节约；而侵苏，则以兵力之节约，而妨战斗力之集中！德国有军三百师，而侵法一役，只用七十六师，不过其兵力全部四分之一；及其大举以侵苏联也。最高估计用三百师；而希特勒宣言‘此一战线，延两千哩’；则是平均六十六哩有一师；而其闪击荷兰，比利时以侵法也，战线之长，未尝过四百哩，而用七十六师，则是平均五·三六哩有一师；而知德国在苏联前线每一哩之兵力，比之侵法一役，少百分之二十七！倘德军能闪击红军以迂回，亦或以寡胜众；顾红军则善用空间以避免德军之闪击与迂回！方德军一鼓作气，推锋而前以抵伏尔加河与高加索，列城风靡；然史丹林格勒与巴库之不下，师老力竭，则其最初之胜利，何当最后之成功！”呜呼！吾人如知德军侵苏之胜利，在战术，不在战略，所以无成功，则知日人侵我之胜利，亦战术，而非战略，何能有成功！吾人当把握战略以制全胜，而研讨战术以辅战略！无人不知德人之战略与战术，推本克老山维兹，而远承拿破仑；而无人知苏联之战略与战术，近袭吾人以推本《孙子》！古柏之论，盛夸日人之战略，而有不足于我！其实日人之战术，不过拾德人之余；而苏联则袭我之战略以有成功！在人可以成败论英雄，而在我则何可以妄自菲薄以轻家丘。请得而申论之！

（二）孙子与克老山维兹之异

谭兵者往往以孙子与克老山维兹相提并论；其实东海西海，未必心同理同！何以言其然？克氏贵先；孙子贵后。

克氏之论兵也！争主动，尚攻势，蕲于先发制人，而集中兵力以摧之一击，其体系一本拿破仑！法人卓莱上校者，欧洲上次大战霞飞将军之裨将也，以凡尔登之役受伤而废其足；及大战之终，而独居深念，思德之必以报法，法之未可幸胜，于是请益宿将，博学审问，而著一书曰《新军论》，中引名将纪尔伯之言以论拿破仑曰：“拿破仑之战略战术，为攻而不为守。其攻也，必集中所有之兵力，以攻敌人之主力，而出其不意，如迅雷不及掩耳，敌人不知措手足；独立独往，所以战无不胜！”质言之曰：“攻人而不攻于人以争主动而已！”是则克氏之学所自出也；知拿破仑，然后可以知克氏。

《孙子》则战术争主动，而战略不争主动！观于《势篇》、《虚实》、《军争》诸篇所论，用间出奇，因利制权，战术虽为其可胜；而反于《计篇》、《作战》、《谋攻》、《形篇》之说，则校计索情，量敌审己，战略常虑其不可胜！克氏作战谋攻；而《孙子》则《作战篇》非战以明胜久之不能善后；《谋攻篇》非攻以明攻为下政之不得已！克氏言：“战之为道，暴行也！而所以为战，必先摧毁敌国之战斗力；而尤不可不尽摧毁之，使之不能复战！所谓胜利者，不仅战场之占领而已；抑必以敌人之战斗力与精神，摧毁无余，而后竟其全功！是故一地之得，一城之下，必以力战而得为功；倘未经力战，而由一战地，一方向以延他战线，他方向而猛进者，常虞敌人反攻，而视为不得已之下策！”顾《孙子》则曰：“用兵之法，全国为上；破国次之。全军为上；破军次之。是故百战百胜，非善之善者也！不战而屈人之兵，善之善者也！故善用兵者，屈人之兵而非战也；拔人之城而非久也；必以全争于天下！”则与克氏之以摧毁为先务者异趣矣！

克氏以胜必可为，敌必可胜。而《孙子》则曰：“不可胜在己；可胜在彼；故善战者能为不可胜，不能使敌必可胜，故曰胜可知而不可为！”克氏主动以争人之先；孙子后起以承人之弊。克氏先为攻；兵志所谓“先人有夺人之心”也。《孙子》先为守；《形篇》所谓“先为不可胜以待敌之可胜”也。攻守异势，先后异同，能明辨乎此，而当前大战之各国战略类型，朗若列眉矣！

（三）中苏英法美战略与德日义之异

德、日、义，争先而主攻；中、苏、英、法、美，贵后而先守；此固尽人所知！而按之《孙子》，读《作战篇》，即以知德、日、义战略之胜久而不能善后；而读《形篇》，可以明中、苏、英、法、美战略之能自保而全胜也！惟中、苏之战略，又与英、法、美有别。试剖析以陈。

《孙子·作战篇》曰："其用战也，胜久则钝兵挫锐；攻城则力屈；久暴师则国用不足！夫钝兵挫锐，屈力殚货，则诸侯乘其弊而起；虽有智者，不能善其后矣！故兵闻拙速，未睹巧之久也！故兵久而国利者，未之有也！故不尽知用兵之害者，则不能尽知用兵之利也！故兵贵胜不贵久！"观于甲午之役，日以先发胜我；日俄之役，日以先发胜俄；无不一战即胜，一胜即和；胜而不"久"，所以长保其胜而无后害也！及其今日而又肆毒于我，攻我不戒以发难于卢沟桥，我则兵败地蹙而自知无幸，予以胜而并予以"久"；相持不解，连兵五六年，而"钝兵挫锐"，"屈力殚货"之兆形矣！顾日人以英、美之不无右我也，而乘其不虞以得逞志于太平洋。英、美忿于前败，而益与我僇力，两大国之兵交至；则《孙子》所谓"诸侯乘其弊而起，虽有智者，不能善其后矣！"始也不夺不餍，今且欲罢不能，情见势绌，岂不以胜之"久"耶！而义则何如？义有杜黑将军之制空论，即欲以先发制胜！然而义之得逞志于阿比西尼亚、阿尔巴尼亚也，一举而覆其国，则以强弱之悬殊，小大之不敌；兼弱攻昧，所以胜而不"久"也！然义人得逞志于阿比西尼亚、阿尔巴尼亚；而不得逞志于希腊！希腊人以寡击众，再接再厉，欲为"久"而并不予以胜；苟非希特勒以倍众之兵，作闪电之势，而乘希腊与义相持之已罢，义且大败不止也！

义、日之用兵，师承德人；而德人则一推本克氏，以谓："作战之道，尤贵迅速决胜，而以消溃敌国之军队及其战斗力！其后老毛奇、史梯芬，一脉相承；史梯芬搜集古今之迅速歼灭战史例，而以手订德军速战速决之计划，所谓史梯芬计划也。及小毛奇用之上次大战，而以执行失当，为法人所败；然而德人传诵弗替！"前陆军总司令白鲁希兹称："史氏之所以遗吾人者，盖诏吾人以战略要点，而迅速决胜之途也。"所谓战略要点者，柏林大学教授爱尔兹为之诠释，以谓：一、战必速决。二、西方之敌，必用奇袭以制胜，而包围以歼灭之。而苦尔将军者，上次欧战马兰之役之军长也，更重言以申之，谓："如速决之战略失其用，而连兵不解，则德必亡！盖以吾德之敌众而与寡，苟旷日持久，必罢于奔命以不支！"及今日之大战，而希特勒以一九四〇年一月闪击法人以一蹶不振；亦既奇袭西方之敌以制胜矣！然征英不能，而转兵东向以顿兵苏联，则苦尔之所谓"速决之战略失其用"，而《孙子》之所谓"诸侯将乘其弊而起"，"胜久"无幸，势所必至！然克氏著书论兵尚攻势，而未尝不申儆于攻势之有极限，征俄之未易胜！以谓："幅员广延之泱泱大国，未易以攻势而制胜！纵以力征经营，占其首都，掠其州郡，而最后之胜利，未必在我！及我之兵力疲弊，攻势顿挫，而被侵国之势力转强，往往反守为攻，而最后之胜利，不在我矣！观于拿破仑一八一二年侵俄之役，可为监也！凡攻击乃随其前进而力弱！"夫攻击之为胜利，必以占领土地；而波兰总理兼陆军总司令西考尔斯其以一九四二年十一月六日出席英国利物浦大学波兰建筑学院开学典礼演说，谓："希特勒之占领土地愈广，则被胶着之德军愈多！德军向以集中兵力，而以众击寡，显其决胜之用；今则地广而备多，备多而力分；集中兵力，难之又难矣！”此攻击之所以随前进而力弱也！然而攻之未可前进，固垂戒于克氏；岂特胜之不贵于“久”，曾著论于《孙子》！夫“贵胜不贵久”，固理之自然；能“久”乃能胜，亦势有相因！大抵小国而暴强，可以乘人于猝而凭借不厚者，贵胜不贵久；久则力屈而货殚，如德、义、日，是也。大国而积弛，未虞受人之攻而仓猝以应者，能“久”乃能胜；久则力厚而气完，如中、苏、英、美，是也。试更进而论中、苏、英、法、美之战略。

《孙子·形篇》曰：“昔之善战者，先为不可胜以待敌之可胜。不可胜在己，可胜在彼；故善战者，能为不可胜，不能使敌必可胜；故曰胜可知而不可为！”然德之兵家，不知胜之“可知而不可为”；而早夜以思，务为“可胜”以欲攻人之国，而不能自为“不可胜”；及其旷日持久，再衰三竭，势绌而情见，非惟无以保其胜；抑且无以守其国！威廉二世，既以覆其皇室矣；希特勒曾不之悛，覆辙相寻；而日人且效尤焉；然后知《孙子》之郑重丁宁于“能为不可胜，不能使敌必可胜”，有旨哉！夫知兵之“贵胜不贵久”，而以为敌之“必可胜”者，此德、日、义之战略也。抑知胜之“不可为”，而“先为不可胜以待敌之可胜”者，此中、苏、英、法、美之战略也。而其所以为别；盖“贵胜不贵久”者，争取时间之最先；而“待敌之可胜”者，争取时间之最后。惟中、苏先写“可败”以待敌之可且；而英、法、美先为“不可胜”以待敌之可胜；又自有别。

法自一八七〇年之败于德，兵败地割，已不能为拿破仑之攻势，而战略趋于守势。迄于上次欧战之起，总司令福煦将军在巴黎军官大会演说，谓：“自来名将，无不先取守势；俟敌军疲怠，然后反攻；以我之奋，乘彼之衰，未有不胜！”此则《孙子》所谓“先为不可胜以待敌之可胜”也。及以胜德，而先守后攻之论，几为典型！贝当元帅之序杜黑制空论也，谓：“战之任务，不出二途：曰攻。曰守。盖守者以破坏敌人之胜利；而攻者以求得自我之胜利；必先守御有备，而集中全力，用其有余以为攻击之决胜。如不顾保障，而寻求胜利，孤注一掷，此危道也！”北丹将军曰：“守则立于不败之地；攻则以克敌制胜；必先防敌之能胜我，乃可攻敌以制胜。吾人不可不自审四境之国防，果能坚而无虞敌之我攻欤；然后乃能转而攻敌以制胜。”达拉第、甘末林咸同此论！一九二一年，参谋部颁发大单位作战教令，中称：“就欧洲战备所可预测者：开战之初，以少数之军团，掩护我大军之集中，而以妨害敌军之集中，可乘敌军之未完配备，利用甚大之自由空间，以发扬机动威力；及其终也，则伺敌人之已疲弊，而蹈瑕抵巇以决胜！”则是以攻为守于开战之初，而待敌之可胜以为决胜。独魏刚议以机械化部队为运动战，施行攻击以歼灭敌人；然亦言：“法国无侵略之图，而军事配备，只以防御为目的。”虽尼山尔极力抨击，谓：“若欲保护法国，吾人异日之战，必在敌国境内。”而众议院军事委员会主席盖拉香自言：“战之初起，如以陆战而论，只有坚决采取守势，无可疑者！”百口一辞，此马奇诺防线之所以苦心经营也！不意一九四〇年，希特勒闪电战之推锋而前，遽以摧破，遂贻口实！然希特勒蹈瑕抵隙以袭法之北疆而乘虚以入；则是法之败，仍是败于国防之不能无虞，而予希特勒以可乘！苏联史丹林防线与魏刚防线，同一基本于纵深战术，而胜败异势！苏联大将相语，谓：“德人之突破马奇诺防线，特以迂回战略，避坚攻瑕而成功；而非正面之突破！”其实法人致败之端不一，而要由于政略，不在战略也！

方大战之未起，希特勒咆哮于欧洲，而英人亦有虞心！《泰晤士报》军事分析家哈德上尉著有《第二次大战之英国战略与战术》一书，谓：“观于第一次大战，而西战场之所谓会战，在攻者徒以损兵折将而自贻毁灭耳！将来之战争，必以人力物力，孰能持久而制胜。人力物力，孰先耗以尽者，孰先毁灭！现代防御战术之远胜攻击，固已征而可信！而军队之攻坚，既以军火之消耗无度，而生产因以不继，原料亦以日乏；至士卒亦以牺牲太多，目击心伤而有厌战之心，士卒沮丧；是故守御之坚，足以挫猛攻者之士气，而夺其心以不敢攻，不欲攻！自古及今，吾英无不用海上堑壕与海军以限制消耗，而控其余力以持久取胜！盖战之所以败，由于人力物力之已尽；而攻者不得不倾全力以先消耗；苟守者能限制消耗，而留其有余，用之于最后；彼竭我盈，无不克也！”则亦先守而后攻，“先为不可胜以待敌之可胜”，与法同一战略类型。然希特勒之闪电战，得逞于法，而不得逞于英者，亦以海上堑壕为之障，而英得搜卒补乘，徐图缮完以为不可胜也！于时，罗斯福睹英人之不支，而希特勒肆其亡等之欲，其祸必中于美！美国财力之富，制造之盛，为世界各国之冠；而持盈保泰，不知忧患，陆军之少，国防之脆，亦为世界各国之冠！军火之制造，只以为商品，而不以供国防！设希特勒乘胜远斗以兼弱攻昧，美亦不支，斯罗斯福之所大患也！然则如何而可？曰：英能支以不败，斯美能为其不可胜！于是以一九四一年三月，咨请国会通过军火租借法案，明文规定：“世界任何之一国，而总统认为于美国国防有裨者，得予以军火租借。”而以一九四二年三月，发表《新炉边闲话》以阐明其意，谓：“援助民主国，所以抵御独裁者不得接近西半球也！独裁者迟一天接近西半球，吾美人即多一天之时间以制造更多之大炮、坦克、飞机与军舰，供给军用品，日增月益；为英国，为中国，即以为美国之安全！”揣其意，盖以英国为欧洲对德之第一道防线，中国为亚洲对日之第一道防线；中英两国之抗战能持久，则美国得争取时间以厉戎讲武，完成军备；而军火租借法案者，即以援助中、英两国之抗战，而以为美国之不可胜也！及美国之军备完成，而德与日，亦以中、英两国抗战之久，师老于外，财匮于内；然后美国待德、日之可胜，而徐起以承其弊，岂非《孙子·形篇》所谓“其所措必胜，胜已败”者耶！

英、美之“先为不可胜以待敌之可胜”，则既有然矣；而我中国则何如？我委员长知彼知己，操心虑危；以日之张脉偾兴，乘我之积弱久弛，知“不可胜”之未易为，而为“可败”；知日之“贵胜不贵久”，而为可“久”；以空间换时间，予以胜而不予以决胜；苟我能保其主力以不为日歼灭，则以日之悬师深入，必有一日以承其弊而为我所制！此我国之所以抗日，抑苏联之所以胜德也！往者德人克老山维兹著书，力主攻势之“可胜”；独列宁有会于其书之第六篇“论防御”，而不恤言退却！方其与左翼共产主义者争论之际，而涉及国土之防御，以谓：“欲防御国土，则必严密测定彻底之准备，与力量之相互关系。若力量不足而善图防御，莫如深向国内之退却；读克氏书所援之史例，而知其事不偶然也！然左翼共产主义者之问，尚未能理解力量之相互关系！”顾史丹林则传授心法而理解之也！希特勒以一九四一年六月二十二日进兵苏联；而史丹林以七月三日广播演说，大戒于国，谓：“德军久经集中，而苏联方始动员！德军身历百战，而红军未更战阵！德人背约弃信以乘我之不虞！我不利而德有利！”亦既承“不可胜”之未易为，而欲为其“可败”！然苏联败而必反攻；德人胜而以旷久；连兵不解以迄一九四三年八月，而德人之攻势已竭！美人威尔纳著《苏联计划之特点》一文，以谓：“有三特点：第一战略之审慎，而能节约使用红军以维持其存在；宁可保全实力以放弃土地，决不死守一土地以牺牲红军！其次德国之战略在速决，而苏联迫之以人长期战争；及其旷日之已久，苏联之国力，完全发展；而德则精疲力竭矣！其三且战且退，而以不息之抗斗，消耗德兵力以至于尽；然后厚集吾兵力以乘之于再衰三竭！”呜呼！此固承我委员长以空间换时间之睿算也！我之抗战，以西历一九三七年七月始；而德之侵苏联，则后我四年；于是苏联以我之经验为经验；即以我之战略而接受列宁之启示。特苏联以英美军火供应之积极，第二战场第三战场之相继开辟，而德人不得不反共自救；苏联遂以坐大！我则以英美战略之先西后东，军火援助之微薄而我遂迁延以顿挫；日人尚尔鸱张！一彼一此，岂战之罪！然苏联之战略，师承自我；而我之战略，远本《孙子》；则固建诸天地而不悖，百世以俟而不惑者！

鸣呼！先发未必制人，后起亦常多胜！凡我同仇，不震不慭，知兵之“贵胜不贵久”，即知“敌之可胜”之必可“待”！希特勒以一九四二年地窖啤酒间政变纪念日，发表演说，谓：“英人自夸从未战败，其言绝不可信！然英人不战则已，战必到底，则非虚语！”鸣呼！“战必到底”，此英人之所以因祸而得福，转败而为功也！欲知最后之胜利谁属，亦视“战必到底”之谁属而已矣！我委员长之必主持作战以到底；此最后胜利之所以必属我也！然我能作战到底，而日人不能作战到底！何者？我为守而日为攻；凡攻击随其前进而力弱；一也。日人之胜已“久”，而钝兵挫锐，屈力殚货之势成；二也。日人师承德国之攻势战略；而不知克氏之攻势战略，不惟时间争其速，抑亦空间限于小；克氏书固引拿破仑之征俄以为炯监！所以希特勒之闪电战，用之于波兰，于荷兰，于比利时，乃至法国以及巴尔干半岛之希腊、南斯拉夫，无不所当者破；而用之于苏联，则钝兵挫锐，屈力殚货之形立见；则以知时间之争其速，而昧于空间之限于小也！然则日人之知其一而不知其二；以承讹袭谬于德，宁有幸乎！

吾读古柏所著《敌人之战略类型》，首引英国军事权威韩得森上校名著之“绪言”曰：“观于南北美之战，而知参战之人，如治战略以能实践，虽武器之不及人，而可以得更多之成功！凡有用之公民，何可不治战略；而在英、美之民主国，明慧之舆论，往往有左右时局之力；岂仅指挥战斗军队之能奏功乎！”然则最后之胜利，作战之到底；岂惟有赖军队之忠勇，抑亦系乎舆论之明慧；凡我父老兄弟，何可不知战略！

德、日、义之战略，在争取时间之最先；中、苏、英、法、美之战略，则争取时间之最后；而施之战术，亦后先异尚！同一为包围也，而所以为包围不同！德人之为包围也，以中坚与敌军相持，而张左右翼迂回敌后，前后合围；而尤重侧翼突击；此攻势之包围；而日人亦仿之者也。法人之为包围也，中路退却以消杀敌势；而左右两翼则力固防地，扼敌军左右两翼使不得展；而我中路乃突反攻，与左右翼相应以围深入之敌军，而聚歼之；此守势之包围；而苏联亦以之者也。同一用坦克也，而所以用坦克不同！坦克之利，在纵横驰突之疾捷；而其不利，即在纵横驰突之疾捷以与后续部队之不得联系！方欧洲大战之初，德人集中坦克以纵横驰突，攻无不克；然而成功于波兰，于英、法、荷、比联军，而不能不败绩于苏联之提摩盛科将军，于北非之英国奥钦勒克将军！盖以两将军者，有以知其然；每当德人以大队坦克掠阵之际，任其推锋直入而不加制止；及其深入而疾驰，然后以所部坦克配合其他兵种，疾抄德军坦克队之两侧以出其后，而隔断其后续部队以不得联系；于是德军之坦克以失援孤立而被围歼；或因油竭而自毁也！同一坦克也，而德人制人于先发；苏、英乘人于后竭；王廖贵先，兒良贵后，不惟运用之妙，存乎一心；抑亦战略之因袭，相承一贯；盖先人有夺人之心，德之战略则然；而后人以承人之弊，苏联与英人之战略则然也！然则胜负亦何尝之有！所贵好学深思，心知其意，固难为浅见寡闻道也！

（四）余论

或有问于予曰：“吾子据《孙子》以说明当前大战之中、苏、英、法、美、德、日、义八国战略类型，亦判以析矣！然则当前之战术，亦可以孙子为说欤？”

曰：“何为而不可也！《孙子》之论战略，注意时间，为持久战。《孙子》之言战术，着眼空间，为运动战。运动战之解释不一，独前法国陆军总司令加曼林将军，曾著一文，有明确之诠说，谓：‘假定军队不足以控制战略正面，则地域之运动自由必大；而一语自由之空间，斯可以明运动战之定义！’今按《孙子·虚实篇》曰：‘出其所必趋，趋其所不意。行千里而不劳者，行于无人之地也！攻而必取者，攻其所不守也！守而必固者，守其所不攻也！故善攻者，敌不知其所守！善守者，敌不知其所攻！微乎微乎，至于无形！神乎神乎，至于无声！故能为敌之司命！进而不可御者，冲其虚也！退而不可追者，速而不可及也！故我欲战，敌虽高沟深垒，不得不与我战者，攻其所必救也！我不欲战，划地而守之，敌不得与我战者，乖其所之也！’所以明战术之运用空间自由以不局于一隅，而争主动；曰：‘能为敌之司命’者，欲战不欲战之主动在我也！其前《势篇》言：‘战者以正合，以奇胜。战势不过奇正；奇正之变不可胜穷也！奇正相生，如循环之无端，孰能御之！’《虚实篇》，所以明运动战之不拘方所；而《势篇》，则以明运动战之不囿法执！然运动战，亦不能不受兵情地势之限制；则《虚实篇》以下《军争》、《九变》、《行军》、《地形》、《九地》五篇所论，是也。故曰：‘涂有所不由，军有所不击，城有所不攻，地有所不争。’所以明战术之空间，亦有时而拘束！呜呼！吾人今日之抗战，何啻三战三北；则以中枢固已把握战略之时间，而行军未能认识战术之空间；徒以眩于战术之闪电，武器之机动，而张皇敌势，不知所措！其实吾军虽无机动战术之武器，而吾国尽有运动战术之空间！亟肆以疲，多方以误，我之空间自由，我不能自运用而以资敌！敌攻我所不守，而我何为不守所不攻也！敌进而不可御，我何为不乖其所之也！然而谈何容易！欧洲兵家之能明乎战术之空间者，惟普鲁士菲烈德立大王及法拿破仑大帝！拿破仑运用攻势之空间；而菲烈德立则主宰守势之空间。然吾国无侵略之雄图，而不能不事防御；今日如此，他年亦复如此；所以运用攻势之空间，匪我思存；而主宰守势之空间，何可不图！”

或问：“主宰守势之空间则如何？”

曰：“《孙子·虚实篇》谓：‘凡先处战地而待敌者佚。后处战地而趋战者劳。故善战者致人而不致于人。’所以主宰守势之空间也。菲烈德立之创内线作战，则以运动战而主宰守势之空间。于时，菲烈德立四面受敌，乃结合兵力于一地以为中心，而分兵四出，进退自如；敌则兼顾不易，不知所以为攻矣！盖内线作战之居中驭外，其指挥易；外围偾盈之四面合攻，其呼应难；尚不仅劳逸之攸分；而菲烈德立遂以收七年战争之功也！”

“然则内线作战之说，中国古兵家亦有之乎？”

曰：“无其说而有其法！子不见诸葛武侯《八阵图》乎！盖内线作战之阵图，所有方向，皆为正面；而以无虞敌军之侧击包抄者也！其图，画井字，四正四奇，开方为九；而大将居中握机，成井田形。然八阵井田，同形异制。井田之制，务在均平；使公家之田，多于私家，则不均不平而怨声作矣；所以公田居中而不逾百亩，与四正四隅同。八阵则主于用兵，须有居重驭轻之势；若大将居中握机，而兵势与外八阵等，则尾大不掉矣！故虽同为井字形，而中军则必倍四正，四正则必倍四隅，而后可以如身使臂，如臂使指。及其用之于战也，唐李靖对太宗之问，以谓：‘四头八尾，触处为首；敌攻其中，两头俱救。’当敌者为首，则旁援者为尾。所谓‘四头八尾，触处为首’者。盖四正为首，则四隅为尾；四隅为首，则四正为尾；首尾相生，如环无端。所谓‘帮攻其中，两头俱救’者，盖敌攻其中之一阵，则旁近之左右两阵齐应为援。武侯当汉贼不两立之时，值曹丕全盛之势，计一旦出蜀而复关陕，必将以数十万众转战中原，与曹丕旗鼓相当；于是斟酌古法而制法八阵；夫亦为十万之师交绥中原，而平地置阵设也。凡兵家置阵，皆据险阻，只一两面向敌，则力省而功倍；犹秦地关中四塞，阻三面而守，独以一面制东诸侯也。不得已而平地置阵，四面八方，应敌为难！《八阵图》面面若一，四头八尾，触处为首，侧击包抄，皆无所施；泛应曲当，岂非内线作战之神而明之者耶！然菲烈德立以内线作战收七年战争之功，而武侯不能以八阵收六出祁山之功！出师未捷身先死，长使英雄泪满襟，非战之罪也，天也！”

或又问：“吾子谓苏联史丹林防线与法之马奇诺防线、魏刚防线，同一基本于纵深战术；倘亦《孙子》所谓‘先处战地而待敌’，欲以主宰守势之空间者耶！”

曰：“纵深战术，亦中国自古有之！宋许洞著《虎钤经》二十卷，其中第九卷有重复、八卦二阵，而著所以为用，言：‘敌为直阵，我以重复阵当之’；即纵深战术也。又曰：‘敌用兵四面围我，我以八卦阵当之’；即内线作战也。皆欲以主宰守势之空间也。至徽钦之世，金人起于东北，而善用骑；以集团驰突之威猛，远胜于单骑也；又以骑兵之利冲击而不利防御也；于是被马以甲，而兵皆重铠，号铁浮图；戴铁兜鍪，周匝缀长檐；三人为伍，贯以韦索；每进一步，即以拒马拥之；进一步，拒马亦进，退不可却，而寓坚重于轻锐；分左右翼，号拐子马，专以推锋，用兵以来，所向无前！于是吴璘创为叠阵；每战，以长枪居前，坐不得起；次最强弓，次轻弩，跪膝以俟；次神臂弓；约敌相搏至百步内，则神臂先发；七十步，强弓并发；次阵如之；而欲以静制动，以坚制锐；其阵以拒马为限，铁钩相连；俟其伤则更代，代则以鼓为节；骑两翼以蔽于前，阵成而后退。诸将疑曰：‘吾军其歼于此乎！’璘晓之曰：‘战士心定，则能持满；敌虽锐，不吾当也！’遂大破金人于秦州。盖以铁骑之集团驰突，推锋直人；而璘御之以叠阵，许洞所谓‘敌为直阵，我以重复阵当之’者也，岂非纵深战术之于古有征者耶！更推而上之，则春秋时之楚，已行纵深战术！”

“然则亦有征乎？”

曰：“有！观于邲之战，随武子论楚荆尸之阵，曰：‘前茅虑无，中权后劲。’两言者，足以尽纵深战术之指要矣！余读蒋百里先生著《巡视欧洲西战场记》，尝引《左传》长勺之战，用曹刿盈竭之论，而阐一九一六年凡尔登之役，法之所以制胜，以谓：‘德军之倾全力以掠取阵地也，法军决不分其主力以求原线之维持，而故控其力，取攻势于敌人既得阵地以后；以我之力有余裕，乘德之攻坚力屈，一鼓作气，此则曹刿三鼓之原理，而用之于最新武器者也！’其论卓矣；然而未尽！余谓曹刿言‘战勇气，一鼓作气，再衰三竭，彼竭我盈’；以我之盈，乘彼之竭，法之所以胜；胜之理也。随武子论楚荆尸，‘前茅虑无，中权后劲’，以后之劲，承前之无，法之所为胜；胜之法也。昔左文襄公每诏所部曰：‘兵事利钝，未可预知；而锐进须防其退速，后劲尤重于前茅！盖战阵之事，最忌前突后竭！行军布阵，壮士利器厚集于后，则前队得势，锋锐有加；战胜而兵力愈增，必胜之着也！吾全力悉注前行，一泄无余，设有蹉跌，无复后继，是乃危道！’呜呼！此德人之所以百战百胜，而法卒以承其弊于昔日者也！法人蒲哈德氏尝著《德大将兴登堡欧战成败鉴》一书，其大指以谓：‘善治兵者，不主前线之密集，而主后线之坚厚；果后线之军脆薄，则前线一衄，军溃不支！夫德人殚锐竭力，而不图后继，一击不中，亦以一蹶不振！何如我福煦元帅老谋壮事，力故控其有余以轻兵置前线，而后线则厚集兵力以承前线！盖兵数密集，易为敌人之炮火聚歼；前线兵稀而散，则敌人之炮火虽密而无大伤害；而兵力厚集于第二线第三线，以承德军炮火之衰，以全力卷阵而进，蔑不胜矣！’夫前线兵少之谓‘前茅虑无’；后线阵厚之谓‘中权后劲’。观今日之世界大战，德人以机动之武器为闪电战，而不得逞志于苏联！苏联则以坚制锐，厚集其阵以为纵深之配备，亦不外推衍此义；而阵地愈深入，兵力愈增强；不殚锐竭力以坚持前线，而‘前茅虑无’，‘中权后劲’，故控其力于后以伺德军深入，而薄之于再衰三竭之余；此又德人之所以百战百胜，而苏联卒以承其弊于今日也！呜呼！德人不得逞志于苏联，岂日人承其余智而得逞志于我！惟我不能主宰守势之空间以制敌；而敌遂得运用攻势之空间以乘我！谚不云乎？‘不经一事，不长一智！’拿破仑之侵普鲁士也，克老山维兹实以裨将为俘，而动心忍性，增益不能以极深研几，蔚为德国兵学之祖！况吾国神明之胄，胚胎前烈；黄帝肇开人纪，以师兵为营卫；而孔子亦云‘好谋而成’，‘我战必克’，宁啻孙子谈兵之雄！此一役也，凡我同仇，身经百战，情伪尽知，必有酌古斟今，神明其意，而刷新兵学以有光于前人者，姑以余言为左券！”

民国三十四年一月，钱基博讲于湘中前线大庸军次，凡两日，每日两小时。听者五百余人。韩军长仲景、徐参谋长亚雄，咸不以余言为剌谬；而徐参谋长于余急言竭论之余，必起而提示指要，郑重申明。呜呼！书生谈兵，何当大计；野人献曝，亦有微诚；耿耿此心，读者监之！

图书在版编目（CIP）数据

钱基博 孙子章句训义：全 2 册 / 钱基博著．—长春：吉林出版集团股份有限公司，2017.3（2022.2 重印）
（中国学术名著丛书）
ISBN 978-7-5581-2272-9

Ⅰ．①钱… Ⅱ．①钱… Ⅲ．①《孙子兵法》—研究 Ⅳ．① E892.25

中国版本图书馆 CIP 数据核字（2017）第 052515 号

钱基博 孙子章句训义：全 2 册

著　　者　钱基博
出版策划　杜贞霞
责任编辑　郭亚维
封面设计　映象视觉
开　　本　710mm × 1000mm　1/16
字　　数　358 千
印　　张　28
版　　次　2017 年 6 月第 1 版
印　　次　2022 年 2 月第 2 次印刷

出版发行　吉林出版集团股份有限公司
电　　话　总编办：010-63109269
　　　　　发行部：010-63109269
印　　刷　众鑫旺（天津）印务有限公司

ISBN 978-7-5581-2272-9　　定价：78.00 元（全 2 册）